다 함께 그러나 특별하게

일반학급에서 영재교육

Gifted Students in Regular Classrooms

다 함께 그러나 특별하게

일반학급에서 영재교육

BEVERLY N. PARKE 지음

이용애 옮김

창지사

저자 서문

본 서는 일반학급에 배치된 영재들에게 적절한 교육 경험을 제공하는 데 목적을 두고 기술하였다. 영재는 일반 학생들과 분명히 구별되는 학습 자료를 제공해야 한다는 일부 주장에도 불구하고 대다수 영재들이 일반학급에 배치되어 교육받고 있는 현실을 근거로 어떻게 하면 일반학급에 배치된 영재들에게 적절한 교육적 경험을 제공할 수 있을까에 대한 접근이다.

그러나 교사와 학생들은 여기에 소개하는 교육 프로그램들이 새로운 영재교육 프로그램이 아니고 일반학급에서 진행되는 교육만으로 영재들의 높은 교육적 욕구를 만족시킬 수 없기 때문에 부분적으로 제공하는 영재교육 프로그램의 일부라는 사실을 인식해야 한다. 전체적인 영재교육 프로그램의 일부분으로 제공된다는 사실을 교사와 학생들은 인식할 필요가 있다.

일반 학생에 비해 학습 이해가 빠르고 깊이 있는 사고를 하는 영재들의 요구에 맞추기 위해서는 교사가 어떻게 해야 할 것이며, 일반 학생들을 통제하고 질 높은 수업을 유지하는 동시에 영재들이 끊임없이 던지는 기발한 질문에 어떤 방식으로 정보를 제공할 것인가 하는 해답을 모색하기 위한 전략 수립이 필요하다. 이러한 전략은 반드시 영재의 정의와 판별 방법, 영재교육 프로그램과 교육과정 설계 등 이론적 지식에 대한 이해가 선행되어야 한다.

이에 저자는 일반학급 교사들이 영재를 이해하고 교육하는 데 주요 요소로서 필요한 필수적인 정보를 다음과 같은 네 가지로 구성하여 제공하고자 한다.

제1부는 영재교육에 대한 개론적 설명이다. 영재의 특성과 왜곡된 신화, 프로그램의 기본 정의, 학생의 요구에 부응하는 프로그램, 수업을 촉진시킬 학급 환경 등에 대해 언급하고자 한다.

제2부는 영재교육을 위한 프로그램에 대한 설명이다. 같은 또래 아이들과 구별되는 영재의 학습 특성에 적합한 프로그램 소개와 함께 프로그램 선택을 위한 유의점 등을 제시하고자 한다.

제3부는 영재교육을 위한 교육과정 설계에 대한 설명이다. 일반학급 수업에서 영재와 일반 학생을 분리하지 않고 영재에게 차별된 교육과정을 제공하는 방법에 대해 제시하고, 그러한 교육과정 개발에 사용할 수 있는 모형을 설명한다. 교사가 영재교육 시 흔히 겪게 되는 문제를 어떻게 극복해야 하는지 조언하는 동시에 몇 과목에 대한 사례 연구를 제시한다.

제4부는 영재교육 프로그램 지원 활동에 대한 설명이다. 영재교육을 실시하는 교사들에게 수반되는 영재 본인 문제, 영재 부모의 문제, 다른 전문가들이나 교직원들과 협력 체제를 구축하는 문제에 대해서도 언급하고자 한다.

끝으로 저자의 바람이라면, 『일반학급에서의 영재교육』이 모든 학생들에게 의미 있는 교육 프로그램을 만들기 위해 고민하고 연구하는 교사와 프로그램 계획자가 직면하는 문제해결에 길잡이가 될 것이며, 이미 학생 중심의 교육을 실행하고 있는 교사들에게는 그에 대한 확신을 심어주는 것이다. 모든 교육의 기본은 우리가 맡고 있는 학생들의 행복이 기본이 되어야 하며, 이러한 기본 바탕 위에서 모든 결정을 내리고 학급을 운영해야 한다. 바라건대, 그 결과는 학생들이 자신의 능력과 꿈을 더욱 키우고 성장시키는 것이다.

한국어판 서문

명저 중의 명저요 고전 중의 고전이라고 하는 『논어』의 「진심편」에서 공자는 '천득하영재이교육지 삼락야(天得下英才而敎育之 三樂也)' 라고 말했다. 천하의 영재를 모아 교육하는 것은 인생의 세 가지 즐거움 중의 하나라고 한다. 세상에 태어나 목숨을 걸고 해볼 만한 사업이 교육이요, 교육 중에서도 청년 교육이요, 청년 교육 중에서도 영재교육이란다.

그래서일까. 요즘 교육을 들여다보면 영재교육에 관한 책에서부터 프로그램까지 다양하게 쏟아져 나오고 있다. 금방이라도 영재교육 프로그램에 아이들을 합류시키면 곧 영재가 되어 나타날 것 같은 착각이 들 만큼 요란하고 유혹적이다. 또한 지식기반사회에 대한 시각은 창의성의 유무로 이동하였고, 창의성은 영재에게 많은 기대와 희망을 갖게 했다. '잘 키운 한 사람이 수백 만을 먹여 살린다' '영화 한 편이 자동차 몇 대의 부가가치를 창출한다.' 등의 선전성 문구는 영재교육의 결과가 곧 부를 창출하기 위한 도구인 듯한 착각을 불러오게 한다. 그러나 영재교육이 그렇게 간단하게 이루어질 수 있는 것이며 과연 부가가치를 창출하기 위해 실시되는 것일까 하는 의문을 품어본다.

영재가 있는 곳은 프로그램 속도 선전 문구 속도 아닌 교실 속에 있다는 것이다. 제한된 공간 안에 수십 명의 동급생들과 함께 한자리를 차지하고 있다. 정해진 시간표에 따라 국어, 수학, 과학, 음악, 미술 교과서를 가지고 공부하며 선생님의 지시를 따른다. 김소월의 시를 분석하고 외우고 시를 써본다. 영희도 철수도 모두 여기까지 한다. 그러나 문학에 관심이 많은 순희는 김소월의 시와 김영랑의 시를 비교해보고 싶다는 생각이 들었지만 다음 진도 때문에 그냥 지나간다.

교사가 현장에서 학생들을 지도하다 보면 이런 문제를 한두 번은 만난다. 영재교육에 열정을 가지고 있는 교사는 나름대로 주어진 환경에서 더 알고자 하는 학생의 욕구를 만족시켜주려고 노력하지만, 그 일은 생각보다 훨씬 어려운 일이다. 때문에 학생의 학문에 대한 갈증을 인지하면서도 때로는 못본 척 넘어가거나 아주 적은 자료를 제공해줄 뿐이다. 학생은 더 배우고 싶은 욕구와 이미 알고 있는 내용 반복에서 오는 갈등을 해결하는 데 더 많은 에너지를 소모해야만 한다. 지루하고 답답하지만 참고 견딘다.

'귤생회남즉위귤 생우회북위지(橘生淮南則爲橘 生于淮北爲枳)' 라 했다. 회남의 귤을 회북에 옮겨 심으면 탱자가 된다는 뜻이다. 아무리 탁월한 능력을 가지고 있는 영재라도 바람직하지 못한 환경에 배치하면 탱자의 형상으로 변형될 수 있음을 의미한다. 자신의 능력을 숨기고 싶은 분위기, 더 알고 싶은 지적 욕구가 좌절되는 분위기에서 영재는 범재 아니 그 이하가 될 수도 있음을 시사한다.

이러한 고민 중에 만난 책이 Parke의 『Gifted Students in Regular Classrooms』이다. 많은 영재 관련 저서들이 영재를 독립된 집단으로 설정하고 교육하는 방식에 대해 소개하고 있는 데 반해, 이 책은 미국적 교육 상황이라는 특성은 있지만 일반학급 내에 배치된 영재들을 일반 학생들과 어떻게 교육할 것인가에 대한 논의를 중심으로 이루어져 있다. 특히 다양한 집단을 편성해서 그들에게 적절한 교육적 서비스를 제공한다는 것을 전제로 다양한 교육 방법이 소개되고 있어서 현장의 교사나 학부모 또는 영재교육에 관심을 가지고 있는 학생들에게 매우 유익한 정보를 제공하겠다는 생각에 번역을 시작하였다.

본 서는 원본에 충실한 번역을 하면서 실제적인 측면은 독자의 이해를 돕기 위해 의역을 했으나 미흡한 점이 많이 있으리라 생각한다. 독자 여러분의 질정을 기대한다. 끝으로 어려운 여건 속에서도 본 서를 번역할 수 있도록 수고와 지원을 해준 창지사 여러분께 감사드리며 원고 정리에 고생하신 조영숙 대리님에게 감사드린다.

2007년 6월

이용애

Contents

제1부 기본 체계 확립

제2부 프로그램 선택하기

제3부 교육과정 설계

기본 체계 확립

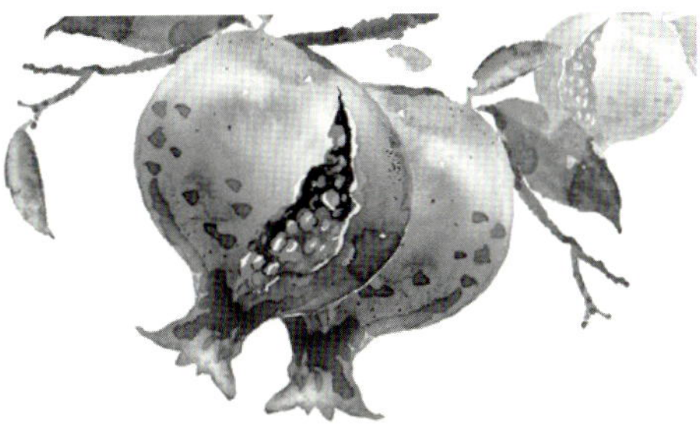

Part one

Establishing the Framework

학급을 구성하고 있는 학생들은 개인마다 다른 다양한 능력을 가지고 있다. 그러므로 교사는 그 대상이 일반 학생이든 특별한 교육적 요구를 가지고 있는 학생이든 간에 능력에 따라 세분화된 수준별 교육과정으로 교육해야 한다. 따라서 교사 혹은 교육 프로그램 개발자는 반드시 개개 학생들의 행동 특성과 흥미, 체계적이고 과학적인 판별 과정 및 방법, 학생의 능력에 맞는 교육 프로그램 개발, 최적의 학습 효과를 거둘 수 있는 학습 환경 등을 우선적으로 이해하고 있어야 한다.

이러한 기본적인 지식을 사용하지 않는다면 일반학급에서의 영재교육 프로그램은 성공할 수 없다. 대부분의 영재들이 일반학급에 배치되어 많은 시간을 보내고 있지만, 그 중 상당수는 제대로 된 학습 경험을 제공받지 못한 채 잠재 능력을 발현하지 못하는 경우가 많다. 그러므로 교실에 있는 모든 학생이 그들의 능력에 적합한 프로그램을 제공받을 수 있도록 하는 것이 교사의 임무이다.

이 과정에서 첫 번째 할 일은 누가 진정한 영재인가를 이해하는 것이다. '영재들은 스스로 알아서 하므로 특별한 프로그램이 필요하지 않다' '영재 프로그램은 엘리트주의다'와 같이 잘못된 믿음을 심어주는 많은 신화들이 수년 동안 부각되었다. 그러나 이러한 태도는 일반 학생이나 영재 모두에게 불행한 일이다. 따라서 영재교육에 대한 잘못된 사회적 통념으로부터 벗어나야 한다. 그래야만 교육 관계자들이 차별된 프로그램을 만들어야 할 필요성과 그 속에서 해야 할 역할이 분명해질 것이다.

제1부는 이러한 내용을 4장으로 구분해 언급하고 있다. 제1장은 영재교육과 관련된 이슈들을 중심으로 영재의 정의에 대해 살펴보고 영재들이 필요로 하는 요소들에 대해 생각해본다. 제2장은 영재의 판별과 관련된 내용을 중심으로 다루며, 제3장은 영재교육 프로그램에 대한 설명을 하고, 제4장은 영재교육을 위한 환경에 대해 언급하고 있다.

영재: 누가 영재이고 그들은 무엇을 필요로 하는가?

1

교사는 교실에 있는 학생들을 며칠만 관찰해보면 학생들 사이에 다양한 능력 차이가 있다는 것을 발견할 수 있다. 어떤 학생은 기본을 이해하기도 벅차하는가 하면, 다른 학생은 적은 노력만으로도 매우 빠르게 학습한다. 교사들은 이와 같은 학생들의 다양한 능력 차이에 어떻게 대처해야 할까? 또한 그들은 모든 학생 개개인에게 적합한 방법으로 교육하기 위해 어떤 최선의 방법을 적용해야 할까?

이러한 것들은 매우 어려운 문제인 동시에 교육자들이 자신의 모든 전문 경력을 모아 해결해야 할 문제이다. 학생들 사이엔 어떤 차이가 있으며 그들의 다양한 요구에 어떻게 대응해야 하는가에 대해 이해한다면 조금 수월할 것이다. 그러나 영재의 경우는 일반 학생들에 비해 쉽게 이해되지 않는 부분이 있으므로 좀더 많은 관심과 주의가 필요하다. 어떤 교사들은 "교직에 있는 동안 한 번도 반에서 영재를 발견한 적이 없다" "영재에게 '특별 프로그램' 을 제공하는 것은 편애다"라는 말을 하기도 한다. 그러나 이는 둘 다 학생들의 입장에서 좀더 생각해보아야 할 문제이다. 현행 학교 체제 속에는 자신에게 적합한 프로그램을 필요로 하는 난처한 입장의 영재들이 분명 존재하기 때문이다. 영재의 능력에 맞는 프로그램을 운영하고 영재에 대한 잘못된 인식을 바꾸기 위해서는 '영재' 란 말이 의미하는 것과 의미하지 않는 것에 대해 이해하는 것이 선행되어야 한다.

영재란 누구인가? 사회적 통념 없애기

오랜 시간을 거치면서 영재에 대해 잘못 형성된 개념들은 영재에 대한 신화를 만들어냈다. 이러한 신화는 잘못된 교육 결정을 내리게 하는 원인이 되기도 했다. 초기의 신화 중 하나는 "천재는 정신분열증과 유사하다"는 것이다. 다시 말해 똑똑하면 할수록 미친 것과 비슷하다는 것이다. 지속적인 연구를 통해(Terman, 1926) 이것은 사실이 아니라는 것이 입증되었다. 또 영재는 심리적인 문제를 지니고 있을 것이라는 신화도 있다. 하지만 영재는 사실상 심리적 문제가 더 적다. 이것은 수많은 신화 중 하나에 불과하다. 이제부터 영재에 관한 신화와 실제를 알아보도록 하자.

＊신화 : 영재는 유사한 개인들의 집단이다.

＊실제 : 영재는 그들의 능력, 성격, 흥미가 매우 다양하다.

'저 사람은 영재다' 라고 판별할 수 있는 정확한 영재의 특성 목록은 없다. 모든 영재들이 아인슈타인이나 모차르트, 에디슨처럼 집약적이고 초인적인 능력을 보이는 것도 아니다. 따라서 영재들의 능력이 간과되거나 왜곡되는 경우가 많다. 그러나 대부분의 영재는 같은 또래의 능력보다 앞서 있다. 따라서 영재는 일반학급에서 전형적으로 제공되는 프로그램과 다른 교육 프로그램 또는 추가 프로그램을 필요로 한다. 즉, 영재의 특성을 규정한 특성 목록을 제시하기는 어렵지만, 교실에서 만날 수 있는 영재의 능력과 관심이 매우 다양하다는 점은 분명하다.

＊신화 : 영재는 더 '가치롭다.'

＊실제 : 교실의 모든 학생들은 동등한 가치를 지닌다.

교실에 있는 모든 학생은 동등한 가치를 지닌다. 영재가 더 가치 있다는 믿음은 교실에 있는 모든 학생들에게 피해를 준다. 학급에서 '좋은' 학생을 뽑는다는 전제로 영재를 위한 특별 프로그램을 실시한다면 결국 학급 전체를 위태롭게 한다는 반대 의견도 심심찮게 들을 수 있다. 이것은 마치 학급에 '좋은' 학생과 '나쁜' 학생이 존재하는 것처럼 오인될 수 있다. 그러나 학생의 능력이 그들을 개인적으로 더 좋게 만들거나 나쁘게 만들지는 않는다. 교실에 있는 각각의 학생들은 한 인간으로서 동등한 가치가 있다. 각각의 학생은 존중받아야 할 권리가 있고 적합한 교육 경험을 제공받을 권리가 있다. 영재가 일반 학생들과 다른 점이 있지만, 그것이 영재들을 선천적으로 우수한 인간으로 만드는 요인은 결코 될 수 없으며, 더군다나 이러한 잘못된 통념으로 인해 다른 학생들이 자신의 가치에 대해 회의하도록 대우해서는 더더욱 안 된다.

* 신화 : 영재는 스스로 성장한다.
* 실제 : 영재는 교사의 지도가 필요하다.

영재는 학교에서 어떻게 지도하든 상관없이 혼자서도 성취할 수 있는 능력이 있으므로 영재를 위한 교육에 따로 주안점을 둘 필요가 없다고 믿는 사람들이 많다. 하지만 영재들의 능력을 그대로 방치했을 경우, 그들이 잠재적으로 가지고 있는 능력에 상응하는 수준까지 이르기 힘들 것으로 추측된다. 이것은 80년 동안 논의되어 온 쟁점 사항으로, Marland(1972)는 미국 교육부 위원 재직시절 의회에 올린 보고서에서 이러한 자신의 생각에 대해 언급한 바 있다.

> 영재에 관한 대규모 연구를 통해 볼 때, 영재는 일반적인 학교 운영 상황에서 불이익을 당하는 불리한 입장에 있다. Terman은 '영재는 그들의 정신 연령과 생활 연령을 비교해볼 때 학교에서 가장 지체된 집단에 속해 있다' 는 견해를 보였다. 그의 연구 기간 동안 엄청난 모순이 존재하였으며 오늘날에도 이 문제가 이어지고 있다...

영재들은 언제든지 방대한 양의 정보를 보여줄 수 있는 능력을 지니고 있으므로 스스로 배우는 전략을 가지고 있다고 추측한다. 그러나 실제로 영재 중에는 도서관에서 얻을 수 있는 지식이나 정보를 찾아내는 방법에 대해 모를 수도 있고, 독립된 연구 주제를 결정하는 데 어려움이 있을 수도 있다. 또는 복잡한 수학 문제의 해결 방법을 모를 수도 있다. 영재라도 배우는 방법에 대해 학습할 기회를 주어야 한다. 그렇지 않으면 필요할 때 그러한 기술을 사용할 수 없기 때문이다.

*신화 : 영재는 완벽하다.

*실제 : 영재는 장점과 약점을 가지고 있다.

영재는 완벽주의자일지 모르지만 결코 완벽하지는 않다. 종종 영재들에 대해 잘못 인식되고 있는 사실이 있다. 예를 들면, 영재는 실수를 범하지 않고 항상 제때에 일을 완성하며, 결코 재고하는 일이 없으며, 학교에 대해 늘 긍정적인 태도를 보일 거라는 것이다. 그러나 모든 학생들과 마찬가지로 영재도 이러한 행동한다. 영재는 가능한 최고 수준에 이를 때까지 끊임없이 목표를 추구하고 실행할 것이라는 점도 별로 현실성 없는 추측이다. 영재들 중 모든 학술 분야에 동일한 능력을 갖고 있는 경우는 드물며, 우리가 원하는 대로 행동하지도 않고, 학교에 대한 태도 또한 매우 열정적인 경우부터 매우 부정적인 경우까지 광범위하다. 그들도 실수를 범하며, 문제를 일으키고, 기대 이하의 성취를 이루며, 어떤 경우에는 장애를 보이기도 한다. 단지 모든 생활에서 완벽하지 않기 때문에 영재가 아니라고 할 수 없으며 또한 이러한 이유로 그들의 능력에 맞는 프로그램을 제공받을 자격이 없다고 해도 안 된다.

*신화 : 일찍 피면 일찍 시든다.

*실제 : 영재는 '소진' 되지 않는다.

영재의 성취 수준이 떨어진다는 믿음은 '일찍 피면 일찍 시든다' 는 아동 발달 이론과 관련이 있을 것이다. 이 관점에서는 어린시절에 조숙함을 보인 학생들이 성장 과정에서 결국 그들의 동료들과 비슷한 수준의 성취 수준을 보인다고 확언한다. 영재에게 새로운 것을 배울 수 있는 체험 경험과 기회를 제공하는 프로그램이 주어진다면 이러한 현상은 발생하지 않을 것이다. 영재에게 적합한 프로그램을 제공하지 못할 경우, 그들이 갖고 있는 능력을 잃게 될 가능성이 높다는 연구 결과도 있다(Ness & Latessa, 1979).

*신화 : 영재는 '영재' 라고 불리는 것을 좋아한다.

*실제 : 영재는 기본적으로 다른 아이들과 같으며 특별한 것이 없다고 생각한다.

영재는 자신이 영재로 불리는 것을 좋아하지 않는다는 사실에 대해 많은 사람들이 의아해 한다. 영재들은 그러한 꼬리표가 오히려 사회적으로나 감정적으로 자신에게 손해라는 것을 안다. 특히 중학교나 고등학교 시절엔 더욱 그렇다. 설문 조사 결과 영재는 자신이 특별한 능력을 부여받았다고 느끼지 않는다고 응답했다. 그보다는 오히려 스스로를 약간 다른 방식으로 배우고 또래들과 다른 방식의 활동을 즐기는 보통 사람으로 여긴다. 그들은 또래 친구들로부터 격리되는 것을 좋아하지 않고, 다른 학생들의 모범(긍정적인 의미든 부정적인 의미든)이 되는 것을 원하지 않는다. 교사 중에는 영재를 모델로 정해놓고 그렇지 못한 또래들을 체벌하는 경우가 있는데, 그들 스스로는 다른 동료들과 사회적으로 구분되는 것에 대한 두려움 때문에 오히려 자신들의 진짜 능력을 덜 보여줄 우려도 높다.

이러한 사회적 통념들은 그동안 우리 학교와 사회가 영재들을 잘못 인식하는 원인이 되어 왔다. 영재의 실체에 대해 올바르게 이해함으로써 다른 모든 학생들과 마찬가지로 영재들에게도 기본적인 배려가 필요하다는 사실을 알 수 있다. 그 다음은 영재에 대해 제대로 아는 것이 필수이다. 다음은 영재란 무엇인가에 대해 이해하는 과정이다.

영재성의 정의는 무엇인가?

영재를 설명하기 위해 사용되는 정의는 매우 다양하다. 지능을 단일 요소(Terman, 1925)로 하는 정의에서 다중 요소(Guilford, 1956; Taylor, 1968; Sternberg, 1982; Gardner, 1983)의 개념에 이르기까지 광범위하다. 영재의 정의에 대한 이러한 다양성은 학교에서 영재들을 이해하는 데 큰 도움이 된다.

미국 교육부의 정의

'영재' 의 정의를 가장 보편적으로 사용한 것은 1978년 미국의 교육개정안에서 언급된 것이다. Marland의 [영재교육] 1권 '미국 교육위원회가 작성한 미국 의회보고서(Marland, 1972)' 로 그 정의는 다음과 같다.

> (영재는) ... 지적, 창의적, 특별한 학술적 분야에서 뛰어나거나 리더십 능력이나 시각이나 음악 분야에서 높은 능력을 나타내거나 잠재적 능력을 가지고 있으며, 그런 이유로 학교에서 일

반적으로 제공되지 않는 특별 활동이나 서비스를 필요로 하는 유치원, 초등학교 또는 중등 학교 수준의 사람을 말한다(U.S Congress, Educational Amendment of 1978 [P.L 95-561, IX(A)]).

이 정의에는 몇 가지 흥미로운 점이 있다. 우선, 영재를 여러 분야로 나누고 있으며, 더욱이 '나타나거나 잠재적인 능력' 이란 말을 사용함으로써 모든 학생이 그들의 능력을 일시에 나타내는 것이 아니라는 것을 인정한다. 그러므로 성취 능력이 낮은 영재(gifted underachievers)처럼 잠재력이 높은 학생, 수행 능력이 낮거나 보통 수준인 학생에게도 프로그램 참여 기회를 허용한 것이다. 결국 '학교에서 통상적으로 제공되지 않는 서비스와 활동을 필요로 하는 사람...' 에서 언급된 바와 같이 그러한 학생들의 요구에 부응하기 위해 만들어진 특별 프로그램의 필요성이 지적된 것이다.

이러한 정의의 전부 또는 일부분이 미국 94% 이상의 주에서 사용되고 있다. 또한, 많은 학구(district)에서는 이것을 프로그램 개발 지침으로 삼고 있으며 프로그램 적격성을 위한 가이드라인을 만드는 데 사용하고 있다. 그러나 비평가들은 이 정의의 결점에 대해 지적한다. Renzulli, Reis, Smith(1981)는 세 가지를 지적했다. 지적 능력 이외의 (동기적) 요인을 포함시키지 못한 점, 능력과 관련한 두 가지의 과정과 관련된 세 가지 요소가 서로 평행을 이루지 못한 점, 서로 배타적인 것처럼 범주(카테고리)를 다루는 사람들에 의해 정의가 오용될 수 있다는 점이다.

Renzulli의 세 고리 정의(Three Ring Conception)

영재에 대한 세 고리(Renzulli, 1978) 정의는 창의적, 생산적인 사람에 대한 연구를 바탕으로 한다. 영재성이란 일반적으로 평균 이상의 능력, 높은 창의성, 고도의 과제 집착력이 상호작용한 결과이다([그림 1-1]). 이 세 가지 능력을 모두 가지고 있는 사람의 경우, 수행 능력이 매우 뛰어나고 사회에 큰 공헌을 할 확률이 높다. 따라서 영재를 판별할 때는 이러한 세 가지의 요소를 고려해야 한다.

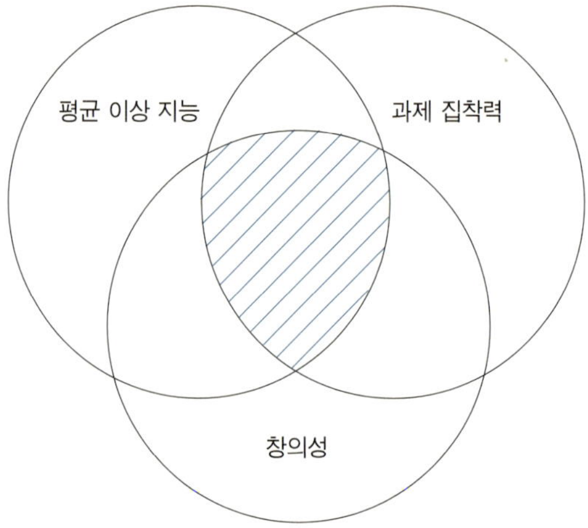

[그림 1-1] Renzulli의 세 고리 정의

이 정의는 영재가 능력을 나타내는 방식이 매우 다양하며, 나타나는 시기 또한 환경의 차이에 따라 변할 수 있다는 것을 전제로 한다. 그러므로 Renzulli는 영재를 증명하는 과정이 한 번에 끝나는 것이 아니라 진행형으로 계속 이루어져야 하며, 프로그램은 다면적으로 이루어져야 한다고 주장한다. 인지할 수 없는 부분인 '과제 집착력' 을 영재성의 구성 요소로 포함시킨 점이 과거의 정의와 다른 점이다.

Gardner의 다중 지능 정의

Gardner(1983)는 사람들은 한 가지 지능보다 여러 가지 '지능들' 을 가지고 있다는 전제 하에 다음과 같이 기술하고 있다.

> ... 지능은 최소한 일곱 가지의 다양한 능력 – 언어적 · 논리수학적 · 공간적 · 육체적 근육 운동, 공간적 · 음악적 · 대인적 · 개인 내적(intra-personal) – 이 조합된 것으로 인식해야 한다 (Hatch & Gardner, 1986).

능력 구성 요소로 귀착되는 이 이론은 다른 분야에서는 보통이거나 보통 이하이지만, 한 분야에서만큼은 영재성을 나타내는 사람이 존재하는 것을 인정한다. 미국 교육부의 정의와 유사하지만, 이것은 저자의 조사에 기초한 요소들로 이루어진 '지능 이론' 이다. 이 정의는 영재의 본성과 특성에 대해 논할 때 유용한 기초 자료가 된다.

Gagné의 차별화된 영재 정의

위에서 언급한 정의들을 통합하기 위한 노력이 Gagné에 의해 이루어졌다.

> 영재성이란 한 가지 또는 그 이상의 재능 분야에서 평균 이상의 뛰어난 능력을 보이는 것이다. '재능(talented)' 은 한 가지 또는 그 이상의 인지적 분야에서 평균 이상의 뛰어난 수행 능력을 보이는 것을 말한다.
> 영재성을 일반적으로 좀더 단면적이고 표준화된 측정 기준에 따라 규정하는 것이 차이점이다. 즉, 관찰된 행동을 설명하는 개별적 특성을 가능한 한 가장 순수한 형태로 서로 연관짓는 것이다.

Gagné는 환경 성격 그리고 동기가 촉매로 작용할 경우 잠재된 능력은 재능이 있는 분야에서 더욱 수준 높은 행동으로 나타날 수 있다는 것을 밝혔다([그림 1-2]).

시사점

이상에서 살펴본 바와 같이 모든 사람들이 동의할 만큼 절대적인 영재 정의는 없다. 그러나 지난 30년 동안 영재에 대한 생각이 다음과 같은 공감대를 형성해 왔음을 알 수 있다. 첫째, 지능에는 여러 가지가 있다. 둘째, 지능은 개발되는 만큼 변화하고 강해진다. 셋째, 영재에 대한 배려는 다중 능력 분야에서도 병행되어야 한다. 넷째, 개발된 능력뿐 아니라 향후 개발될 능력 또한 고려되어야 한다. 다섯째, 수준 높은 학생들의 능력을 충분히 개발하고 양성하기 위해서는 학교에서 제공되는 전형적인 프로그램 이상의 프로그램이 필요하다. 여섯째, 지역 교육청에서 채택하거나 특별 프로그램에서 채택한 정의는 학생 선발과 프로그램 설계 과정 개발에 기초를 제공한다.

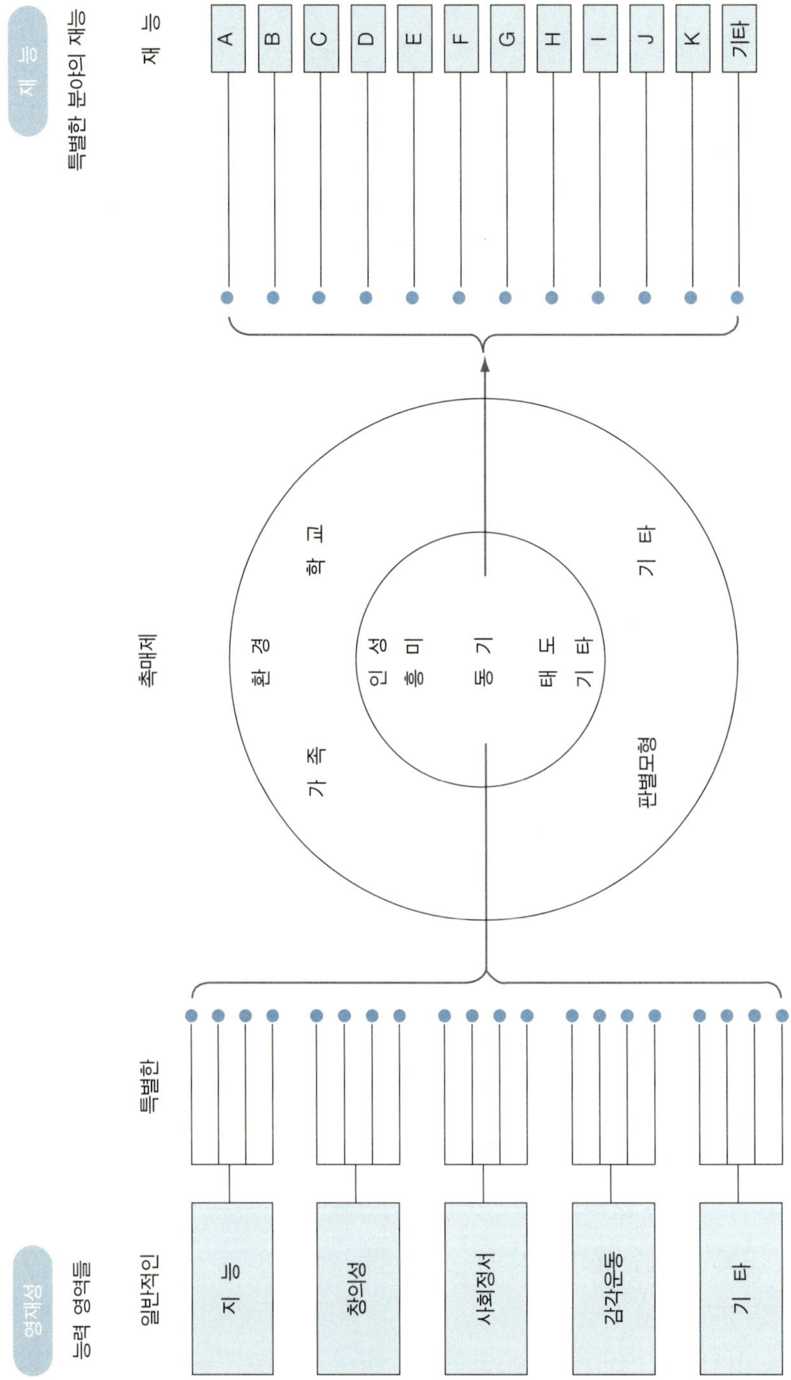

[그림 1-2] Gagné의 영재성과 재능 모형

왜 영재교육을 해야 하나

범 위

영재는 어디에나 – 모든 지역과 모든 학급 – 있다. '영재란 높은 수행가능성을 보이는 능력을 나타냈거나 잠재 능력을 가지고 있으며... 그러므로 학교에서 일반적으로 제공되지 않는 활동이나 서비스를 필요로 하는 학생이다' 라는 다중적 지능 능력 사고와 미국 교육부의 정의를 전제로 한다면, 이러한 범주에 속하는 학생들은 수만이 넘을 것이 분명하다. 어떤 이는 인구의 2~5%가 이에 해당한다고 정의했으며(Council for Exceptional Children, 1978), 또 다른 정의에서는 특별 프로그램을 통해 잠재적으로 이익을 보는 학생들을 포함하면 학생수의 15~20%로 범위를 넓혀 정의하기도 한다(Renzulli, Reis, and Smith, 1981).

분명한 사실은 사람들이 집착하는 영재에 대한 정의나 특정 교수 연구 과제와 상관없이 앞선 능력을 지닌 학생들 중 여러 가지 유형의 다양한 프로그램의 혜택을 받을 경우 거기에서 이익을 얻는 학생들이 있다는 것이다. 그들이 공식적으로 영재라고 판명이 되었든 그렇지 않든 또는 영재를 위해 고안된 프로그램이 학교에 있든 없든 학생들의 능력에 적합한 교육을 받게 하는 것은 교육 전문가들의 책임이다.

이것은 성취하기 어렵고 힘들 수 있다. 종종 직면하게 되는 문제 중 하나는 교직원들이 자신의 학교에는 영재가 없다고 느끼는 것이다. 영재는 상황에 따라 나타나며 환경과 관련된다는 사실을 인지하지 못했기 때문이다. 어떤 한 학생이 교실의 다른 학생들보다 뛰어난 능력을 보인다면 그 학생이 적합한 교육을 받을 수 있도록 조치를 취해야 한다. 그러나 이 경우 표준화된 성취도 평가에서 높은 점수(95~99점)를 받는 것이 판단 기준이 될 수 없다. 그보다는 환경 속에서 판정된 학생의 수행 수준을 통해 대안 프로그램의 필요성을 결정해야 한다.

최근의 프로그램 유형

교사들이 영재에게 적극적으로 관심을 가져야 하는 또 다른 중요한 이유는, 대부분의 영재가 일반학급에 배치되어 있기 때문이다. 그것은 과거로부터 관례가 되어 왔으며 철학적인 관점, 관습, 태만(불이행) 등과 같은 요인으로 인해 아직도 개선의 움직임을 보이지 않고 있다. '특별 아동을 위한 협의회' 가 1977년 실시한 조사에서는 영재 프로그램이 운영되는 32개 주 영재 중 대략 33~53%가 어떠한 형태의 특별 서비스도 제공받지 못했다는 사실이 밝혀졌다. 지난 10년간 영재 관련 프로그램이 숫자상으로는 큰 증가를 보였음에도 불구하고 서비스 질은 아직도 수준 이하인 경우가 대부분이다.

영재를 위한 프로그램이 수립될 때조차도 프로그램 선택은 일반학급 위주로 이루어지는 경향이 있다. Richardson의 조사 연구(Cox, Daniel, Boston, 1985)에 따르면, 국가 전역에서 영재를 위해 만들어지는 가장 보편적인 다섯 가지 프로그램은 ① 파트타임 특별 학급 ② 심화 ③ 독립 수업 ④ 자료실 ⑤ 순회 교사임이 보고되었다. 그러나 이러한 다섯 가지 접근 방식은 모두 일반학급을 중심으로 이루어진다. 파트타임 프로그램은 많이 있지만, 영재는 항상 가능성을 내재하고 있는 만큼 한두 시간 동안만 영재 프로그램에 참가하도록 하는 전형적인 방법이 아닌 전체 수업 일수 맥락에서 고려되어야 한다.

학생들의 복지

학급 교사는 학생들의 학교생활에 가장 영향을 미치는 사람이다. 교사는 학급에서 막강한 힘을 지니고 있으며 학생들 생활에도 지대한 영향을 미친다. 저명인사들에게 인생에서 가장 영향을 끼친 사람을 묻는 질문에 대부분은 교사 또는 부모라고 대답했다(Goertzel & Goertzel, 1962; Bloom, 1985). 이렇듯 교사는 학생들의 능력과 재능을 개발하는 데 매우 중요한 역할을 한다.

그러나 이러한 영향력은 긍정적인 것과 부정적인 것으로 나뉜다. 그러므로 교사는 일반학급에서 발견되는 학생들의 다양한 능력을 발견하고, 모든 학생들이 자신의 능력을 발전시킬 수 있도록 교육하는 것이 매우 중요하다. 영재를 지도할 때는 기술을 개발시키는 것 못지않게 올바른 방향 제시와 안내도 중요하다. 학습부진아에게 따로 교과목을 개인지도 하는 것만으로 성취 수준이 낮은 그들에게 특성에 맞춘 충분한 교육 보상이 이루어졌다고 할 수는 없다. 교사는 학생들이 건강한 방식으로 학교에 적응하게 하려면 반드시 모든 학생들의 다양한 능력을 고려한 교수 방법에 대해서 연구해야만 한다.

학생들의 복지는 교사의 능력만큼이나 교사의 태도에 기초를 둔다. 영재는 학생들의 능력을 평가하고 그들의 탁월함과 성취를 격려하는 교사를 필요로 한다. 그들은 특별한 학생이 되는 것뿐 아니라 그들이 치러야 할 대가까지도 이해해주는 지도자를 원한다. 영재에 대한 충분한 이해와 애정어린 배려는 그들로 하여금 자신이 가진 능력을 최대한 계발하도록 만드는 원동력이 된다. 영재에게 문제가 없는 것은 아니다. 그들은 여러 가지 문제에 직면하게 되는 학생들이다. 따라서 교사들은 그들이 직면하는 어려운 문제를 해결할 수 있도록 도와주는 위치에 있어야 한다.

무엇을 제공할 수 있나?

영재들에게 제대로 된 교육 경험을 제공하기 위해 교사들은 무엇을 할 수 있을까? 수없이 많지만 일반학급에 배치된 영재와 관련된 네 가지 지침을 살펴보자.

모든 학생들을 각기 다른 능력을 가진 개인으로 받아들일 것

교실에 있는 학생들 사이에는 많은 수준 차이가 있다는 것을 우리 모두 알고 있다. 이러한 사실을 인정하고 이에 적합한 지도안을 작성하는 것은 영재의 욕구를 충족시키기 위한 큰 발걸음을 내딛는 것이다. 즉 특별한 능력을 보이는 학생들의 행동을 주시하는 것은 영재에게 적합한 프로그램을 제공하기 위한 첫 단계이다. 그러나 이러한 특별 학생들을 위한 프로그램은 반드시 모든 학생들에게도 적절한 프로그램 범위 안에서 고려되어야만 한다.

학생 중심의 학급 만들기

학급에서 이루어지는 모든 결정은 학생들의 요구가 기본으로 전제되어야 한다. 그러기 위해서는 학생들 스스로 의사결정을 내리는 주체가 되도록 힘을 실어주어야 한다. 학생은 자신의 학습에 궁극적인 책임을 지고 있는 사람이다. 그러므로 그들에게 힘을 부여하는 것은 당연하다. 학생 중심으로 학급을 운영하는 것은 의사결정 과정에서 학생이 중심이 되도록 만드는 것이다. 학교는 학생들이 배울 수 있도록 존재하므로 이것은 너무나도 합당한 것이다.

개인적인 다양성을 수용하는 교수 모델을 개발할 것

학생들이 자신의 지식 수준에 따라 학습 내용에 반응하게 하는 지도 방법이 있다. 그러한 지도 방법은 학습 능력이 빠른 학생과 느린 학생을 따로 구분하지 않고서도 학급에 있는 학생들의 다양한 수준 차이를 수용할 수 있기 때문에 가치가 있다. 주어진 환경에 맞는 적합한 모델을 선택하여 지도하는 것은 우수한 교사를 입증하는 증명서와 같다. 교사가 가능한 한 많은 교수 모델에 대해 알고 있고 다양한 지도 방법을 가지고 있으면 학생들의 다양한 학습 스타일에 맞춰 그들의 능력을 최대한 살릴 수 있는 수업을 진행할 수 있을 것이다.

영재 학생들이 더 우수하지 않다는 것을 명심하라

영재들은 능력, 욕구, 흥미에 있어 다소 다를 뿐이다. 따라서 영재들의 능력에 대해 가치판단을 하지 않도록 노력해야 한다. 영재들을 특별한 지위에 올려놓고 다른 학생들과 경쟁하게 해서는 안 된다. 그들 역시 학급에 있는 다른 학생들과 마찬가지로 자신들의 욕구와 문제에 대해 똑같은 연민과 보호를 필요로 하는 학생일 뿐이다. 그들의 요구가 다를 수는 있어도 능력이 낮은 다른 학생들의 요구에 비해 우선되어야 할 것은 아니다.

요 약Summary

영재성이란 특별히 높은 수준의 수행 능력과 잠재 능력을 지닌 학생들이 행동을 통해 보이는 다면적 특성이다. 영재는 학교와 학급에서 발견된다. 그러므로 그러한 학생들의 욕구에 대처하는 것은 일반학급 교사들의 임무다. 이러한 임무를 성공적으로 수행하기 위한 전략에 대해서는 다음 장에서 다룰 것이다. 그러나 처음부터 학급에는 특별한 재능을 지닌 학생들이 많이 있으며 이들은 자신들의 능력을 최대한 개발시킬 수 있는 차별화된 프로그램을 원하고 있음을 명심해야 한다. 그러한 특별 프로그램을 원하는 학생들에게 프로그램을 마련해주고 활성화시키는 중요한 역할을 하는 것은 학급 교사이다.

이렇게 실천하세요 Action Steps

1. 자신의 목적과 철학적 입장에 적합한 영재 정의를 하나 선택하거나 써라. 평가, 프로그램, 교육과정 기획의 기초가 될 이 유용한 책을 후일의 참고로 간직하라. 또래들을 능가하는 높은 성취 능력을 보이거나 잠재력을 가지고 있는 학생의 다양한 능력을 참작하고 대비하도록 하라.
2. 자신의 마음가짐을 목록으로 작성하라. 본 장에서 언급된 영재에 대한 사회적 통념 중 현실성이 있다고 믿어지는 것이 하나라도 있는가? 만약 그렇다면 이러한 편견을 인정하는 이상의 단계로 나아가도록 노력하고 그러한 태도를 바꾸기 시작하라. 영재에 관한 주제를 다룬 기사를 읽거나 전문가, 학생 자신들 또는 그들의 부모와 함께 대화를 나누는 것으로 이 문제는 해결될 수 있다.
3. 일반학급 배치에 대한 평가를 시작하라. 지도 프로그램에 다양한 능력 수준이 언급되었는가? 그렇다면 어떤 방식으로 개선될 수 있을까? 그렇지 않다면 어떤 변화가 필요할까? 학급의 모든 학생들에게 동등한 교육을 시킬 수 있는 문서화된 지도안을 만들기 시작하라. 자신의 생각을 적은 후 그것을 전에 썼던 영재에 관한 정의와 함께 폴더 안에 넣어 두라. 아마 일반학급에서의 영재 프로그램 제공에 관한 것을 더 많이 배워감에 따라 나중에 이러한 것에 대해 알아보고 싶을 것이다.

이런 참고자료 활용하세요 References Yon Can Use

Bloom, B. (Ed). (1985). *Developing talent in young people*. New York: Ballantine Books.

Clark, B. (1983). *Growing up gifted* (2nd ed.). Columbus, OH: Merrill Publishing Company.

Gallagher, J. (1985). *Teaching the gifted child* (3rd ed.). Boston: Allyn and Bacon.

Renzulli, J. (1978). What makes giftedness? Reexamining the definition. *Phi Delta Kappan*, 60(3), 180-184, 261.

Treffinger, D. (Ed). (1982). *Gifted Child Quarterly* (Special issue on the myths in educating the gifted), 26(1).

영재 판별

2

교사가 자신의 학급에서 누가 영재인지를 결정하는 것은 어려운 일이다. 이러한 사실은 조사를 통해서도 지적되었지만(Pegnato & Birch, 1959; Jacobs, 1971; Borland, 1978), Gear(1978)는 교사가 영재 판별 교육을 받을 경우 그렇지 못할 경우에 비해 영재를 결정하는 일이 두 배는 효율적으로 이루어진다고 밝혔다. 교육을 받지 못했을 경우, 교사는 자신이 좋아하는 학생이나 점수를 잘 맞는 학생, 문제를 일으키지 않는 학생들을 판별할 확률이 높다. 이것은 적합하지 않은 영재 판별 방법이다. 모든 영재들이 다 자신의 교사를 좋아하거나 최고의 성적을 올리거나 교사가 적합하다고 느끼는 태도로 행동하는 것은 아니기 때문이다. 그러므로 교사에게 영재 판별 지침을 제공하는 것은 영재 교육과정에서 매우 중요한 일이다. 그래야 영재를 둔재로 혹은 범재를 영재로 오인하는 오류를 최소화할 수 있을 것이다.

영재의 특성

어느 학생이 영재인지 어렴풋이 알아차리게 되는 첫 번째 요소는 그들의 질문이나 말 또는 자세한 관찰을 통해서이다. 교사라면 누구나 학생 중에 특별히 날카로운 질문을 하거나 영감받은 행동을 보여 매우 당혹스러웠던 경험이 있을 것이다. 이러한 통찰의 순간은 매우 중요하며 향후 그 학생의 태도와 능력을 관찰하도록 하는 계기가 된다.

학급 교사들은 이러한 순간을 자주 겪는다. 호주에서 3학년 사회 수업을 하던 한 교사는 학생들에게 호주가 어느 대륙에 위치해 있는지 보여주기 위해 지도를 들고 서 있었다. 그는 학생들의 대답을 기대하지 않은 채 "왜 호주와 호주 사람들과 상당히 멀리 떨어져 있는 조그만 나라 영국이 서로 같은 언어를 사용할까요?"라고 질문했다. 학생들에게 생각할 시간을 주자 (전에는 평범하다고 생각했던) 한 학생이 "아마 두 나라의 조상이 같은가 보죠"라고 답했다. 그 학생의 통찰력을 보고 교사는 저평가되었던 그의 능력을 다시 한번 생각하게 되었다. 그 순간 이 아이가 영재인지 아닌지 판단되지는 않았으며, 그렇게 판단하는 것이 적절치도 않았다. 그러나 앞으로 그 학생을 관찰해보고 눈여겨볼 필요가 있다고 판단했으며 그것은 적절한 것이었다.

그런 다음 영재들이 나타내는 특성의 범위에 대해 알아보는 것이 중요하다. 이 정보를 통해 교사는 추측과 주관이 아닌 좀더 객관적인 방법으로 학생을 관찰할 수 있을 것이다. 잠재력을 지닌 학생을 관찰하고 눈여겨보는 데 일반적인 지침으로 삼을 수 있을 것이다.

인지적 특성

인지적 특성은 사고 능력을 포함한 것이다. 이러한 특성들은 교실에서 주로 발견되지만 그 장소에 국한된 것만은 아니다. 이러한 특성을 명백히 가지고 있는 사람이나 집단이 있다면 교사에게 알려 그들의 잠재적인 능력을 발전시키게 해야 한다. 영재를 구분하는 인지적 특성은 다음과 같다.

- 상징(심볼)을 탁월하게 조작하는 앞선 능력 : 이 특성(Gallagher, 1985)은 글을 일찍 읽거나 음악을 읽거나 숫자를 가지고 노는 데 뛰어난 능력이 있는 어린이들이다. 방대하고 진보된 어휘를 구사하는 것도 이들이 나타내는 특징 중 하나다.
- 비상한 기억력 : 기억은 이들 학생들의 문제거리가 아니다. 그들은 쉽게 기억한 사실들을 끄집어낸다. 만약 교사가 금요일에 5분간 자유시간을 준다고 약속했다면 그 사실을 기억하고 교사에게 약속을 떠올리게 하는 학생들 중 분명 영재가 있다(금요일까지 날마다 그러기가 쉽다).

- 거대한 기억 창고 : 영재들은 탁월한 기억력을 가지고 있으므로 광범위한 사실들을 자신의 기억 영역 속에 저장해둘 수 있다.
- 높은 수준의 이해력 : 영재들은 사실을 알고 기억할 뿐 아니라 그들 나이보다 앞선 수준의 지식 영역에서 개념과 관계가 나타내는 바를 이해한다.
- 쉽게 종합적으로 보기 : 영재의 이해 능력은 단지 눈으로 보이는 것 이상으로 개념과 관계를 종합하는 능력을 나타낸다. 이것은 영재들이 자기 또래보다 2~3단계 앞선 수준에서 학문을 연구할 수 있는 바탕이다.
- 월등한 집중력 : 영재들은 자신이 흥미를 갖는 것에 오랜 시간 투자하는 집중력을 보인다. 그러나 흥미가 떨어지는 분야에서는 집중력이 낮을 수도 있다. 영재들이 대단한 근면성을 보이며 자신의 일에 집중하는 모습을 종종 볼 수 있지만, 흥미롭지 않은 것에 대해서는 산만한 조급증을 보이는 점 또한 그들의 특성 중 하나이다.
- 높은 수준의 호기심 : 끊임없는 질문은 영재의 대표적인 특징이다. 그들은 자신의 환경과 일이 돌아가는 것에 깊은 관심을 나타낸다. 퍼즐을 풀거나 게임 하는 것도 즐긴다.
- 빠른 학습 능력 : 영재는 흥미로운 주제가 있으면 매우 빠르게 배우는 능력을 가지고 있다. 그들은 어떤 사실이나 개념을 최소한의 반복만으로도 배우는 능력이 있으며 일반적인 기대 수준 이상의 정보를 알고 있다. 영재는 한 개념을 배우는 데 한 번의 시도로 충분하며 부가적인 설명을 하거나 예를 들면 참지 못하고 지루해하거나 주의가 산만해진다.
- 다양한 관심 : 영재의 관심사는 자연이나 철학으로 바뀔 수도 있다. 많은 영재는 여러 각 분야에 다양한 흥미와 앞선 능력을 가지고 있다. 그 밖의 사람들은 한 분야에 특별한 관심을 보이거나 그것에 대해 철저히 파고든다. 영재들은 종종 자신보다 나이가 많은 학생들이나 성인들에게 나타나는 특성을 보이기도 한다.
- 비범한 인지력과 육체적 능력 : 많은 영재들은 자신의 능력을 드러내기를 두려워한다. 왜냐하면 그들의 독특한 사고력은 일반적인 쓰기나 그리기, 운동, 말하기 능력과 일치하지 않을 수도 있기 때문이다. 이러한 능력의 불일치는 학생들의 실제 능력을 정확하고 효율적으로 측정하는 데 장애물이 되기도 한다.

정서적 특성

정서적 특성에는 학생들의 느낌, 감성, 인성 등이 포함된다. 이 분야 역시 교사들은 또래 아이들에 비해 영재들이 다르다는 것을 발견하게 된다. 그러나 정서적인 부분은 앞선 인지 능력처럼 또래에 비해 항상 두드러지게 나타나지는 않는다. 실제로 영재들 중에는 인지 능력과 정서 능력이 비대칭을 이루는 경우도 많다. 6학년 학생이 고등학생 정도의 인지 능력을 가지고 있다 하더라도 정서적인 반응은 청소년기를 갓 벗어나는 수준일 수도 있다. 이러한 학생들이 나타내는 정서적인 특성에는 다음과 같은 것들이 있다.

- 본인, 타인, 환경에 대한 민감성 : 영재는 자신의 환경과 그 속에 있는 사람들에 대해 잘 알아차린다. 이러한 인지는 환경에서 나타나는 타인들의 감정과 사건들에 대한 민감성과 결부된다.
- 어른이나 자기보다 나이가 많은 학생들과 어울리는 것을 더 좋아함 : 대부분의 영재 부모들은 아이가 어려서부터 또래보다는 나이 많은 사람들과 어울리는 것을 선호했다고 설문에서 밝혔다. 또한 교사들은 영재들이 교실에 있는 다른 학생들보다는 교사와 함께 토론하고 공부하는 것을 더 좋아한다고 응답했다. 인간은 자신들의 정신 연령에 맞는 사람에게 끌리는 경향이 있는데, 영재가 이렇게 행동하는 것 또한 그와 같은 자연스런 현상이다.
- 강렬함 : 자신이 흥미를 느끼는 분야에서 일하는 영재에게는 뿜어져 나오는 강렬함이 있다. 그들은 학교 공부에서뿐 아니라 자신이 흥미를 느끼는 다양한 분야에서 집중력과 인내력이 높은 임무 수행력이 나타난다.
- 완벽주의 : 이것은 아주 어린 영재부터 성숙한 영재에 이르기까지 모든 영재에게 공통적으로 나타나는 특성이다. 이들은 완벽주의에 대한 동기가 강하고, 가능한 한 완벽을 추구하려는 성향도 자주 나타난다. 그 결과 높은 수행 수준을 보이거나 실패에 대한 두려움으로 아예 실행을 하지 않은 두 유형으로 나뉜다.
- 리더십 능력 : 영재는 자기 또래 집단에 비해 너무 벗어난 행동을 보여 '괴상한' 사람으로 여겨지지 않는 한 다른 학생들에게 안내자로 인식되며 추앙받는다.
- 도덕주의자 : 영재 집단에서는 옳고 그름에 대한 강한 자기 주장을 찾아볼 수 있

다. 그들은 신념이 강하며 부당하게 행동한다고 생각되는 사람들에 대해 타격을 가할 준비가 되어 있다. 이들은 판단에 있어 흑백논리가 아닌 회색 지대가 존재한다는 사실을 받아들이기 어려워한다.

- 박식함 : 문제를 풀기 위해 많은 정보를 모을 수 있는 능력은 영재의 특성 중 하나이다. 그들은 한 가지 이상의 과정을 통해 문제를 풀고, 평범하지 않은 방법으로 문제에 접근하며, 오래된 문제에 대해 새로운 해결법을 제시하곤 한다.
- 뛰어난 유머 감각 : 영재들은 그들 나이에 비해 평범하지 않게 세련되고 통찰력 있는 유머 감각을 발휘한다. 교사들의 농담을 이해하고 '펀(동음이의어를 사용한 농담)'을 사용하며 자기 자신들이 만든 수수께끼를 내놓기도 한다.

창의적 특성

창의적 능력을 지닌 학생들은 위에서 언급한 특성을 보일 수도 보이지 않을 수도 있다. 그들은 종종 "별종"이며, 행동과 사고력이 너무 틀에 박혀 창의성이 결여된 아이들을 교사가 좋아하지 않는 것처럼 이들도 교사의 선호 대상은 아니다. 이러한 탈관습적인 사고와 행동, 가치관으로 인해 이들의 능력이 과소평가 되기도 한다. 위에 언급된 특성에 덧붙여 창의성이 높은 학생들에게서 다음과 같은 능력을 찾을 수 있다.

- 높은 지적 능력 : 창의성과 지적 능력은 종종 별개의 것으로 인식되지만, 그 두 가지는 함께 간다. 학생이 더욱 지적일수록 창의적 수준 또한 높아질 가능성이 높다(지능지수 120 정도까지. Yamamoto, 1965).
- 자연스런 아이디어의 발산 : 열정과 구속당하지 않는 호기심을 가진 창의적 영재들은 산만하고 집중력이 부족한 행동을 보일 수도 있다. 한편, 그러한 학생들은 흥분될 만한 새로운 생각에 열광적으로 빠지는 경우도 있다. 창의적 영재들의 이러한 행동은 성질이 급하고, 기이하고, 별나고, 정상이 아니라고 여겨질 수도 있다.
- 사물을 총체적으로 보는 능력 : 창의적인 영재는 전체적인 방식으로 학습하는 경향이 있다. 그들은 먼저 전체적인 아이디어를 얻은 후에 부분으로 나누어보는 것을 선호한다. 그러나 간혹 전체보다는 과정이나 부분에 나타나는 개념을 먼저 발견하기도 하는데, 이것은 교사의 지도 방식과 일치하지 않는 것이기도 해서 눈여

겨보아야 한다.

- 관습에 도전하기 : 본래 창의력은 새로운 아이디어를 불러일으키는 것이다. 그러기 위해서는 관습적이고 상투적인 것에 도전해야 한다. 그러한 활동은 사회를 발전시키는 원동력인 반면, 그러한 도전을 하는 사람은 종종 멸시를 받곤 한다. 그러므로 창의적인 재능을 지닌 학생들은 그들 부모나 교사, 형제자매, 또래 집단으로부터 문제아로 치부되곤 한다.
- 독립적인 사고 : 영재들은 스스로 생각하는 걸 더 좋아한다. 그들은 권위 있는 사람의 "가라사대"를 받아들이고 싶어 하지 않는다. 대신, 자기 자신의 대답을 찾으려 한다. 다시 말해, 창의적 영재의 독립적인 사고는 새롭고 혁신적인 아이디어와 생산의 원동력이 될 수 있지만, 이 역시 권위 있는 사람에 대한 도적으로 받아들여질 수 있다.
- 놀기 좋아함 : 창의적인 학생들은 자신의 생각과 행동, 자신이 만들어낸 물건 속에서 놀기 좋아하는 경향이 있다. 그들은 자신의 작품을 통해 유머를 찾고 발견한다. 그들은 위험을 감수하는 것을 겁내지 않고 때로는 결과나 다른 사람들의 반응을 보기 위해 그런 짓을 하기도 한다.

특별한 집단의 특성

특정한 환경과 문화적 습성, 불리한 조건 등이 영재에게 미치는 영향은 위에 언급한 것보다 더 많은 특성을 나타나게 할 수 있다. 학생들의 능력을 개발시키기 위해 그들의 행동을 관찰할 때는 많은 요소들이 그들의 행동과 사고방식, 선택 활동 등에 영향을 미친다는 사실을 명심해야 한다. 영향은 위에서 언급한 것보다 더 많이 영재에게 특성을 나타나게 할지도 모른다. 그러므로 영재의 특성을 분석할 때 이러한 요인들을 고려하는 것이 중요하다.

문화가 다르면 가치도 다르므로 비주류 문화에서 온 학생들은 다른 방법으로 그들의 능력을 보일 수 있다. 예를 들어, 어떤 문화권에서는 여자들이 자신의 신념을 드러내놓고 말하는 것을 좋아하지 않는다. 이런 경우 언어 표현을 많이 하지 않는 것을 지적 능력이 낮은 걸로 여겨서는 안 된다. 대신, 이러한 학생들의 능력에 접근할 때에는 언어 구사력 이외의 요소가 평가 기준으로 채택되어야 한다.

장애를 가진 학생들은 그들의 능력을 인정받는 데 있어 많은 장벽과 부딪치게 된다. '영재가 되기 위해서는 교사의 마음에 드는 행동을 해야 된다' 는 그릇된 생각을 지닌 교사가 있다면 정서적인 장애를 지닌 학생은 자신의 능력을 감추기 위해 부적절한 행동을 할 수 있다. 그러한 부적절한 행동은 지적 능력이 부족하다는 증표가 아니므로 그들의 능력을 측정할 때 과소평가 되어서는 안 된다. 이와 유사하게 학습 장애나 청각 장애, 시각 장애, 신체적인 장애를 지닌 영재의 경우 종종 다른 대체 수단을 통해 그들의 능력을 나타낸다. 학습 장애를 가진 영재의 경우 성적이 만족스럽지 못하기 때문에 그들의 능력이 드러나지 않을 수도 있다.

사회적 성차별을 당하고 불리한 대접을 받을 경우 이상적인 행동 패턴에서 벗어날 우려가 있다. 그런 경우, 그들은 자신의 능력을 드러내지 않거나 사회적으로 수용될 만한 수준에 맞춰 행동하는 방법을 선택한다.

영재교육 대상자 평가

평가의 궁극적 목적은 공식적이든 비공식적이든 교과 과정을 결정하기 위해 사용할 학생 프로필 작성에 있다. 이러한 프로필은 교사가 학생의 장 · 단점을 통해 교육적 판단을 내리는 근거로 검토된다. 어떤 분야든 비상한 능력을 보이는 학생은 '인재 풀(talent pool)' 의 일부가 될 수 있다. 인재 풀은 일반학급 안이나 밖의 특별 프로그램 또는 대안 프로그램에 학생을 배치할 때 적합한 지원자를 찾기 위해 이용된다.

'인재 풀' 에 속한 학생 중 읽기, 수학, 과학, 쓰기와 같은 학술 분야에서 평균보다 2~3단계 높은 뛰어난 능력을 보이는 프로필을 가진 학생이 있다면 영재를 위한 종일반이나 특별 학교, 월반 적격자로 고려해 봄직하다. 음악 재능이 뛰어난 경력을 가진 학생은 지방 악단의 지휘자와 함께 거주하는 프로그램에 참가할 수 있다. 읽기 능력은 평균보다 두 단계 정도 높지만, 다른 과목은 보통의 수행 수준인 학생이라면 선행 독서 집단에 배치하거나 다양한 연령이 섞인 독서 집단에 배치하거나 그 학생 수준에 맞춰 독서 지도를 하는 다른 교실로 옮길 수 있다.

학생 능력과 성취 수준을 결정하고 능력 프로필을 준비하고 교육적 결정을 내리는 것은 평가 과정을 통해서이다. 분류하는 것(labeling)은 학생의 능력과 흥미에 맞은 프로그램에 배치하기 위한 정보를 만든 이후의 문제이다.

평가 모델

평가 과정의 목적은 학생 교육에 영향을 미치는 의미 있는 평가와 결정을 내리는 데 사용할 정보를 수집하는 것이다. 이 일을 성공적으로 하기 위해서는 의미 있는 다양한 요소에 대한 평가가 이뤄져야 한다. 다양한 평가 요소는 다음과 같다. 첫째, 모든 학생을 과정에 적합하게 고려한다. 둘째, 각 영역 평가 시 다양한 평가 도구를 이용한다. 셋째, 도구는 학생 각각의 강점과 약점을 측정할 수 있게 선택해야 한다. 넷째, 평가는 학생 수준의 언어로 이루어져야 한다. 다섯째, 훈련된 사람이 평가를 진행해야 한다.

더불어 평가 과정은 지속적으로 이루어져야 한다. 학생이 최고의 수행 능력을 보이거나 평상시와 달리 느린 반응을 보일 때에는 절대로 올바른 예측을 할 수 없다. 또한 모든 학생이 항상 조기에 잠재 능력을 보이는 것은 아니다. 평가가 지속적으로 이루어진다면 교사는 학생에 대해 부정확하고, 불완전하고, 잘못된 정보를 가질 수 있는 오류를 최소화할 수 있을 것이다.

영재 평가는 되도록 조기에 실시하는 것이 좋다. Witty(1953)의 연구 결과에 의하면 학생의 영재성을 가장 효과적으로 개발하는 방법은 그들의 능력을 일찍 발견해 자극을 주고 능력을 향상시키며 학교와 가정에서 개별적으로 적절한 활동을 제공하는 것이라는 것이 연구를 통해 입증되었다. 뛰어난 능력을 가진 120명의 영재들을 연구한 Bloom은 「어린 아동들의 재능 개발」이란 보고서에서 이러한 견해를 지지하였다. 그는 조기에 재능을 발견하고 기르는 것은 후에 그것을 개발하는 데 중요한 효과를 갖는다는 사실을 주장하고 있다. 따라서 영재교육에 있어 조기에 재능을 발견해서 그에 적절한 교육적 서비스를 제공하는 것은 매우 중요한 과정이라고 할 수 있다.

평가 모델

[그림 2-1]처럼 판별(identification)은 영재에 대한 다면적 평가를 위한 포괄적인 모델의 단계 중 하나이다. 광범위한 프로그램 결정에 필요한 자료 유형을 수집하기 위해서는 프로그램 배치 결정을 하는 데 필요한 것 이상의 정보가 축적되어야 한다. Engin

과 Parke(Parke, 1981)는 영재교육법(P.L. 95-561)에서 4단계로 구성되고 5개의 영재 영역을 포함하는 모델을 제시하였다.

평가 모형은 선발(screening), 판별(identification), 프로그램 계획(program planning), 평가(evaluation)의 4단계로 이루어졌다. 판별과 선발 단계는 프로그램 배치 단계이다(Cronbach, 1970; Anastasi, 1976). 이 기간 동안 학생의 능력을 탐색해서 가장 적합한 프로그램을 결정하기 위한 정보를 수집한다. 프로그램 계획 단계에서는 학생이 가장 효과적이고 효율적인 방법으로 배울 수 있도록 하는 프로그램 설계와 교과 실습 결정을 위한 자료 수집을 한다. 마지막 과정인 평가 단계에서는 개인과 프로그램의 성공 여부를 측정하고 변화된 모습에 대해 가능한 자세히 조사한다.

[그림 2-1] 영재를 위한 4단계 평가 모형

위 평가 모형은 세 가지 목적을 위해 고안되었다. 첫째, 기존 또는 새로운 프로그램에 학생 프로필을 연결시켜 프로그램에 적합한 학생을 선발하기 위한 것이다. 둘째, 학생의 욕구와 능력을 기본으로 한 프로그램을 설계하기 위한 것이다. 셋째, 프로그램의 성공 여부와 개개인 학생의 성취도를 평가하기 위한 것이다.

첫 단계 : 선발

학생 능력에 대한 전반적인 척도를 찾을 목적으로 실시하며, 학생의 장 · 단점에 대해 광범위한 정보를 수집하는 것이다. 이때 밖으로 드러난 능력 못지 않게 잠재 능력도 중요하며 모든 능력 지표를 찾아야만 한다. 이러한 정보는 학생 능력 프로필 개발 단계를 시작하는 데 사용되며 이를 통해 판별이 내려진다. 다시 한번 강조하지만, 이것의 목적은 가능한 한 광범위하게 재능의 특징을 수집하기 위해 잠재적인 능력과 실제로 나타나는 높은 수준의 수행 능력 지표를 찾는 것이다. 일반적으로 다음과 같은 기법을 다양하게 사용하고 서로 연결시켜 사용한다. 첫째, 교사, 부모 또는 학생들의 추천 둘째, 집단 지능 검사 셋째, 성취도 검사 점수 넷째, 수상 경력 다섯째, 학업 성취도 여섯째, 활동들([표 2-1])이다.

[표 2-1] 평가 단계별 목적 및 사용 도구

평가 단계	목 적	도 구
선 발	· 잠재력과 능력 지표 관찰 · 광범위한 정보 수집 · 인재 풀 만들기 · 새 프로그램을 위해 필요한 것 결정	· 교사, 부모, 학생들 지명 · 집단 지능 검사 · 성취도 검사 · 성 적 · 수상 경력
판 별	· 심층적인 자료 수집 · 프로그램에 학생 연결시키기 · 배치 결정 내리기	· 절대평가 · 개별 지능 검사 · 결과물 · 포트폴리오 · 오디션
프로그램 계획	· '어떻게' '무엇을' 가르칠 것인가 결정	· 관 찰 · 배치 평가 · 학습 스타일 조사 · 흥미 조사
평 가	· 프로그램과 학생 성취도 측정	· 테스트 · 결과물 · 인터뷰 · 관찰 조사

높은 성취 잠재력을 지녔거나 실제로 높은 성취 능력을 보이는 학생은 '인재 풀' 멤버로 선정되며 특별 프로그램의 적임자가 된다. 인재 풀 자료가 자주 사용되는 또 다른 사례는 학교 시스템에 도입할 필요가 있는 프로그램을 검증하기 위해서이다. 사용 가능한 정보를 검토하고 제공된 프로그램과 비교해봄으로써 프로그램에 나타날 수 있는 개선점을 알아낼 수 있고, 프로그램 개발에 책임 있는 사람들은 그 차이를 줄이기 위한 작업을 시작할 수 있다.

두 번째 단계 : 판별

평가 모형의 학생 선발 과정의 두 번째 단계인 '판별(identification)'은 어느 인재 풀에 속한 학생이 어느 프로그램의 자격 조건에 맞는지 가려내는 것이다. 판별 단계에서 자료를 검토하고 고려 중인 프로그램에 가망성을 보이는 학생을 결정하는 것으로 마무리된다. 그런 다음, 프로그램 경험을 통해 가장 이익을 얻을 수 있는 학생을 결정하기 위해 학생들을 대상으로 필요한 만큼 더 많은 평가를 실시한다. 예를 들어 고급 언어 예술 프로그램에 참가할 학생이 필요한 경우, 언어 예술 분야에서 두각을 보이는 학생을 결정하기 위해 인재 풀에 속한 학생들을 검토한다. 표준화된 성취 검사 점수, 교사 지명 그리고(또는) 성적 등이 검토 기준이 된다. 그런 다음, 촉망받는 학생들을 대상으로 학급 목적과 일치하는 능력을 지닌 적임자를 선발하기 위한 심도 있는 평가를 할 수 있다. 절대평가, 기록된 사례의 포트폴리오, 인터뷰는 판별을 위한 목적에 사용되는 측정 방법이다. 그런 다음 결정을 내리고 사용할 선정 기준을 의결하기 위한 배치위원회가 소집된다.

세 번째 단계 : 프로그램 계획

일단 어떤 학생에게 특별 지도가 필요하다는 결정이 나면 평가 모형의 세 번째 단계인 프로그램 계획을 시작한다. 이 단계에서는 학생 선발 과정에서 모은 평가 자료를 바탕으로 더 방대한 양의 측정이 이루어지는데, 이는 학생에게 가장 적합한 학습 경험 유형을 고르고 설계하기 위함이다. 다시 말해, 절대평가 배치 검사, 인터뷰, 학습 스타일과 관심 분야 조사, 관찰 등의 방법이 사용되며 이러한 자료는 학생들의 학습 경험을 촉진시키는 방법을 알아보기 위해 분석된다.

네 번째 단계 : 평가

마지막 단계인 평가에서는 영재를 위한 특별 대책이 성공적으로 이루어졌는지, 거기에 참여한 학생들은 만족할 만한 수준의 발전을 보였는지 알아보기 위한 평가를 실시한다. 이를 위해 더 많은 정보를 수집할 수도 있지만, 다른 평가 단계에서 수집한 자료만 가지고 할 수도 있다. 프로그램 계획자와 교사는 이러한 자료를 통해 향후 프로그램 수정이 필요한지 학생들은 적절히 배치되었는지 추가 학급이 필요한지 다른 유형의 전략이 만들어져야 하는지를 결정할 수 있다.

평가 자료 모으기

평가 자료를 수집하기에 앞서 과정을 구성하게 될 단계를 미리 결정하는 것이 현명하다. 학생 선발을 위한 평가 과정은 지역마다 다를 수 있지만, 프로그램 계획자가 이 과정을 시작할 때 따라야 할 기본적인 지침은 다음과 같다.

- 평가 목적을 정한다. 왜 그것을 하고 있으며 어떤 유형의 학생을 선발할 것인가?
- 수집할 평가 자료 유형을 정한다. 이것은 반드시 다면 평가의 원칙과 과정의 목적에 따라야 한다.
- 평가 정보를 누구에게 얻을지 결정한다. 학생 작품을 보고 싶은가? 다른 교사나 부모에게 학생에 대해 묻는 것이 중요할까?
- 영재 교육과정이 안고 있는 한계에 대해 고려한다. 필요하다고 생각되는 자료 수집 대체 방법과 분석 대체 방법을 고안한다.
- 평가 과정과 자료 수집을 직접 지휘한다.
- 프로그램 목적, 선발 기준, 학생 능력 프로필에 기초해 최종 학생을 선발한다.
- 학생, 학부모와의 면담을 통해 그들이 프로그램에 참석하고 싶어하는지, 프로그램 범위와 내용에 익숙한지 알아본다.
- 프로그램 최종 명부에 오른 학생들에 대해 조사한다.
- 지속적인 학생 평가 계획을 수립한다.

평가 정보 유형

교사들은 자신의 학급에 영재를 배치시키는 과정을 시작할 때 목적에 도움이 될 여러 가지 자료를 확인하고 싶어 한다. 그래서 하나 이상의 평가 유형을 사용하고, 자료도 하나 이상의 정보원을 통해 수집하도록 권장하고 있다. 이렇게 해야 학생의 실제 능력에 관한 정보를 더욱 신뢰할 수 있기 때문이다. 다양한 정보원으로부터 나온 다양한 측정 결과를 모으는 과정을 '삼각 검증법' 이라고 한다.

대부분의 영재교육 프로그램은 대상 학생을 결정할 때 검사 결과, 지명 자료, 성취 산출물 등을 통해 자료를 수집한다. 하지만 이러한 과정에 적용되는 도구는 매우 다양하고 많다. 여기서는 영재 판별을 위해 사용할 수 있는 검사 도구들에 대한 개략적 설명을 하고자 한다.

검 사

검사에는([표 2-2] 참조) 일반적으로 상대평가, 절대평가, 조사 기록의 세 가지 유형이 있다. 각각의 검사는 영재 판별을 위해 사용되는데, 상대평가는 개인의 학업 성취 정도를 다른 학생과 비교하여 집단 내에서의 상대적 위치를 알아보는 방법이다. 성취도 평가(Iowa Test of Basic Skill, California Test of Basic Skill, Stanford Achievement Test)와 지능지수(Stanford-Binet Intelligent Scale, Peabody Picture Vocabulary Test, Otis-Lennon Mental Ability Test) 등이 상대평가의 대표적인 예이다. 점수는 대체로 표준 9등급제, 백분율, 등급, 표준 점수 등으로 기록되며, 이러한 정보를 통해 영재가 일반 학생에 비해 3단계 높은 수준의 책을 읽는지 어휘 구사력이 다른 4학년 학생들 중 98% 상위에 속하는지 등의 사실을 확인하게 된다.

절대평가는 다른 일반 학생들의 성적과 상관없이 어느 학생의 점수가 미리 정해놓은 성취 기준에 도달하였는지 아니면 초과하였는지를 살펴보는 데 활용된다. 배치고사처럼 교사가 만든 검사가 대체로 여기에 속한다. 이러한 유형의 평가는 학생이 어떤 정보를 알고 있으며 그들이 성취한 수준은 어느 정도인지 알아보기 위한 것이다. 이러한 점수는 일반적으로 비율(12/15)이나 맞은 개수(+12), 틀린 개수(-3) 등으로 나타내며, 절대평가를 통해 얻은 정보는 학생이 수업받기 전에 이미 교과 과정 내용을 이해하고 있는지 또는 재심사가 필요한지를 나타내는 지표가 된다.

[표 2-2] 영재 프로그램에 일반적으로 사용되는 학생 판별 검사 목록

잠재력 검사

개 인

Goodenough-Harris의 그림 테스트

Peabody의 그림단어 테스트(개정판)

Stanford-Binet의 지능 검사

Weschler의 어린이를 위한 지능 검사(개정판)

Weschler의 취학 전 및 초등학생 지능 검사

집 단

California의 성숙도 평가표

인지 능력 테스트

Otis-Lennon의 지적 능력 테스트

성취도 평가

California의 성취도 평가

Iowa의 기본 능력 검사

Metropolitan의 성취도 평가

Peabody의 개인 성취도 평가

SRA 성취도 시리즈

Stanford의 성취도 평가

창의성 검사

창의적 결과물 측정

Khatena-Torrance의 창의적 인지 목록

원격 교류 테스트

소리와 단어를 이용한 창의적 사고

Torrance의 수학적 창의력 사고 테스트

Torrance의 언어적 창의력 사고 테스트

학습 유형과 태도 조사는 학생의 학습 태도를 결정하는 검사다. 학습 유형에 따라 사용할 수 있는 다양한 검사 방법(Torrance의 '사고와 학습 스타일 : Your Style of Thinking and Learning', Kolb의 '학습 스타일 조사 기록 : Learning Style Inventory', Swassing과 Barbe의 '학습 태도 검사 : Learning Modality Test')이 있다. 이러한 검사를 통해 시각, 청각, 촉각 경험 중 학생이 가장 빠르게 받아들이는 학습법은 무엇인지, 혼자 학습하는 것을 더 좋아하는지, 아니면 소집단으로 학습하는 것을 더 선호하는지 등을 알 수 있다. 흥미 조사 기록은 학생이 좋아하는 활동 유형에 대해 알아보기 위해 고안된 것으로 이러한 측정 결과를 통해 교사는 학생의 흥미 분야와 익숙한 주제에 대한 단서를 찾을 수 있다.

지 명

지명은 교사, 부모, 또래 친구 또는 학생 자신에 의해 이루어지며 방법은 행동 체크 목록 양식으로 알아볼 수 있다. 체크 목록에 있는 요소에 대해 지명된 학생을 평가하도록 되어 있다. 이 정보는 시험 정보라고 하기에는 주관적 경향이 강하지만, 그럼에도 불구하고 학생의 특별한 재능 여부를 알아보는 데 유용한 정보이다. 전년도 교사를 통해 학생이 이수한 특별 프로젝트에 관한 정보를 얻을 수도, 부모에게는 학생이 여가 시간에 무엇을 하며 시간을 보내고 글을 읽기 시작한 것은 언제부터인가 등에 대해 알아볼 수 있기 때문에 어린 영재들을 판별하는 데 매우 유용하게 사용되는 방법 중 하나이다. [그림 2-2]와 [그림 2-3]은 지명 양식 사례이다.

추천서 양식은 특별 프로그램에 속하게 될 학생의 특성 목록이 결정된 후에 만들어진다. 창의성 프로그램에 참가할 학생을 선발하는 추천 양식에는 반드시 학생의 창의 능력에 대해 반영하는 항목이 포함되어야 한다. 마찬가지로 학습 진도를 빠르게 나가는 속성 수학반의 경우 학생이 속도를 조절할 수 있는지 높은 수준의 내용을 준비할 수 있는지 확인할 수 있는 항목이 들어가야 한다. 이렇듯 프로그램 특성과 학생 특성이 매치된 추천서 양식이어야 프로그램 계획자에게 학생의 잠재 능력에 관한 중요한 정보를 제공할 수 있다.

추천서 양식은 프로그램 계획자에 의해 주로 고안되지만 이미 광범위하게 사용되는 상업적 양식을 사용할 수도 있다. Scales for Rating the Behavioral Characteristics of

Superior Students(Renzulli, Smith, White, Callahan, Hartman, 1976)와 GIFT(Rimm, 1976) 등이 여기에 속한다. 상업적으로 쓸 수 있는 체크 목록을 사용하거나 다른 지역에서 사용하는 양식을 사용할 경우 자신의 평가 목적을 제대로 잘 반영하고 있는지 분명히 확인해야 한다.

지명은 학생 선발 과정 중 판별 단계에서 주로 사용되며 학생의 전체 능력을 보여주는 훌륭한 지표가 된다. 그러나 만약 그 양식을 작성하는 사람이 학생에 대해 잘못된 정보를 적거나 잘못 나타낸다면 부정확할 수도 있다. 그러므로 추천서를 작성하는 사람에게 제대로 쓰는 방법을 먼저 지도해야 하며 다른 측정 도구들과 함께 사용하는 것이 중요하다.

학생 결과물

학생 결과물에 의한 평가 정보는 학생 선발 과정 전체에 걸쳐 수집한다. 자주 사용되는 산출물로는 성적, 수상 경력, 과학 프로젝트, 작문이나 미술 포트폴리오, 오디션 비디오 테이프, 독립적인 학습 프로젝트 등이 있다. 사용될 수 있는 산출물 유형은 평가의 목적과 찾고 있는 정보에 맞는 한 끝없이 많을 수 있다. 지역 미술 박물관에서 실시하는 미술 프로그램에 참가할 학생을 선발할 경우, 학생의 미술 작품을 받아보고 싶을 것이며, 창의적인 고급 작문 교실에서는 판단 근거가 될 만한 시나 단편 소설 모음이 필요할 것이다. 악기를 다루는 기능이 있어야 하는 프로그램에 적합한 학생을 찾기 위해서는 악기를 가지고 오디션을 보는 것이 가장 적합할 것이다.

그동안 학생 산출물을 평가하기 위한 다양한 도구가 개발되어 왔으나([그림 2-4]) 대부분의 것들은 표준화되지 않았고 일부만이 신뢰성과 타당성이 검증된 것으로 나타났다.

교 사 추 천 양 식

학 생 ________ ID# ________ 생년월일 ________ 주 소 ________

교 사 ________ 학 년 ________ 날 짜 ________

이 학생은 본교의 영재 프로그램에 적합하다고 여겨집니다. 잠시만 시간을 내어 이 양식을 완성해주시기 바랍니다. 협조에 감사 드립니다.

다음 특성에 관해 0~3점으로 학생을 평가해주시기 바랍니다.

(0) 전혀 아니다 (1) 그렇지 않다 (2) 때론 그렇다 (3) 거의 그렇다

특 성	점 수
❶ 많은 것에 대해 대단한 호기심을 보인다.	________
❷ 유머 감각이 뛰어나다.	________
❸ 학습 속도가 빠르고 용이하다.	________
❹ 흥미 있는 임무를 완성하는 데 철저하다.	________
❺ 다양한 주제에 대해 많은 질문을 한다.	________
❻ 다양한 것에 대해 많이 안다.	________
❼ 광범위한 어휘를 정확하게 구사한다.	________
❽ 기억력이 좋다.	________
❾ 높은 학습 동기를 가지고 있다.	________

기타 추가적인 의견을 써 주십시오.

[그림 2-2] 영재 프로그램의 교사 추천 양식

부 모 추 천 양 식

학 생 ________ 날 짜 ________ 학 교 ________ 생년월일 ________

추 천 인 ________ 학 년 ________

당신 자녀가 영재 프로그램에 추천된 이유는 무엇이라고 생각하십니까?

___

___

___

귀 자녀에 대해 설명한 아래의 항목에 대해 정도를 체크해 주십시오.

특 성	별 로	약 간	매 우
❶ 아이디어가 많다.			
❷ 학교 들어가기 전에 글을 깨우쳤다.			
❸ 어휘력이 풍부하다.			
❹ 자신보다 나이 많은 어린이와 노는 것을 좋아한다.			
❺ 많은 활동에 참가한다.			
❻ 질문이 많다.			
❼ 흥미 있는 일에 오랜 시간 집중력을 보인다.			
❽ 퍼즐이나 게임을 즐긴다.			
❾ 수집을 한다.			

기타 추가적인 의견을 써 주십시오.

[그림 2-3] 영재 프로그램을 위한 부모 추천 양식

작 업 자 ______________　　　　　　　　평 가 자 ______________

도 입

미술 작품은 비교적 객관적으로 평가하기 어려운 동시에, 다음과 같은 미술 요소와 원칙들은 문화, 지리, 성, 연령에 따른 장벽을 초월해야만 한다. 그것들은 제작자의 교양과 상관없이 회화, 조각, 공예 작품의 전체 또는 부분에 나타날 수 있다. 레오나르도 다빈치든 파퓨안 원주민이든 Cass 공과대학 예술학교 학생이든 간에 자신들의 개념을 표현하는 동안은 모두 이상적인 요소와 원칙을 구성하기 위해 최선을 다하기 때문이다.

평가자는 반드시 아래의 열 가지 또는 특별한 범주가 작품과 같은 것을 의미한다는 사실을 사전에 통고받아야 하며, 주의 단서에 맞춰 사용해야 한다. 작품은 반드시 그 작품을 만든 미술가 본인으로부터 받아야만 하고, 작품은 예외 없이 인증받아야 하며, 실물이어야 하고, 기술적으로 완벽하며 과거, 현재, 미래의 경향으로 모두 표현되야 하며, 지속되는 힘을 지녀야 한다. 추가할 언급 사항이 있으면 이 종이 뒷장에 적어주시오.

점수에 동그라미 치시오.

❶ 통일감	1	2	3	4	5	6	7	8	9	10
❷ 선	1	2	3	4	5	6	7	8	9	10
❸ 모 양	1	2	3	4	5	6	7	8	9	10
❹ 가 치	1	2	3	4	5	6	7	8	9	10
❺ 볼 륨	1	2	3	4	5	6	7	8	9	10
❻ 형 태	1	2	3	4	5	6	7	8	9	10
❼ 질 감	1	2	3	4	5	6	7	8	9	10
❽ 색 상	1	2	3	4	5	6	7	8	9	10
❾ 대 비	1	2	3	4	5	6	7	8	9	10
❿ 조 화	1	2	3	4	5	6	7	8	9	10
	발전하는			적당한			유능한		탁월한	독창적인

[그림 2-4] 창의적 산출물 척도(미술)

평가 계획

일반 능력에 대한 평가

학생의 전체 능력에 대한 평가에 관심이 있다면 학생 개개인의 잠재력과 실행 능력에 대해 알 수 있는 다면 평가를 계획해야 하며, 그러기 위해서는 다양한 평가 방법을 사용해 자료를 모아야 한다. [표 2-3]은 학술, 창의, 예술 분야에 관한 학생의 전체 능력을 평가할 수 있는 한 가지 사례이다.

[표 2-3] 일반 지적 능력을 기본으로 한 학생 선발 평가 계획

평가 단계	과정/도구
선 발	· 교사 추천/집단 IQ/성적, 수상, 프로젝트/성취 검사 점수
판 별	· 개별적인 IQ/학생 목록(생활기록부)/학생과의 인터뷰

평가 목적 : 5학년 학생들의 일반 지적 능력을 알아보기 위함

독서 프로그램을 위한 평가

학생의 독서 능력을 측정하기 위한 평가 계획은 이 분야의 능력을 제대로 평가할 수 있는 요소가 포함되도록 해야 한다. 예를 들어 학생의 독서 수준 , 어휘 수준, 독서 습관, 표준화된 검사 점수 등이 여기에 포함될 수 있다. [표 2-4]는 독서 프로그램에 참여할 학생 선발을 목적으로 고안된 평가 계획의 사례이다.

[표 2-4] 고급반 독서 프로그램을 위한 학생 선발 평가 계획

평가 단계	과정/도구
선 발	· 어휘, 독해 분야의 성취도 검사 · 교사 추천
판 별	· 읽기 절대평가 배치 검사 · 학생과의 인터뷰

평가 목적 : 독서 수준이 3학년에 앞서거나 높은 수준의 잠재력이 있는 학생을 확인하기 위함

수학 프로그램을 위한 평가

개별화된 수학 프로그램은 수학 능력과 스스로 문제를 해결하는 능력 두 가지를 알아보는 평가 과정이 필요하다. 이에 맞는 도구는 이 두 가지 요인을 고려해야 한다. 수학 능력은 전년도의 검사나 점수를 통해 측정할 수도 있다. 스스로 문제를 해결하는 능력은 교사 추천이나, 관찰, 학생 조사 기록 등을 통해서 측정할 수 있다([표 2-5].

[표 2-5] 속성 수학 프로그램을 위한 학생 선발 평가 계획

평가 단계	과정/도구
선 발	· 수학 계산, 수학 개념, 수학 응용에 대한 성취도 평가 점수 · 교사 추천, 수학 점수
판 별	· 수학 절대평가 점수 · 학생 인터뷰, 부모 인터뷰

평가 목적 : 수학에 높은 성취 능력을 보이는 7, 8학년 학생을 위한 속성 수학 프로그램에 참가할 학생 선발

음악 재능 평가

음악적 재능을 지닌 학생을 알아보기 위해 고안된 평가 과정 또한 다양한 측정 요소를 사용할 필요가 있다. 목적은 처음부터 결정되어야만 한다. 순수 음악가로 성장할 학생을 원하는지, 이미 높은 수준의 능력을 보이는 학생을 원하는지, 아니면 둘 다를 원하는지, 이 문제에 어떤 대답을 하느냐에 따라 사용 과정이 결정된다. [표 2-6]은 음악 분야에서 이미 높은 수준을 보이고 있는 학생들을 대상으로 한 평가 사례이다.

[표 2-6] 고급 보컬 음악 프로그램에 참여할 학생 선발을 위한 평가 계획

평가 단계	과정/도구
선 발	· 음악 교사 추천, 음악 능력 검사, 음악 성취 검사
판 별	· 오디션, 학생 인터뷰

평가 목적 : 보컬 뮤직 고급반에 참여할 6학년 학생을 선발하기 위함

능력 개발하기

학생에 대한 평가를 통해서 영재 판별을 위한 정보 수집이 이루어졌으면 개개 학생들의 능력 프로필을 만들 필요가 있다. 프로필은 '인재 풀'의 기본이 되며, 학생의 장 · 단점을 생생하게 보여주는 대표적인 자료가 된다. 판별위원회나 교사가 특별 프로그램이 필요한 학생을 결정하고 그 학생에게 맞는 프로그램을 결정하기 위해 검토하는 자료도 바로 이러한 프로필이다.

학생 능력 프로필

이　름 ____________　　　학　교 ____________

주　소 ____________　　　생년월일 ____________

전　화 ____________

학생검사정보

검사명	점 수	일 시	비 고	검사명	점 수	일 시	비 고
지 능				지 명			
성취도				산출물			
기 타				기 타			
배 치	프로그램명 :			일 시			
학생평가							
제 언							

[그림 2-5] 학생 능력 프로필의 사례

컴퓨터 디스크나 파일 폴더에 프로필을 저장해도 된다. 자료는 표준화된 형태로 나타내야만 쉽게 찾을 수 있고 쉽게 해석할 수 있다. 그곳에는 반드시 지속적인 평과 과정과 판별, 학생 수행 평가, 코멘트, 학생 정보([그림 2-5]) 등을 추가적으로 기입할 수 있는 공간이 있어야 한다. 이 정보는 학생이 학교 체제에 속해 있는 동안 교직원이 사용할 수 있도록 학교 본부에 보관되어야 한다.

판별하기

판별은 여러 가지 방법 —판별위원회나 교사, 상담원, 교장 등— 을 통해 실시할 수 있다. 하지만 중요한 것은 어떤 방법으로 판별했느냐 하는 것보다는 어떤 기준으로 판별했느냐 하는 것이다. 예를 들어, 어떤 학생을 그의 독서 수준에 맞는 다른 학년으로 보내는 프로그램에 참가시키는 결정을 해야 할 경우, 학생을 보내고 받는 교실의 교사가 의사결정 과정에 포함되어야만 한다. 학생을 전일제 영재 프로그램에 배치할 경우 교사위원회, 행정관, 프로그램 인사위원, 부모, 기능 인력 등이 참여해야 한다.

판별은 일반적으로 네 가지 방법 중 하나로 이루어진다. 첫 번째는 각 지원자의 정보를 배치팀에서 검토하는 사례 연구 접근법으로, 정보 검토 후 가장 적격으로 여겨지는 학생을 프로그램에 배치하는 것이다. 두 번째 기법은 '매트릭스 어프로치(matrix approach)' 로(Baldwin, 1977) 전체 점수의 합산으로 결정되며 모든 학생의 점수는 순서대로 등위가 부여된다. 높은 점수를 받은 학생이 프로그램에 배치된다. 세 번째 접근법은 '표준 점수 접근(standard score approach)' 으로(Feldhusen, Baska, Womble, 1981) 평가 도구에 나타난 점수를 숫자로 바꿔 학생 순위를 정하는 방식이 매트릭스 접근법과 유사하다. 차이점은 이 접근 방식에서는 학생 평가 점수를 표준 점수로 바꾼 후 더한다는 것이다. 네 번째 방식은 훨씬 덜 형식적으로 교사는 단순히 평가 정보를 보고 프로그램 판별을 내리는 데 관여한다. 이는 '안구(eyeball) 접근법' 이란 용어로 불린다. 읽기 수준이 현재 배치보다 높은 3학년 수준으로 평가된 학생에게는 그 수준의 책을 읽을 기회가 제공된다. 나비의 일생에 대해 높은 호기심을 보이는 학생에게는 독립 연구의 일부로서 그 주제에 관해 실험해보도록 기회를 준다.

이러한 네 가지 기법은 판별 시 반드시 고려되어야 할 항목들이다. 다른 방식들 모두 효과적이긴 하지만, 특별 평가 과정의 환경과 목적에 따라 하나를 고르거나 다른 방법들과 조합해 사용할 수 있다.

요 약Summary

영재교육을 위한 영재 판별은 무엇보다 평가의 목적을 분명하게 인식하는 것이 중요하다. 평가 자체가 목적이 되어서는 안 되며 영재교육의 과정에서 하나의 영역으로 인식될 필요가 있다. 이러한 평가는 여러 가지 측면에서 다양한 방법으로 정보를 수집하고 학생 프로필 차트를 통해 영재 풀을 만드는 데 유용하게 활용될 수 있도록 수행되어야 한다.

분명한 목적과 효율적인 방법이 결정되었다면 다음은 영재교육에 실제적으로 사용될 정보를 수집하고 분석하여 대상 학생을 프로그램에 배치하는 일련의 과정을 진행시켜야 한다. 하지만 학생이 프로그램에 배치된 이후에도 평가는 끝나지 않는다. 프로그램을 계획하고 최종적으로 프로그램 및 영재에 대한 평가가 이루어지는 과정에서도 최초에 사용된 평가 결과 및 평가를 통해 수집한 학생에 대한 자료를 사용할 수도 있다.

따라서 영재교육에 참여하는 모든 교사들은 영재를 판별하고 프로그램을 계획하며 평가하는 과정에서 영재를 간과하거나 보통의 일반 학생을 영재로 오인하는 오류를 초래할 수도 있다는 사실을 인지하고 지속적으로 평가를 실시하는 배려를 해야 할 것이다. 그래서 일정 프로그램이 시작된 이후에도 수시로 영재를 판별해서 프로그램에 배치하기도 하고 프로그램에 배치된 학생을 재배치하는 활동을 순환적으로 실시해야 할 것이다. 이것은 영재교육에 있어서 평가는 그 자체가 최종의 목적이 아니라 언제나 진행형임을 명심할 필요가 있음을 시사한다.

이렇게 실천하세요Action Steps

1. 영재들의 특성에 친숙해지도록 노력한다. 이는 영재에 관한 정보를 읽고 교실에 있는 학생들을 관찰하는 방식을 통해 이루어질 수 있다. 학생들의 차별점과 그들의 특성을 적어놓는 특별 노트를 준비한다.
2. 학생들을 관찰할 때 어떤 학생이 이러한 특성을 보이는지 관찰한다. 본 장에서 제공한 추천

양식을 한 장 작성해보도록 한다. 특별한 능력이 있어 보이는 또 다른 두 명의 학생에 대해서도 같은 방식으로 해본다.

3. 특별 프로그램을 만들기로 결정하거나 정보를 모으기 시작하기 전 평가 과정의 목적을 먼저 결정한다. 학생 프로필을 개발하는 것에 초점을 맞추었는가? 추진하고 싶은 주제는 한 가지인가? 잠재력을 지닌 학생 또는 성취자들이 최고의 수준까지 가기를 바라는가? 평가는 영재 정의와 일치하는가?
4. 표준화된 시험 점수, 흥미 목록, 산출물 평가, 성적 등과 같이 학생들에 관해 제출된 평가 자료를 재검토한다. 어떤 추가 정보들이 결정을 내리는 과정에 도움을 줄 것인가? 어떤 다른 정보 유형을 합리적으로 얻을 수 있는가?
5. 학생 평가 계획을 위해 본 장에서 제공한 평가 모형을 사용한다.
6. 최대한 많은 것을 포함시켜 평가하고 자료를 분석한다. 환상적인 분석은 필요치 않다는 사실을 명심하라. 정보를 모을 필요만 있으며 요구되는 결정을 내리는 데 필요한 분석만 한다.
7. 어느 학생이 평가 목적을 만족시킬 것인지 결정한다. 학생 본인이나 학부모 면담을 통해 학생이 새 프로그램에 참여하기를 원하는지 확인한다.
8. 모든 학생이 남의 눈에 띄게 자신의 능력을 내보이는 것이 아니며, 평가 자료 결과는 프로그램 계획과 평가 과정에도 사용된다는 것을 마음에 새기며 진행형의 평가 계획을 세워라.

이런 참고자료 활용하세요 References Yon Can Use

Anastasi, A. (1976). *Psychological testing* (4th ed.). New York: Macmillan.

Buros, O. (Ed.). (1983). The ninth mental measurements yearbook. Highland Park, NJ: Gryphon Press.

Gardner, H. (1983). *Frames of mind*. New York: Basic Books.

Martinson, R. (1974). *The identification of the gifted and talented*. Ventura, CA: Office of the ventura County Superintendent of Schools.

VanTassel-Baska. J., Strykowski, B. (1986). *An identification resource guide on the gifted and talented*. Evanston, IL: Center for Talent Development.

프로그램 계획

3

영재 프로그램 계획은 반드시 한 가지 조건 하에서 시작해야 한다. 현존하는 프로그램과 학생의 욕구가 맞지 않을 경우 그들의 요구 사항에 맞춘 대체 프로그램을 새롭게 만들어야 한다. 영재는 독특한 능력이 있으므로 그러한 단계를 필요로 할 수도 있다. 모든 학생은 그들의 학습 욕구에 적합한 교육 프로그램을 가질 권리가 있기 때문이다.

일반학급의 학생은 각자의 독특한 학습 방식을 가지고 있다. 혼자 학습하는 것을 즐기는 학생이 있는가 하면 소집단으로 학습하는 것을 선호하는 학생도 있고, 교사의 질문에 대한 답변을 글로 쓰는 것을 좋아하는 학생이 있는가 하면 말로 하는 것을 더 좋아하는 학생도 있다. 또 자기 주도적으로 문제를 탐구하고 해결 방법을 찾는 것을 좋아하는 학생이 있는가 하면 교사의 지시에 따라 교사 주도형으로 학습하는 것을 선호하는 학생도 있다. 이렇듯 한 학급에 모여 있는 학생들의 다양한 학습 특성을 고려해 볼 때, 수업 과정 또한 융통성 있는 다각적인 접근 방식의 프로그램이 필요하다는 것을 확인할 수 있다.

영재의 학습 특성

영재의 특성에 대해 소개하고 있는 자료는 많다. 본 서 제2장에 소개한 영재의 특성도 그 중의 하나이며 일반학급에서도 영재의 특성은 쉽게 관찰할 수 있다. 그 중에서 영재의 학습 특성은 다른 또래 집단과 비교해서 크게 세 가지 차이를 발견할 수 있다(Maker, 1982).

첫째, 영재는 다른 학생에 비해 빨리 배우며 학습 속도가 앞선다. 그들은 정보를 빠르게 흡수하고 그것을 효과적으로 수행한다. 영재가 지식을 스펀지처럼 빠르고 완벽하게 흡수하는 것으로 인식되는 이유도 여기에 있다. 영재는 방대한 양의 정보를 이해하고 오랫동안 잘 기억한다.

둘째, 영재는 동료 학생에 비해 상당한 깊이로 정보를 이해하는 능력이 있다. 그들은 좀더 총체적 개념의 통찰력과 이해력을 보인다. 몇몇 교사는 예닐곱 살 된 아이가 세계 갈등이나 죽음, 화폐 제도와 같은 주제에 대해 이해하고 있는 것을 보고 깜짝 놀라곤 한다.

셋째, 영재는 종종 또래와 다른 것에 흥미를 보이는 것으로도 구분된다. 그들은 성인이나 자기보다 나이가 많은 집단에서 흥미를 갖는 분야에 관심을 보인다. 초등학생이 고등학교 과학 전시회를 둘러보고 몸에 대한 다양한 흥미를 나타내기도 한다.

이러한 세 가지 주요 특성은 영재의 학습 방식에 다양성을 더하고 그들을 완성시키는 다른 요인들이 더해질 때 더욱 강화된다. Dunn과 Griggs(1985)의 연구에 의하면 영재는 학습 유형면에서 다음과 같은 특성을 가지고 있다.

- 홀로 학습하기를 즐긴다.
- 내 · 외적 통제 능력이 강하다.
- 인내력이 높다.
- 인지력이 강하다.
- 비순응적이다.
- 책임감이 강하다.
- 높은 내적 동기를 가지고 있다.

그러나 이러한 행동 범주는 일반적인 집단 성향을 나타내는 척도일 뿐 개별 학생에 따라 다를 수 있다.

이 외에도 상당수의 영재들은 다른 학생들과는 다른 방식으로 교육 경험을 쌓으며, 자기 속도에 맞춰 학습할 수 있는 프로그램을 더 선호하고, 주제에 대해 더 깊이 있게 탐구하며 전형적인 교육과정에서 제시하고 있는 주제 외에 자신이 흥미를 가지고 있는 것을 추구하는 경향이 있다. 이러한 이유 때문에 교사는 학급 구성원을 개별적으로 나누거나 집단을 만들지 않고 한 교실에서 모든 학생의 요구에 맞춘 융통성 있는 프로그램을 개발하고 운영할 필요가 있다. 그것은 교사들에게 매우 어려운 문제이다.

차별된 교육 프로그램

모든 학생은 자신만의 독특한 학습 욕구와 유형을 가지고 있기 때문에 차별화된 교육 프로그램이 필요하다. 동일한 교육 경험이 모든 학생에게 똑같이 유용하지는 않다. 사실상 모든 학생에게 같은 경험을 받게 하는 것은 평등 교육이 아니다. 학생의 다양한 욕구와 흥미, 학습 스타일에 따라 융통성 있는 프로그램을 만드는 것이 훨씬 더 좋은 방법이다. 한 가지 프로그램만 배치하는 방식으로는 영재교육을 실시할 수 없다. 교실에 있는 모든 학생에게 같은 수학 문제를 풀게 하고 똑같이 기본적인 읽기를 시킨다면 그 중 일부 학생들 —앞선 실력을 지닌 학생이나 치료 교육을 받아야 하는 학생들의 경우— 의 교육적 욕구와 맞지 않을 수 있다. 여하튼 학생의 욕구나 능력, 흥미가 그들의 교육 프로그램을 결정해야 한다.

이러한 의미에서 교사는 '다중 프로그램 접근법' 이란 용어에 대해 생각할 필요가 있다. 다중 프로그램 접근법에서는 교사나 학생이 학생의 능력 프로필, 성취, 욕구, 흥미에 기초를 둔 맞춤형 프로그램 개발이 가능하기 때문이다. 학생의 능력과 욕구에 맞춘 교육 프로그램 선택은 학생에게 다양한 교육 경험을 제공할 수 있도록 학급 프로그램을 융통성 있게 하는 다양한 방법을 포함해야 한다. 그러면 영재뿐 아니라 일반 모든 학생들도 더 좋은 수준의 교육을 받을 수 있다.

학생에게 최선의 교육을 제공할 수 있는 교육 프로그램이 선택되었으면 교사는 영재를 위해 학습 속도, 주제를 탐구하는 깊이, 그들의 흥미를 추구하거나 지속적으로 학습 활동을 진행하는 데 사용할 수 있는 추가적인 교육 프로그램에 특별한 관심을 기울여야 한다. 이 과정에서 교사는 다음과 같은 사항에 주의해야 한다.

- 유치원생이 초등학교 2학년 수준의 책을 읽는다면 이 학생이 할 수 있는 선택은 무엇일까?
- 1학년이지만 나누기와 곱하기를 정확히 하는 학생을 위한 선택은 무엇일까?
- 초등학교 6학년이지만 대수를 학습하기 시작한 학생을 위한 선택은 무엇일까?
- 초등학교 5학년이지만 집에서 개구리 해부를 하고 혼자서 생물학을 선행해 학습하는 학생을 위한 선택은 무엇일까?

교사는 이러한 문제에 대해 이상적인 대안을 제시할 수 있도록 학생의 학습 프로필에 맞춰 교육 프로그램을 차별화시키는 방법에 관심을 가져야 한다. 영재를 위한 차별화된 교육 프로그램을 선택할 때 교사는 다음과 같은 몇 가지를 고려해야 한다.

1. 프로그램은 학생 개개인의 욕구에 맞춰 운영될 수 있도록 유연해야 한다.
2. 프로그램 선택은 학생의 다양한 기술, 능력, 흥미에 맞도록 배치되어야 한다.
3. 학습 집단은 그들의 독특한 욕구를 기초로 해야 하며 학생의 학습 속도에 따라 진도를 나갈 수 있도록 허용해야 한다.
4. 개별화 교육 프로그램 계획은 모든 학생을 위한 것이어야 한다.

프로그램 옵션 선택하기

교실에서 실시할 수 있는 프로그램 옵션 선택은 3단계를 거친다. 3단계는 모두 영재교육 프로그램을 위한 의사결정 과정에 필수적이다.

첫 번째 단계는 교실에 있는 학생의 지적 · 사회적 · 정의적 · 신체적 욕구를 이해하는 것이다. 이 단계에서 교사는 다음 사항을 점검할 필요가 있다. ① 읽기에서 학생들이 보이는 능력은 어느 정도인가? ② 다른 학생과 상호작용하는 데 문제가 있는 학생이 있는가? ③ 학습 수행 능력이 유사한 학생들인가?

두 번째 단계는 교실에 있는 모든 학생을 위한 학습 목표를 정하는 것이다. 교육 목적은 영재이나 교실의 나머지 학생들과 비슷하지만 영재에게 적합한 프로그램을 만들기 위해서는 특별한 요구 사항이 있을 것이다.

마지막 단계는 학생의 요구도 조사와 교육 목표 설정의 과정을 거쳐서 최종적으로 학생에게 적합한 교육 프로그램 옵션을 선택하는 것이다.

1단계 : 요구도 조사하기

일반학급에 배치된 영재의 요구도 조사는 여러 가지 방법을 통해 가능하다. 어떤 것은 매우 비공식적이고 주관적인 것에 반해 어떤 것은 공식적인 평가 과정을 포함한다. 그러나 요구도 조사를 어떤 방법으로 하든지 간에 목적은 모두 동일하다. 즉, 영재교육 프로그램에 참여할 대상을 판별하는 데 기초 자료로 활용할 학생 능력, 성취, 욕구, 흥미에 대한 프로필을 만드는 것이다. 이때 중요한 것은 영재뿐만 아니라 교실에 있는 모든 학생들을 대상으로 프로필을 작성하는 것이다. 소수만이 아닌 일반학급 모든 학생의 학습을 증진시키는 프로그램 옵션을 개발하는 것이 이 프로그램 계획의 목적이기 때문이다. 프로그램 설계는 학생 중 누구라도 사회적으로나 육체적으로 부당하게 차별해서는 안 되며 학급에서 특정 학생을 고립시켜서도 안 된다.

학생의 요구도 조사는 다양한 종류의 검사 도구를 사용할 수 있다. 예를 들어, 프로그램 배치를 위한 평가 과정에서 사용한 능력 또는 성취도 평가를 사용할 수도 있고, 사설 출판사에서 나오는 배치도 평가, 기말 평가 등 절대평가 등은 교과에 대한 학생의 성취 수준을 알아볼 수 있는 정보로 활용될 수 있다. 특히 그동안 학생에 관한 축적된 정보를 분석하는 것은 학생의 현재 수준과 과거 활동을 결정하는 데 매우 유용하다. 관찰과 인터뷰와 같은 비공식적 방법은 사회성과 정서 발달 요인을 조사할 때 특히 중요하다. 학생의 흥미와 학습 스타일에 관한 조사는 학생의 욕구와 좋아하는 것을 결정하는 데 유용한 도구가 되며, 학부모 질문은 학교 밖에서 보이는 학생들의 관심과 흥미를 이해하는 데 중요한 실마리를 제공할 것이다. 이러한 정보가 축적되고 학생 개개인의 프로필이 완성되면 그 정보는 종합적으로 교육과정 조정과 프로그램 유형을 결정하는 데 사용될 수 있다.

학생 능력 프로필			
이　름 ____________		번　호 ____________	
학　년 ____________		교사명 ____________	
작성일 ____________			

교육과정 영역	비 율	점 수	비 고
읽 기			
수 학			
철 자			
쓰 기			
필 체			
특별한 만남			
특별한 재능			
수상 경력			
프로젝트			
특별 활동			

[그림 3-1] 학생 능력 프로필의 사례

2단계 : 목표 설정

학생에게 제공할 교육 프로그램의 목표가 설정되면 교사와 함께 학생의 교육 진로를 결정할 때 기초 자료로 활용할 수 있다. 즉, 프로그램 계획과 교육과정 결정의 기본 지침이 되는 것이다. 어떤 목표는 학급의 모든 학생에게 동일하며 어떤 목표는 학생의 프로필에 따라 다를 수도 있다. 목표는 학생에 따라 다르게 구성된 학생 프로필과 전체 학급 프로필 그리고 모든 학생에게 제공해야 할 아래의 여섯 가지 기본 권리를 반영해야만 한다.

- 모든 학생은 자기 속도에 따라 배울 권리가 있다. 다른 학생들에 비해 빠르게 배우는 학생은 빠른 속도로 진도가 나갈 수 있어야 하며 학습 속도가 느린 학생도 마찬가지로 그에게 가장 효과적인 방법으로 배울 수 있어야 한다.
- 모든 학생은 자신의 성취 수준에 맞게 학습받을 권리가 있다. 학습 자료와 방법은 학생이 속한 학년 수준에 의해 결정되는 것이 아니라 학생의 능력과 성취 수준에 따라 결정되어야 한다. 초등학교 5학년 수준의 읽기 능력이 있는 3학년 학생에게는 5학년 수준의 자료와 읽기 경험을 제공해주어야 한다.
- 모든 학생은 독립적으로 생각하는 방법을 개발할 기회를 제공받아야 한다. 학생들은 스스로 결정할 수 있도록 준비되어야 한다. 그러한 기회가 제공되지 않는다면 학생들은 독립적으로 생각하는 법을 배울 수 없다. 문제해결법, 질문법, 높은 수준의 사고 기술은 학급에 있는 모든 학생에게 도움이 되는 기술이다. 그것들은 프로그램 설계와 교육과정, 상호 교류를 통해 학급 안에서 통합되어야 한다.
- 모든 학생은 평생 학습자가 될 준비가 되어야 한다. 목표는 반드시 학생들 스스로 학습에 대해 책임지고 도구에 대해서도 책임지도록 세워져야 한다. 이것은 학생 스스로 결정을 내리고 자신이 내린 결정을 경험하도록 허용하는 프로그램을 만드는 것을 의미하며, 교실에서 의사결정을 내리는 과정에 교사와 학생이 협력자가 되어야 한다는 것을 전제로 한다. 이러한 학습은 학교에 들어가기 전부터 시작되고 정규 학교생활을 마친 후까지 이어질 것이다.
- 모든 학생들은 자신이 알고 느끼는 것에 대해 다양한 방법으로 표현하도록 허용되어야 한다. 육체 능력보다 앞선 인지 능력을 지닌 어린 학생들이 쓰거나 읽지 못해 그들의 아이디어를 표현하지 못하는 일이 생기지 않도록 다양한 표현 수단이 주어져야 한다. 그림 그리기를 통해 자신을 드러내는 학생들에게는 그렇게 하도록 기회를 주어야 한다. 학생들은 다양한 표현 방법을 개발함으로써 자신의 모든 능력을 사용할 수 있게 되며 그 과정에서 새로운 능력을 개발할 수 있다.

- 모든 학생은 자기 자신과 남들을 존중하도록 독려되어야 한다. 학교는 학생들이 자기 자신과 주변 사람에 대해 배울 수 있는 통합적 역할을 한다. 학생들을 존중해주는 것만으로도 적합한 행동 모델이 될 수 있다. 자신의 행동과 다른 사람의 행동에 대한 통찰력을 갖도록 도와줌으로써 모든 사람은 다르고 개개인은 존중받을 가치가 있다는 것을 가르칠 수 있다.

교사는 모든 학생들의 권리를 마음에 새기면서 그들에게 필요한 학습 경험 유형과 가장 효과적이고 효율적인 학습 증진 방법의 개요를 기록해야 한다. 목표 설정에는 학생들의 지적 · 사회적 · 정의적 · 신체적 욕구가 포함되어야 한다. 영재를 위한 목표는 그들의 학습 속도, 이해력, 독특한 흥미 등을 다루는 특별한 욕구를 반영해야 한다([표 3-1, 3-2]). Kaplan(1974)은 목표를 설정할 수 있는 기본 영역 열 가지를 제시했다.

- 환경과 지적 학습 기회의 인식
- 리더십
- 학문적 성취
- 상호 관계
- 자기 인식
- 창의성
- 탐구 기술
- 추상적 사고 과정
- 기본 기술 숙달
- 직업 기회

이 외에도 개인적으로 제시될 수 있는 실제 목표는 수없이 많겠지만, 이러한 모든 분야를 꼭 포함할 필요는 없다. 그러나 목표를 만드는 과정에서 각 분야에 대해 신중히 고려해야 한다. 목표는 교육의 핵심이며 프로그램 계획의 중심이다. 프로그램이 개발되고 학생 능력이 변함에 따라 목표 역시 점진적으로 변해야 한다. 또한 정기적으로 검토하고 필요한 경우 수정해야 한다.

[표 3-1] 영재들을 위한 일반적인 목표

학생들은

❶ 다양한 표현 양식을 발전시킬 수 있다.

❷ 비판적으로 생각하는 능력을 발전시킬 수 있다.

❸ 다양한 자료를 이용한 문제해결 능력을 발전시킬 수 있다.

❹ 독립적으로 배우는 능력을 발전시킬 수 있다.

❺ 앞선 수준을 공부하기 위해 필요한 기본 기술을 모두 마스터 할 수 있다.

❻ 호기심을 개발하고 샘솟는 흥미와 의문을 풀어내는 전략을 발전시킬 수 있다.

❼ 개인 능력을 알아차리고 받아들이는 능력을 발전시킬 수 있다.

❽ 배움이 안겨주는 본질적 즐거움에 대한 애정을 발전시킬 수 있다.

❾ 어떤 특별한 재능이나 기술을 최고의 수준까지 발전시킬 수 있다.

[표 3-2] 길이, 높이, 거리에 대한 일반 목표와 심화 목표

일반 목표

학생들은

❶ 더 길고 짧은 물건을 가리킬 수 있다.

❷ 길고, 짧은, 같은 길이의 물건을 가리킬 수 있다.

❸ 가장 근사치의 인치 선을 그릴 수 있다.

심화 목표

학생들은

❶ 8인치에 근접한 길이의 선을 그릴 수 있다.

❷ 10피트를 인치로 바꿀 수 있다.

❸ 서술형 문제의 해결법을 쓸 수 있다.

3단계 : 프로그램 옵션 선택하기

영재를 위한 프로그램을 제공하는 과정에서 운영의 묘를 살릴 수 있는 방법은 많다. 특정한 환경에 맞추는 프로그램 옵션을 선택할 경우, 하나의 틀만 생각하기보다는 프로그램 조합을 최우선으로 고려해야 한다. 만약 한 가지 유형의 프로그램만 제공한다면 학생 중 누군가의 요구에는 부응하지 못할 것이 분명하다. 학생들을 위한 프로그램 배치 결정을 내릴 때에는 선택할 수 있는 프로그램 옵션 모자이크를 만드는 것이 훨씬 더 정확하다.

영재에게 권장되는 프로그램 범위는 상당히 넓다. '피라미드 프로젝트(Cox, Daniel, Boston, 1985)'는 일반 프로그램에서부터 매우 수준 높은 영재 프로그램에 이르기까지 광대한 프로그램 옵션을 제시한다.

피라미드를 올라갈수록 프로그램은 일반학급으로부터 더욱 분리되고 프로그램 설계 또한 차별화된다. 이것은 영재의 재능이 일반 학생들보다 점점 앞서나감에 따라 학급에 있는 모든 학생의 욕구에 부응하기가 어려웠던 일반학급 교사들의 경험을 반영한 것이다.

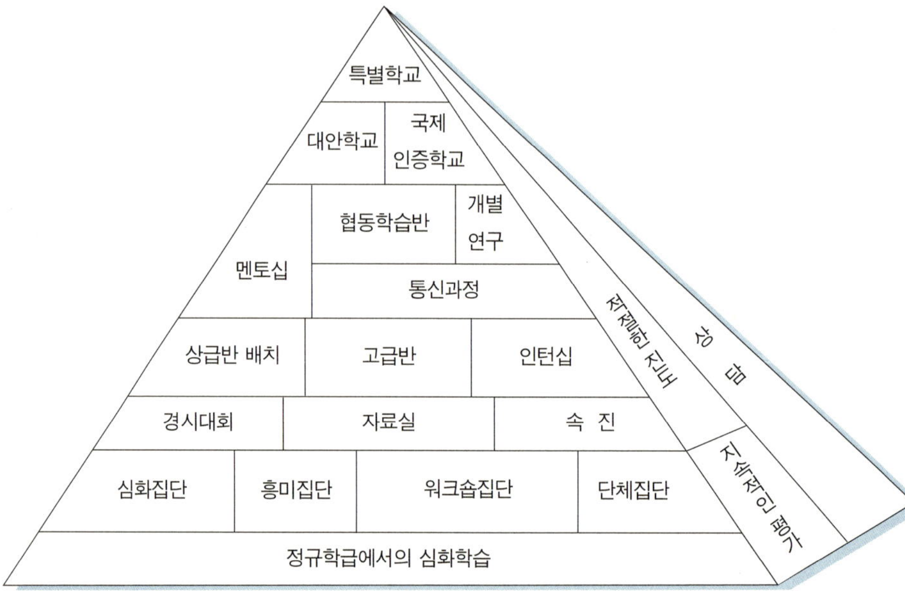

[그림 3-2] 피라미드 프로젝트 프로그램

프로그램 옵션은 하나만 제공될 수도 있고 다른 것과 결합하여 제공될 수도 있다. 예를 들어, 학교위원회는 자료실과 협의를 통해 일주일에 반일만 운영하는 영재 프로그램을 선택할 수 있다. 또는 자료실 프로그램에 추가하여 '클러스터 그룹 개념(cluster grouping concept)'을 채택할 수도 있는데, 여기에서는 영재 집단을 학급에 배치하고, 자료실 교사가 일반학급 교사를 도와 영재를 위한 교육 프로그램을 제공할 수 있다.

사용된 프로그램 옵션 유형은 학생 프로필을 바탕으로 만들어진 목적과 함께 학생 능력과 욕구를 반영해야만 한다. 교실에 있는 모든 학생에게 그들의 학습 속도와 깊이에 맞는 프로그램을 제공하고 학생 개개인의 흥미를 반영하는 것이 주된 목적이다.

영재 프로그램에서 창의성의 역할

창의성 교육은 많은 영재 프로그램에서 빠져서는 안 될 구성 요소이다. 프로그램과 학생 목표를 잘 살펴보면, 대부분 창의성을 우선시한다. 일반학급 환경 속의 학생 중심 프로그램에 대해 고려할 때에도 창의성은 중요한 부분을 차지한다.

그러나 이러한 창의성이 우리가 가르치는 다른 과목이나 과정과 별개의 것으로 간주되는 것을 의미하지는 않는다(Parke, 1985). 이보다는 오히려 수용적인 태도와 자유롭게 대답할 수 있는 질문(open question), 탐구, 선택과 같은 요소를 통해 창의성이 학급 전반에 파급되고 촉진되어야 한다. 30분 동안의 '창의 시간'만으로는 충분하지 않다. 어떻게 창의성을 교실 활동과 연관지을 수 있을지 항상 사려 깊게 주의를 기울여야 한다.

『Megatrends: 우리 생활을 변화시키는 열 가지 새로운 방향(Naisbitt, 1982)』이라는 저서에서 작가는 우리 사회가 산업화 시대에서 정보화 사회로 넘어가고 있으며 다양성의 시대로 변화하고 있다고 서술했다. 학생들을 이러한 미래 사회에 맞춰 준비시키는 것이 오늘날 학교 체제를 세분화시키도록 만든 주요 원인이다. 학생은 자신의 자원을 최대한 활용하는 법, 협동적으로 일하는 법, 문제에 대해 혁신적인 해결법을 찾는 법, 자신의 창의적 능력을 방해받지 않는 법을 배울 필요가 있다. 이러한 역할을 인지하고 있으면 창의성을 추구할 수 있고 교육과정을 통해 창의적인 표현법과 문제해결 능력을 통합하면 학생들이 살게 될 미래 세계를 좀더 잘 준비할 수 있도록 도와줄 것이다.

일반학급에서의 영재 집단 편성 유형

많은 학교위원회는 철학적 또는 실용적 이유로 영재를 일반학급에 배치시키는 방식을 채택하고 있다. 역사적으로도 영재는 이런 식의 교육 프로그램을 제공받아 왔다. 어떤 영재에게는 이것이 결정적 문제가 안 될 수도 있다. 그러나 그러한 환경에서 영재가 제대로 된 교육을 받지 못하는 오류를 피하기 위해서는 프로그램이 제대로 운영되고 있는지 차별화된 프로그램이 필요한지 세심한 주의를 기울여야 한다.

이러한 목표에 부응하기 위해서는 학생과 학급 능력에 맞는 집단 유형에 주의를 기울여야 한다. 영재가 학급에 있는 경우 다음의 여섯 가지 형태의 프로그램을 단독적으로 또는 복합적으로 사용할 수 있다. 학급 내의 단체 집단, 흥미 집단, 기능 집단, 다연령 집단, 월반, 끼워넣기가 포함된다.

학급 내의 독립된 집단

일명 클러스터 집단으로 불리는 독립 집단은 수준이 높은 학생들을 하나의 집단으로 구성해서 한 반에 배치한 형태이다. 이 집단을 운영하기 위한 전제 조건은 다수에게 이익이 되는 모험적인 프로그램을 선호하는 교사가 있어야 한다는 것이다. 전형적으로 운영되는 학급 내 독립 집단 형태는 적게는 4명에서 많게는 10명씩 구성되며, 일반학급의 일부로 통합되지만 나머지 학생들과 다른 학습 기회와 재료를 가지고 학습한다. 교사가 동시에 여러 학생을 다뤄야 할 때에는 학습 범위와 속도를 조정하는 폭이 넓어야 한다. 욕구와 능력이 유사한 학생들을 학급 내에 독립된 집단으로 구성함으로써 이 집단에 소속된 높은 수준의 학생들은 서로 비슷한 흥미와 능력을 지닌 학생들과 접촉하면서 사회적, 정서적으로 자극을 받는 장점을 가지고 있다.

학급 내의 독립된 집단은 모든 학급의 학생을 동일한 수준으로 전제하고 일반학급을 조직하는 것과는 차별성을 지닌다. 학생의 성취 수준이나 능력과 상관없이 배치해서 한 명의 교사가 다양한 능력을 가진 모든 학생들을 지도하는 집단 조직은 시대에 뒤떨어진 방식이다([표 3-3]). 학급 내 독립된 집단은 최고 수준의 학생들을 하나의 집단으로 구성하여 일반학급에 배치하고(하나 또는 더 많은 학급으로) 나머지 학생들은 그들의 능력에 따라 공평하게 나누는 반 배정이 이루어진다([표 3-4]).

위에서 언급했듯이, 일반학급 내 뛰어난 학생으로 구성된 독립된 집단을 편성하는 방식은 크게 두 가지 장점이 있다. 우선, 비슷한 수준을 가진 한정된 학생을 집단으로 구성함으로써 그들의 욕구가 비교적 프로그램 계획에 잘 반영된다는 장점이 있다. 또한 이 집단에 속한 영재들은 자신과 비슷한 구성원을 학급에서 만날 수 있다. 처지가 비슷한 또래들을 통해 자신의 능력에 대해 좀더 정확하게 인식할 수 있고, 세상에 자기와 같은 사람들이 존재한다는 사실을 확인할 수 있는 교류 기회를 얻는 점도 영재에게는 큰 장점으로 작용한다.

[표 3-3] 학생 성적을 이용한 전통적 집단 배치 과정

교사 A	교사 B	교사 C	교사 D	교사 E
1*	2	3	4	5
6	7	8	9	10
11	12	13	14	15
16	17	18	19	20
21	22	23	24	25

* : 1등 학생

[표 3-4] 석차를 이용한 학급 내 독립된 집단 편성 과정

교사 A	교사 B	교사 C	교사 D	교사 E
1*+	5	6	7	8
2+	10	11	12	13
3+	15	16	17	18
4+	20	21	22	23
9	25	26	27	28

* : 1등 학생
+ : 학급 내 독립된 집단 구성원

흥미 집단

학생들의 흥미를 기준으로 집단을 편성할 수도 있다. 비슷한 흥미를 가진 학생들이 함께 탐구할 기회를 갖도록 하는 데 목적이 있다. 마임에 관심 있는 학생들은 함께 마임 예술을 하고, 컴퓨터에 관심 있는 학생들은 프로그램을 만들기 위해 만나고, 글쓰기와 저널리즘에 관심 있는 학생들은 학급 신문 만들기 집단에 참여한다.

흥미 집단은 때로는 학급 내 독립된 집단이나 기능 집단과 같은 다른 유형의 집단과도 연계할 수 있다. 능력보다는 흥미에 따라 집단이 구성된 학생들에게 공개 수업 기회를 제공해주어 그들의 흥미 분야를 발표하도록 함으로써 일반학급에도 긍정적인 영향을 줄 수 있다. 이처럼 학급 내 독립된 집단으로 편성된 학생들은 흥미 집단을 통해 학급의 주류가 될 기회를 얻을 수 있다. 이것은 모든 학생들이 함께 학습하고 만날 기회를 제공함으로써 가능한 일이다.

기능 집단

기능 집단은 학급 내 독립된 집단이나 흥미 집단과 동시에 편성할 수 있다. 일반적으로 기능을 중심으로 한 집단 편성은 학생들의 학문적 욕구를 중심으로 편성된다. 이 집단에 편성된 학생들 사이에는 수준 편차가 심하기 때문에 필요한 기능을 습득하기 위한 노력이 필요하다. 한 분야에서 탁월한 능력을 보이는 영재라 해도 기능을 개선하거나 새로운 기술을 습득해야 하는 경우가 있기 때문이다.

교사는 학습 과제를 해결하기 위해 필요한 기초 기능 유형에 따라 기능 집단을 편성할 수 있다. 예를 들어, 초등학교 3학년 학생을 대상으로 단모음 소리나 자음 같은 단순한 것을 묻는 것부터 인물 전개와 주요 주제 등과 같은 복잡한 문제를 묻는 등 다양한 기능에 관한 평가를 실시할 수 있다([표 3-5]).

단모음을 터득하지 못한 모든 학생은 그 기능을 학습할 수 있다. 그러나 단모음에 대해 알고 있는 학생들은 이미 터득한 기초 기능을 배우느라 시간을 허비해서는 안 된다. 그보다는 아직 터득하지 못한 음절 나누기나 심화 학습 등 다른 기능 집단에 속해야 한다([표 3-6]).

[표 3-5] 읽기 기술에 대한 학급 프로필

읽기 기술	학 생					
	Bob	Jan	Sue	Jim	Ted	Ben
인지 및 사용						
측 음	+	+	+	+	+	+
종 음	+	+	+	-	-	-
혼 성	+	-	-	+	+	-
장모음	+	+	-	-	+	+
단모음	-	-	-	-	+	+
겹모음	-	-	-	-	-	-
묵 음	+	+	+	-	-	-
분 철	-	-	-	-	-	-
단축형	-	-	-	-	-	-

+ : 터득

- : 지도를 요함

[표 3-6] 학급 명부에서 가져온 기능 집단

종 음	단모음	혼 성
Jim	Bob	Jan
Ted	Jan	Sue
Ben	Jim	Ben

흥미 집단과 마찬가지로 기능 집단 또한 학생들이 함께 학습할 수 있는 기회를 제공한다. 영재들은 다양한 기능을 가지고 있으며 고급 수준의 기능 집단에 속할 수도 있고 하위 수준의 기능 집단에 속할 수도 있다. 예를 들어, 학급 내 독립된 집단에 편성된 한 학생이 수학 이론을 잘 모르고 암산보다는 손가락을 이용해서 문제를 해결한다면 이 학생에게는 이론을 배우고 그것을 기억하는 것이 우선적으로 필요하므로 수학 이론을 기억시키는 집단에 배치시키는 것이 적절하다.

연령 집단

연령 집단은 두 가지 유형으로 구분할 수 있다. 하나는 한 학급에 한 학년 이상의 연령으로 편성하는 일명 '복식 학급'이다. 주로 2학년과 3학년처럼 인접한 두 학년을 한 학급에 편성하지만 경우에 따라서 1학년, 2학년, 3학년과 같이 더 많은 학년을 하나의 집단으로 구성할 수도 있다.

다른 유형은 일반적으로 사용되는 학급 편성 방법처럼 유사한 연령 집단으로 구성된다. 일반학급에서 더 높은 수준이나 낮은 수준의 교육 프로그램이 필요한 학생이 발견될 경우 그 학생을 능력에 적합한 교실로 보내 교육받도록 한다. 초등학교 4학년 학생이 읽기 시간에는 6학년 학급으로 이동하고, 대수 수업 시간에는 7학년 학급에 가서 중학교 학생들과 수업을 같이 할 수 있다. 연령 집단 방식은 학생들이 자기 수준에 적합한 교육을 받도록 하는 데 목적이 있다. 하지만 문제는 연령 집단에 맞도록 교육과정 운영 시간표를 조절하는 것이 쉽지 않다는 것이다. 4학년 교사가 6학년 교사와 같은 시간에 수학 수업을 하지 않거나 같은 양의 수학 지도를 하지 않을 수도 있다. 7학년 수준의 학생은 혼자서 중학교로 이동해야 하며, 경우에 따라 대수 시간이 읽기 시간과 겹칠 수도 있다. 연령 집단 형태를 효율적으로 운영하기 위해서는 구성원들 간의 협조가 필요하다.

월 반

월반은 또래 집단에 배치하기보다는 학생의 능력에 근접한 학년에 학생을 배치시키는 것이다. 이것은 학생을 특별반으로 건너뛰게 하거나 한 등급 올라가게 하는 방식이다. 예를 들어, 진도가 빠른 1학년 학생이 2학년 과정을 건너뛰고 그의 능력에 맞는 교육 경험을 얻을 수 있는 3학년으로 건너뛰는 식이다. 월반을 실시할 경우에 교사는 몇 가지 지침을 고려하여야 한다.

첫째, 학생이 월반 학급에서 이루어지는 교육 활동의 75% 이상을 수행할 수 있어야 한다. 이전 학급에서 최상의 수준에 있는 학생이 월반을 해서 중간 정도 되는 곳에 배치해서는 안 된다. 이것은 학생에게 심리적으로 해가 된다.

둘째, 학생의 신체적 발달뿐 아니라 사회적 · 심리적 발달을 고려해야 한다. 월반을 할 때에는 학생의 발달에 관해 충분한 지식을 가지고 있는 심리학자가 상담을 실시하는 것이 좋다.

셋째, 월반 시기는 학생의 심리적 충격을 최소화할 수 있도록 학기가 끝나는 시점이 자연스럽다. 초등학교 3학년에서 5학년으로 월반하는 학생이 있을 경우에는 5학년 과정을 새롭게 시작하는 학급에 배치되는 것이 좋다. 그런 경우 모든 학생들이 새로운 또래와 만나게 되므로 월반 학생의 심리적 부담을 줄일 수 있다. 월반 시기와 관련해서 고려할 수 있는 방법 중의 하나가 조기 입학이다. 예를 들어, 4세에 유치원을 다니고 5세에 초등학교에 입학하는 것이다. 이 방법의 장점은 또래 집단이 처음부터 결정되는 것이다. 결국, 월반을 고려한다면 시험적인 시도를 해보아야 한다. 만약 학생이 새로운 환경에 적응하지 못할 경우 원래 반으로 돌아가게 해야 한다.

압 축

영재교육을 위한 집단 편성 중 월반 편성이 갖는 한계는 학년을 섞어 두 학년 과정을 일 년만에 완성할 수 있게 진행되는 일종의 '압축' 방식으로 해결할 수 있다([표 3-7]). 예를 들어 4학년과 5학년 교육과정을 압축한 집단의 경우 학년 초에는 4학년 교실에서 수업을 시작해서 학년 말에는 5학년 교실로 옮겨서 교육과정을 운영한다. 압축반에 속하는 대부분의 학생은 동일한 연령의 또래들보다 조기에 발달된 능력을 나타내거나 교육과정의 내용을 이미 습득하였기 때문에 자신의 능력에 맞는 교육 경험을 제공함으로써 높은 학문적 욕구를 만족시켜주는 것이다. 또한 단축반 학생들은 그들의 연령보다 높은 학년의 교육과정을 학습하는 데 문제가 없다. 압축반 편성의 최대 장점은 학생들이 안정적으로 또래 집단을 유지함으로써 정서적 안정을 도모할 수 있다는 것이다.

[표 3-7] 월반과 단축의 비교

	학생명	학 년	진급 사항					
월 반	K	1	1	2	3	5	6	7
압축반	K	1	1	2	3/4	5	6	7

지금까지는 일반학급에서의 영재교육을 실시할 경우 사용할 수 있는 적합한 집단 편성 방법에 대해 간략하게 소개하였다. 이상의 방법들은 학생들이 자신의 흥미와 능력에 적절한 교육 서비스를 제공받을 수 있고, 교사는 학생 개개인의 욕구에 부합한 학급을 조직하고 운영할 수 있도록 도와주는 행정적 준비 과정이다. 즉, 다양한 학생들로 구성된 일반학급에 속한 영재들을 위한 교육 프로그램의 출발은 다양한 집단을 편성하는 것에서 시작된다. 이러한 집단 편성에 대한 배려가 바로 학생 중심의 교육과정 운영이며 학생 특성에 맞춘 맞춤형 교육과정이다.

개별화

일반학급에서의 영재교육은 다양한 판별 자료에 기초한 집단 편성과 동시에 영재의 특성에 따라 그들의 잠재된 능력을 자극해서 발달할 수 있도록 하는 개별화 계획을 수립해야 한다. 집단 편성 시 학생들 간에 능력 차이가 있는 경우 학생 개개인의 욕구에 부응하는 철학적 소신을 가지고 있어야 한다. '몇 학년' 이라는 용어로 규정되는 학생 집단을 교육하는 것은 바람직하지 않다.

학교는 학생들을 교육하기 위해 존재한다. 그 목적에 부합하기 위해서는 우리가 가르치는 학생들의 요구를 잊어서는 안 된다. 학생 중심의 접근법을 적용해야만 한다. 이것은 당연한 소리로 들릴 수 있지만, 학생 중심의 프로그램을 수행하는 기능은 가장 어렵다. 의사결정 과정에 관여하는 사람들은 반드시 이러한 철학에 전념해야 하며, 교사들은 지식의 보고일 뿐 아니라 학습 매니저가 되어야 한다. 스케줄 또한 학생 움직임에 따라 유연히 대처할 수 있게 고안되어야 하며, 자료는 학생의 능력에 맞는 광범위한 흥미를 채워줄 수 있도록 제공되어야 한다. 이러한 조건이 현실화되는 것은 쉽지 않겠지만, 학생 중심의 환경에서 학생을 교육하는 중요한 구성 요소들이다.

개별화의 개념

종종 '개별화(indivisualization)' 란 용어는 잘못 이해되거나 사용되는 경우가 있다. Clark(1983)는 개별화의 개념을 '조직화된 학습 경험 방식' 으로 정의했으며, '학습 경험 방식은 학생들의 욕구와 흥미로부터 나오며 탐구 비율과 내용, 스케줄, 경험, 깊이를 모든 학생들에게 사용할 수 있다' 고 설명하고 있다. 하지만 개별화라는 것이 각각의 학생들이 늘 다른 학생들과는 다른 학습 경험을 제공받아야 한다는 것을 의미하지는 않는다. 그보다는 교육 경험의 성격에 따라 집단별 혹은 개인별로 접근하고 해결해야 한다는 것이다.

개별화란 무엇인가?

개별화의 개념을 설명하기 위해 Blackburn과 Powell(1976)은 교육 프로그램 중에서 개별화할 수 있는 영역을 [표 3-8]과 같이 제시하고 있다. 다섯 가지 영역은 학습 속도, 학습 영역, 시간 운영, 학습 내용, 탐구의 깊이 등이며 이러한 분야는 차별화된 프로그램을 필요로 하는 영재의 학습 특성과 밀접한 관계가 있다.

[표 3-8] 개별화할 수 있는 영역과 영재 학생들의 학습 특성 사이의 일치점

개별화할 수 있는 영역	영재의 학습 특성
학습 속도	· 보다 빠르게 학습함
학습 영역	· 관심 영역이 광범위하고 다양함
시간 운영	· 더 빠르게 시간을 운영함
학습 내용	· 광범위한 영역의 흥미와 깊이 있는 이해력
탐구 깊이	· 더 깊게 이해하고 탐구함

개별화 프로그램의 양상

Dunn과 Dunn(1975)은 학생들을 위한 개별화 프로그램 실행에 지대한 공헌을 했다. 그들은 개별화 프로그램의 열세 가지 측면을 제안했다. 항목은 다음과 같다.

1. 진단법(교사, 학생, 협조자, 팀)
2. 규정(교사, 학생, 협조자, 팀)
3. 공공으로 언급되는 목표(교사, 학생, 협조자 또는 규정된 팀)
4. 배우게 될 대안적인 자료들

5. 대안 활동이나 선택적 활동
6. 자기 주도적 속도
7. 자기 주도적 수준
8. 자기 평가 또는 협조자 평가, 교사 또는 팀 평가
9. 자기 선택적 학습 방법
10. 학생 능력과 흥미에 기초한 목표와 처방
11. 처방으로 통합된 학생 창의성을 위한 기회
12. 규준 지향 평가
13. 수행 평가(기능 평가 이외의 수단을 통한 학생 인지(지식) 표현)

이상의 개별화 프로그램은 학급에서 전형적으로 사용하는 방법들이다. 예를 들어 학습지, 다른 프로그램과 계약, 표준화된 프로그램, 컴퓨터를 활용한 개별 활동, 노작 경험, 멘토십(사사제), 그리고 상업적으로 개발된 교육 프로그램 등을 들 수 있다. 다만 개별화에 더 많은 접근 방식을 접목해서 학생들이 다양한 선택을 할 수 있도록 하는 것이 필요하다. 개별화 접근 방식의 다양성은 학생들의 욕구와 능력, 흥미에 맞춘 융통성 있고 책임감 있는 프로그램을 만들어 프로그램을 강화시키는 데 기여한다.

개별화 장점

개별화의 장점은 학생의 능력에 맞는 내용과 속도, 성취, 흥미에 따라 적합한 교육을 제공할 수 있다는 것이다. 또한 교사들에게도 학생의 요구에 맞는 개별 학습을 제공할 수 있다는 것이다. Dunn과 Dunn(1975)은 개별화의 장점에 대해 다음과 같이 정리했다.

- 학생에게 실패보다는 성공을 제공한다.
- 자기 이미지를 구축한다.
- 기억을 불러일으키는 동등한 상호작용을 허용한다.
- 교사에 대한 의존도를 낮추고 처음에는 동료에게 의존하다가 결국엔 자기 자신에게 의존하게 된다.

- 문제해결 경험을 제공한다.
- 비판적 분석 능력을 키운다.

이 외에도 개별화의 장점은 학생 스스로 학습을 책임질 수 있는 기회를 제공하고 평생 학습자가 되는 도구를 얻게 한다. 특히 학급에 있는 영재들의 경우 대부분의 학습을 스스로 성취해야 하므로 스스로 정보를 얻는 법을 배워야만 한다. 영재가 알고 있는 것이나 알고자 하는 것을 교사가 모두 알고 있기를 기대하는 것은 현실적이지 못하다. 그러나 교사들은 학생들이 도구를 가지고 스스로 배우는 방법을 지도할 수 있다. 학급에 개별화를 허용하는 것은 이 과정을 시작하는 가장 확실한 하나의 방법이다.

영재를 위한 개별화 교육 계획(IEPs)

영재를 위한 지도안을 만들고 운영하도록 제안된 전략 중 하나가 개별화 교육(IEP)이다. 거기에는 학생 이름, 학교명, 주소, 전화번호, 최근 수행 수준, 특별 프로그램의 각 분야별 연간 목표, 각 목표를 위한 단기 목표, 각 목표를 위한 평가 계획, 소속된 모든 모임의 날짜와 사인 등의 정보가 포함된다. 어떤 IEP는 지원받는 서비스와 보조 스탭의 관련 사항까지 포함한다. 이 기록은 교사, 행정관, 심리학자 (때로는) 학생이 참여하여 계획을 의논하고 내용과 의도를 승인받는 모임에서 주로 논의에 부쳐진다.

IEPs는 영재와 함께 공부하는 사람들의 다양한 수준을 승인해 왔다. 많은 사람들은 그것이 유용한 계획 관리 수단임을 알게 되었다. 영재교육에서 개별화 교육이 증가하고 있는 추세이지만, 아직도 IEPs는 영재들에 대해 너무 제한적이며 특수 교육과 너무 밀접하게 연계해 사용되고 있다고 생각하는 사람들도 많다.

영재교육 프로그램 개발을 위한 자료 수집

영재교육 프로그램의 틀을 정립하는 것은 2,000 조각의 퍼즐을 맞추거나 스테인드 글라스를 조립하는 것과 매우 유사한 활동이다. 모자이크나 스테인드 글라스에서 각각의 조각은 최종 작품을 완성하는 데 없어서는 안 될 중요한 것들이다. 한 개의 조각이라도 없어지면 전체를 망치게 된다. 이러한 점에서 영재를 위한 프로그램 개발에 투입되는 노력은 마치 모자이크 작업을 하는 것과 매우 비슷하다고 할 수 있다. 즉, 모자이크 작품들이 많은 다른 색채와 모양으로 구성되지만 각각의 조각들이 함께 어우러져 조화를 이룰 때 그것을 보는 모든 사람들에게 즐거움과 평온함을 제공하는 것과 유사하다.

영재교육을 위한 프로그램의 자료를 수집하기 위해서는 중요 요소들 간에 반드시 균형을 이루어야 한다.

첫째, 프로그램은 학습에 사용할 수 있어야 하며 학생들의 다양한 능력을 존중하는 환경에 기초해야 한다. 이러한 환경 속에는 영재에 대한 애정을 갖고 그들을 이해하며 의사결정 과정에 학생들을 포함시키는 교사가 반드시 포함되어야 한다.

둘째, 학생의 학습 속도(일반적으로 속성반), 학습 깊이(일반적으로 심화), 독특한 흥미를 다루게 될 프로그램 사이에 균형이 이루어져야 한다. 영재를 위한 모든 자료들은 조화를 이루는 것이 필수적이다. 간혹 어떤 프로그램은 너무 한쪽으로 무게중심이 쏠리거나, 속성 학습과 심화, 학술적인 분야만 너무 집중적으로 다루는 나머지 미술이나 드라마, 체육, 컴퓨터 등과 같은 교과 외 활동은 무시하는 경향이 있다. 최선의 결과를 얻기 위해서는 가능한 한 많은 구성 요소를 프로그램에 활용해야 한다.

마지막으로 모든 프로그램은 학생의 인지적 · 정서적 · 신체적 상태와 균형을 이루어야 한다. 간혹 학생이 극한 상황에 몰리거나, 좌절하거나, 참여하지 않거나, 기대 이하의 성과를 이루거나 (극단적으로는) 자포자기하는 사례들이 많다. 프로그램 구성은 학생들이 편안함을 느끼는 수준에서 이루어져야 한다. 어떤 학생은 엄격하고 까다롭고 저돌적인 프로그램을 좋아하는 반면, 다른 학생은 강화된 내용과 가속화된 선택들을 미리 맛보기 할 수 있는 기회가 주어진 좀더 보수적인 프로그램을 좋아할 수도 있다. 어린 학생을 다룰 때에는 이러한 균형이 특히 중요하다. 인지 능력에 비해 신체 능력이 처지거나, 능력 이상의 글쓰기나 그리기가 요구되는 프로그램에 속하게 될 경우 해당 학생에게 불행을 초래할 수도 있다. 한 예로, 속진반에 속해 있으며 고등학교에서 교과 과정을 밟고 있는 10살짜리 학생을 들 수 있다. 그 학생은 언어와 과학 분야의 능력이 탁월했지만, 속진반을 시작한 후 두통을 호소하기 시작하였으며 곧 병상에 눕게 되었다. 그 학생은 자기보다 나이 많은 학생들과 보조를 맞추고, 무거운 교과서를 들고 다니고, 오랜 시간 학습하느라 육체적으로 에너지가 모두 소진되었다는 의사의 진단을 받았다. 이것은 균형이 깨진 학생 프로그램의 전형을 보여주는 사례이다. 프로그램을 선택할 수 있는 기회는 주어졌으나 결과는 실패로 돌아간 것이었다.

일반학급에 배치된 영재를 위한 프로그램은 실제적이고 학생의 능력과 조화를 이루는 프로그램 구성을 개발해야만 한다. 균형은 프로그램 성공을 위한 중요한 열쇠다. 한 학생에게 작용하는 것이 다른 학생에게는 작용하지 않을 수도 있다. 학생들의 다양한 요구에 여러 가지 방법으로 대응하는 능력을 가지고 있으면 그만큼 학생 학습을 촉진하고 교육자로서 만족을 얻을 수 있는 교육 경험을 살릴 기회를 얻게 된다.

요 약 Summary

일반학급에서 영재교육 프로그램을 계획할 경우 여러 가지 결정을 내려야 한다. 이러한 결정은 설립에 필요한 요구 사항뿐 아니라 학생들의 요구와 능력, 흥미를 기초로 해야 한다. 그러나 학생들의 요구가 다수결에 의하거나 그러한 다수결의 요구를 기초로 결정되어서는 안 된다. 프로그램 계획자는 프로그램에 참여하는 학생들과 친밀해야 하며 학생 개개인의 프로그램 요구를 수행해야 한다.

학생 요구 사항들이 적힌 프로필은 프로그램 계획의 기초가 된다. 그러한 사항들은 학생의 흥미뿐 아니라 학생들의 학습 속도와 깊이를 수용하는 다중 프로그램 옵션이나 프로그램 구성을 안내해야 한다. 그런 다음, 학생에게 가장 잘 맞는 집단 편성 유형이나 개별화된 프로그램 규정의 틀을 정립할 수 있다. 영재들은 차별화된 프로그램을 필요로 하는 독특한 학습 요구를 가지고 있다. 이 때문에 학급 교사들은 그들에게 특별 대우를 한다는 느낌이 들지 않게 하고, 반에서 분리하지도 않으면서 그 학생들의 욕구에 맞는 프로그램을 제공하여야 하는 어려움에 직면하게 된다. 영재가 일반학급에 있을 경우, 그들을 교실에서 분리된 느낌 없이 학급의 일부로 느끼도록 할 필요가 있다. 이러한 일이 발생하지 않도록 하는 것은 학급 교사에게 달려 있다.

이렇게 실천하세요 Action Steps

1. 일반학급 안이나 밖에서 학생들에게 적용할 수 있는 최근 프로그램을 살펴보도록 한다. 학생의 교육적 요구에 맞는 충분한 범위가 있는가?
2. 짧은 설명을 곁들여 이러한 프로그램 목록을 작성한다. 프로그램 계획을 할 때 학생들의 프로필과 프로그램을 매치시킬 때 이것을 사용한다.
3. 학생 개개인의 성장, 융통성 있는 진도, 깊이 있는 조사, 추구해야 할 흥미 등을 허용할 범위를 결정하기 위해 정규 학급에 제공되는 물건들을 세밀히 관찰하라.
4. 학급 개강에 앞서 준비해야 할 범위에 대해 생각하는 시간을 갖는다.
5. 세 명 혹은 다섯 명의 학생으로 이루어진 집단을 선택해 그들의 평가 자료를 검토해 본다. 최근 프로그램은 만족할 만한가? 더 필요한 것은 무엇인가? 그것들을 위한 설득력 있는 프로그램을 계획해본다.
6. 개별화 프로그램에 받아들일 학생수를 자신이 최대한 편안하게 할 수 있는 선에서 확대하도록 한다.

이런 참고자료 활용하세요 References Yon Can Use

Cox, J., Daniel, N., & Boston, B. (1985). *Educating able learners : Programs and promising practices*. Austin: University of Texas Press.

Dunn, R., Dunn, K. (1972). *Practical approaches to individualizing instruction : Contracts and other effective teaching strategies*. West Nyack, New York: Parker Publishing Company.

Juntune, J. (Ed.). (1986). *Successful programs for the gifted and talented (2nd ed)*. Cricle Pines, MN: National Association for Gifted Children.

Kaplan, S. (1974). *Providing programs for the gifted and talented : A handbook*. Ventura, CA: Office of the Ventura County Superintendent of Schools.

Renzulli, J., Reis, S. (1986). *The schoolwide enrichment model : A comprehensive plan for educational excellence*. Mansfield Center, CT: Creative Learning Press.

Renzulli, J., Smith, L. (1979). *A guidebook for developing individualized educational programs for gifted and talented students*. Mansfield Center, CT: Creative Learning Press.

학습 환경 개발

4

환경은 학습에 결정적인 영향을 미친다. 자유로운 분위기에서 학생들은 더 많은 질문을 하고 교사가 주도적으로 학습을 진행하는 수업 분위기보다는 학생 스스로 문제를 해결할 수 있도록 학습 방법을 가르쳐주는 수업 환경에서 창의적인 문제해결 능력이 배양된다. 물리적인 교실 환경이 아무리 잘 꾸며져 있다 해도 정서적 안정감을 주는 자유로운 환경이 주어지지 않는다면 학생들은 마음껏 질문하고 탐구하는 학습의 자유를 느끼지 못할 것이다. 교사가 학생들에게 주제에 벗어난 질문을 하지 못하도록 규정한다면 학생들은 앞으로 그러한 시도를 하지 않을 것이며, 오래된 문제를 새롭게 접근하려는 시도를 비난한다면 다음번엔 창의적으로 사고하거나 다른 식으로 사고하는 것을 멈출 것이다. 같은 반 학생들에게 영재를 '모범생' 으로 인식시키고 '그들은 절대 나쁜 행동을 하지 않는다' 는 고정관념을 갖게 한다면, 동료들로부터 적대시되는 것을 두려워한 나머지 학술적으로 빠른 성장을 보이지 못할 가능성이 높다. 개별화라는 명분으로 다른 아이들로부터 고립되거나 뛰어난 능력으로 인해 특별 대접을 받을 경우, 그들은 학급의 나머지 학생들로부터 더욱 배척당할 수도 있다.

이처럼 환경은 일반학급에 배치된 영재교육의 성공과 실패를 결정짓는 중요한 요인이 될 수 있다. 성공적인 영재교육을 위해서는 영재의 능력에 맞춰 학습시키는 동시에 학급에 통합시켜야만 한다. 그러기 위해서는 교사가 학생의 개인적인 차이를 받아들이고 학생들을 분리시키거나 금지시키지 않는 교육과정을 수립하는 전문성을 발휘해야 한다. 여기에 소개하는 것들은 소규모 집단을 유지하는 동시에 모든 학생들이 같은 구조 하에서 학습할 수 있는 환경을 조성하는 데 유용하게 사용될 것이다.

학생 중심의 학습 활동 전개

영재를 위한 성공적인 프로그램은 최대한 학생의 참여를 높이고 학생의 이익을 위해 의사결정이 내려지는 '학생 중심의 학습 환경'이다. 전통적인 교사 중심 구조에서 벗어나 학생 중심 접근으로 변화하기 위해서는 학습 활동과 교육과정이 근본적으로 바뀌어야 한다. 학생 중심의 환경에서는 다음과 같은 주안점이 마련되어야 한다.

학생은 교과 과목 결정의 동반자이다

학생들에게 기능 개발 선택권을 주고 시간 분배 방법을 결정하도록 기회를 주어야 한다. 교실에서 사용하는 계약, 협의, 학습 센터 등은 학생이 자신의 학습에 주체적인 역할을 하도록 만드는 방법이다. 결국, 학습에 최종적인 책임을 질 사람은 학생 자신이라는 것을 인식하도록 한다. 교사는 학생이 이러한 과정을 스스로 배울 수 있도록 교육과정 결정에 적극적으로 참여시킨다.

학습이 쉽고 편리하게 이루어지도록 자리를 배치한다

개별화 학습을 할 수 있는 자리 배치와 함께 소집단 혹은 전체 집단 활동을 할 수 있도록 집단을 편성한다([그림 4-1]). 학생 중심 교실에 들어가보면, 기능 집단은 단어 수업을 위해 칠판에서 공부를 하고, 어떤 학생들은 친구를 사귀기 위해 책상에 흩어져 있으며, 또 다른 학생들은 철자 시험을 보느라 청각 센터에서 공부하는 모습을 볼 수 있다. 이러한 자리 배치는 교사가 모든 학생에게 눈길을 주는 동시에 기능 집단과 공부하기도 용이하다.

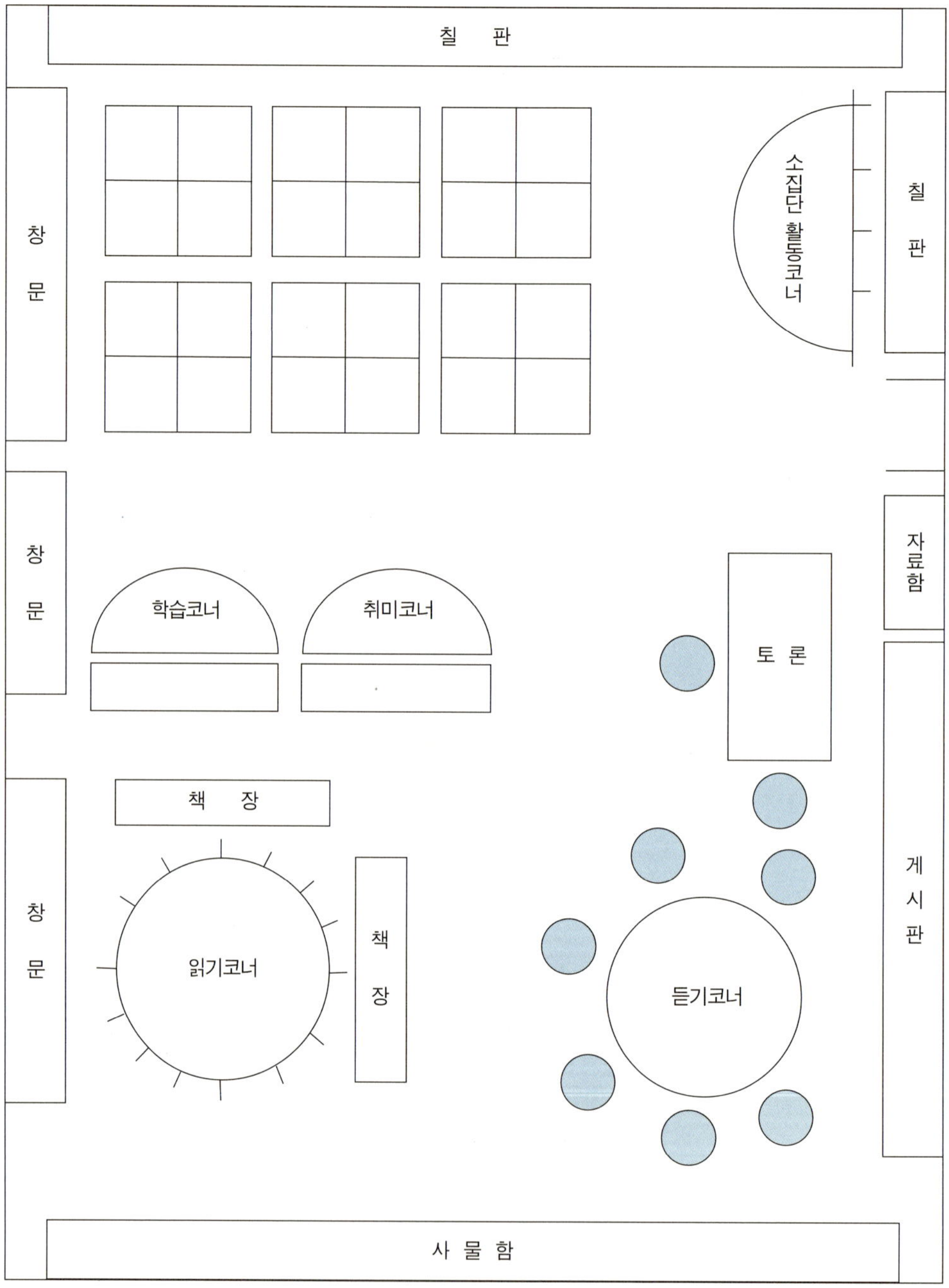

[그림 4-1] 학습을 촉진시키는 자리 배치

활동 소음과 이유 있는 소음이 있다

학생 중심 교실에서는 활동을 하지 않거나 어느 정도의 소음 없이 수업하기가 불가능하다. 모든 학생들이 동시에 똑같은 활동을 하지 않으며, 수시로 이동하며 수업하는 것이 이 학습 구조의 특징이다. 그러므로 다른 학생들에게 피해를 주지 않게 교실에서 움직이는 것을 배울 필요가 있다. 소집단 활동이나 개별 수업이 이루어질 경우 학생들 간에 질문을 주고받으며 토론하는 일이 자주 발생한다. 이런 경우 교사의 목소리보다 토론하는 학생들의 목소리가 더 크게 들릴 수도 있는데, 과제를 수행하는 데 적합한 정도의 소음이라면 이유 있는 소음으로 이해해야 한다.

개별화 학습 계획이 개발되고 실행된다

학생 중심 환경은 학생들의 개인적인 학습 욕구에 주목하지 않고서는 이루어질 수 없다. 이 경우 개별화 학습 계획(IEPs) 또는 학급에 있는 모든 학생들을 대상으로 한 계약이 필요하다. 학생들의 능력, 성취 수준, 흥미를 기본으로 학습 계획이 세워져야 하며, 수업 시간은 학생들에게 의미 있는 학습 활동이 되어야 한다.

결정은 학생과 교사가 함께 한다

교육의 목적 중 하나가 학생의 독립성을 키우는 것이라면 학생들에게 스스로 의사결정을 하고 자신의 학습에 대해 책임질 수 있도록 기회를 제공해야 한다. 이것은 무엇을 어떻게 배울 것인지 학생 스스로 결정하도록 결정권을 줄 경우에만 가능하다. 교실에서의 의사결정 과정에 학생을 참여시킴으로써 기회를 늘릴 수 있다. 이러한 목표는 학급 규칙에 관해 상호 합의하는 것으로부터 시작되며 학생의 자발적 학습 활동과 자기 속도 조절, 자기 평가 활동 등을 통해 이루어진다.

의사결정의 한 가지 접근으로서 자기 주도적 학습 전개

Treffinger(1975)에 의하면 영재교육의 가장 중요한 목적은 자기 주도적 학습의 방향을 찾아나갈 수 있도록 지도하는 것이다. 그는 영재교육의 궁극적인 목적은 학생들이 배움에 대해 더 높은 동기를 갖고 학교에서 일어나는 학습에 적용하기 위해 능력을 기르고 학습에 더 몰입하게 하는 것으로 보았다. 따라서 자기 주도적 학습은 학생 스스로 학습 방향을 결정할 수 있도록 지도하고, 교육 목적과 목표를 세우고 개별적 요구를 진단하고, 과정을 평가하는 과정에 학생이 참여할 수 있도록 설계해야 한다. 자기 주도적 학습을 통해 학생들은 다음과 같은 목표에 도달해야 한다(Treffinger & Barton, 1979).

첫째, 동료 학생, 교사, 학부모, 다른 어른들과 함께 환경에 효과적으로 적응하는 방법을 터득한다. 둘째, 자신이 알고 있는 흥미와 욕구를 바탕으로 선택과 결정을 내릴 수 있다. 셋째, 만족할 만한 성취 수준과 수용할 수 있는 시간의 범주 안에서 모든 활동을 완성함으로써 선택과 결정에 대한 책임을 질 수 있다. 넷째, 문제를 명확히 하고 문제해결 방법을 결정한다. 다섯째, 자신의 일을 평가하고 '내가 원하는 것을 얼마나 잘할 수 있을까?' 라는 질문에 답할 수 있게 한다.

이러한 목적을 달성하기 위한 첫째 조건은 교사가 '학생은 독립적일 수 있다' 는 사실을 인정하는 것이다. 교사 또한 자기 주도적 학습을 높이 평가하고, 교사 스스로도 기꺼이 새로운 기능을 배우며, 학생들에게 자기 주도적으로 반응하는 방법을 반드시 배워야 한다(Treffinger & Barton, 1979). 그 다음에는 기본적인 교육 모형을 바탕으로 자기 주도적 학습 계획을 세운다([그림 4-2]). 교육 모형은 목적과 목표를 세우는 것부터 시작한다. 목적과 목표가 결정된 후 수행 평가가 이루어지고, 지도가 이루어져야 한다. 이것은 학생들의 수행 평가에 따른 것으로 자기 주도적 학습은 학생들에게 이러한 단계를 거치도록 함으로써 배양된다. Treffinger(1975)는 자기 주도적 학습을 지도할 때 사용할 수 있는 모형을 제시하고 있다([그림 4-3]).

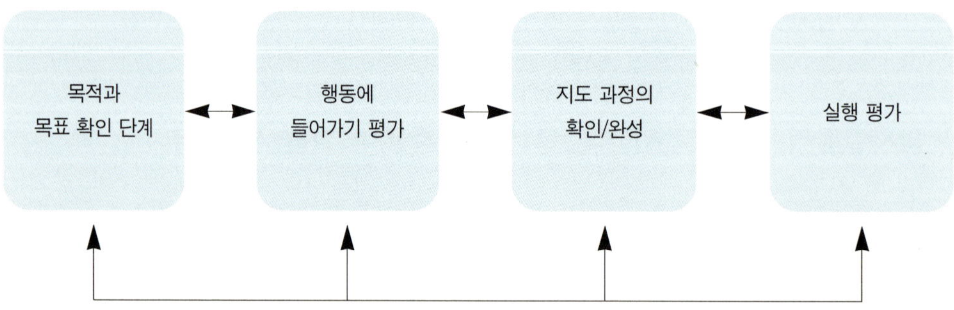

[그림 4-2] 자기 주도적 학습 지도의 기본 모델

목적과 목표

교사 지시적인	교사가 학급이나 학생들에게 지시한다.
S-D-L 1단계	교사가 학생들에게 선택권을 준다.
S-D-L 2단계	교사가 학생들에게 창의적인 선택권을 준다.
S-D-L 3단계	배우는 학생들이 선택을 정하고, 교사는 자료와 재료를 제공한다.

행동 들어가기 평가

교사 지시적인	교사가 테스트하고 특별한 규정을 만든다.
S-D-L 1단계	교사가 진단하고, 몇 가지 선택권을 준다.
S-D-L 2단계	교사와 학생이 진단협의회를 이용하고, 필요한 경우 개별적으로 적용되는 테스트를 치른다.
S-D-L 3단계	학생이 문제 상황 등의 원인을 관리하고, 요구가 불확실한 경우 교사의 도움을 청한다.

지도 과정

교사 지시적인	교사가 내용을 제시하고, 활동을 제공하며, 실행을 조정하고 감독한다.
S-D-L 1단계	교사는 학습자의 속도에 맞춰 독립적으로 사용할 추가 선택 사항을 제공한다.
S-D-L 2단계	교사는 자료와 추가 선택을 제공하고 범위, 순서, 속도 결정 과정에 학습자를 포함시킨다.
S-D-L 3단계	학습자가 프로젝트와 활동 등을 정의한다.

실행 평가하기

교사 지시적인	교사가 평가하고 등급을 정한다.
S-D-L 1단계	교사가 목적에 대한 평가에 관여하고 학생들에게 대응할 기회를 준다.
S-D-L 2단계	피드백을 제공하기 위해 동료 파트너를 이용하고, 평가를 위해 교사—학생 회의를 연다.
S-D-L 3단계	학생 스스로 평가

[그림 4-3] 자기 주도적 학습을 향한 단계(S-D-L)

자기 주도적 학습은 학급 의사결정 과정에 학생들을 더 많이 참여시킬 수 있는 방법을 고안하고 싶어 하는 교사에게 모형이 될 만하다. 교사들은 자기 주도적 학습 개념을 각자의 입맛에 맞춰 사용하는 경향이 있으나 자기 주도적 학급을 목표로 삼는 것은 학생의 학습 능력을 촉진시키는 결과를 낳는다.

학생 중심 학급에서의 학습 활동 관리

학생들의 학습을 자극할 수 있는 환경을 구축하기 위해서는 학급에서 문제를 결정하는 절차에 대해 고려해야 한다. 즉, 학생 중심 학급에서 학습 활동을 관리하기 위해서는 여러 가지 교육 경험을 결정하는 과정이 어떠한 구조로 이뤄지는지 검토해볼 필요가 있다. 학생 중심의 학습 경영 구조에 속한 학생들은 각자의 학습 속도에 맞는 학습 기회와 성취 수준에 맞는 학습 내용을 제공받을 수 있으며 평생 학습을 준비할 수 있다.

따라서 교사는 학생들에게 기능 습득의 기회를 제공하고 학습 내용을 실생활과 연계시켜 지도하는 것이 중요하다. 그러기 위해 교사는 학습 구조를 조직할 도구와 학생들의 학습 활동을 모니터 하고 안내할 수 있는 기능이 꼭 필요하다. 예를 들어 계약, 토론, 일지 작성, 학생 작품 폴더 등은 학생 중심의 학습 경영을 하는 데 유용하게 사용될 수 있는 방법들이다.

계약(contracts)

계약이란 학생이 무엇을, 어떻게, 어느 기간 동안 배우게 되며 평가는 어떻게 할 것인가에 대한 윤곽에 대해 교사와 학생이 쓴 동의서이다. 어떤 계약은 자세한 교육 활동들을 모두 기술하기도 하고, 어떤 것은 단순하게 학습에 대한 것만을 다루기도 한다. 계약 내용을 얼마나 자세하게 기술하느냐와는 상관없이 목적은 동일하다. 즉, 학생이 교사와 함께 학습 계획을 세우기로 하고, 학습에 대한 책임을 지게 하며, 스스로 활동을 결정하도록 하여 자신에 대해 배우는 능력을 발견하도록 하는 것이 주 목적이다.

그런 다음 학생은 자신의 학습 방향을 정하고, 일상활동을 계획하고, 속도를 조절하며, 활동을 스스로 평가하기 위한 계약을 사용할 수 있다. 계약은 학생이 자신의 학습

과정의 방향을 정하고 의사결정 과정에 적극 참여하게 한다. 교사의 역할은 내용 전문가에서 학습 매니저 또는 진행자로 바뀐다. 즉, 교사는 학생들이 자기 학습에 더욱 책임감을 가지도록 지도하는 기능과 학습 자료와 지도안, 방향 등을 제시하는 안내자 역할을 하게 된다.

학습 경영 계약은 학생 활동 방향을 제시하기 위해 개발되었다([그림 4-4]). 주어진 시간 안에서 학생이 어떤 학습을 마쳐야 하는지를 기술한다. 학습 내용과 진행 과정은 학생과 교사 상호간의 결정에 따른다. 이때 학생은 자신의 목표를 정하고 달성 방법을 제안하는 방식으로 계약에 참여한다. 교사는 학생이 할 수 있는 최소한의 수행 능력을 결정하고 계획을 수립할 때 분석하는 것을 도와줄 수 있다.

목 적: ______________________

일 시: ______________________

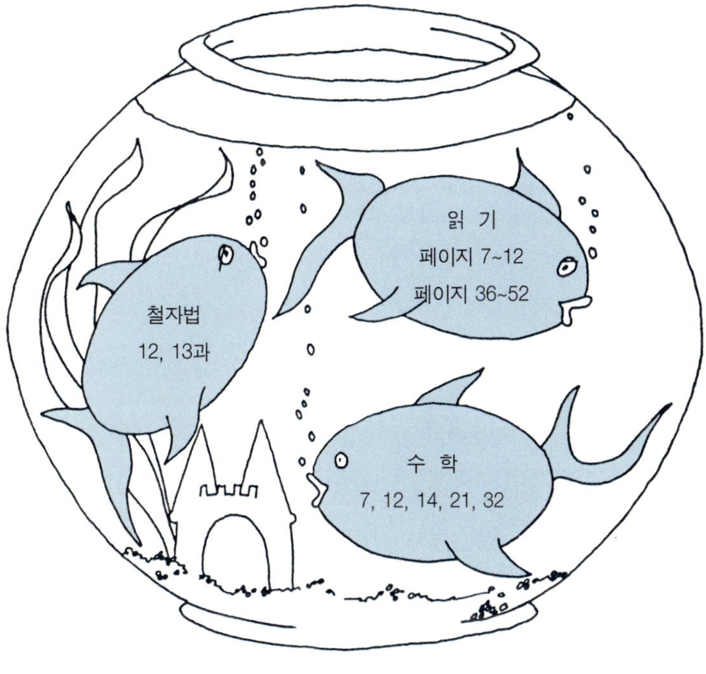

[그림 4-4] 학습 계약(예시)

초등학교 2학년 학급에서 이루어진 계약의 사례를 들면, 이 학급 학생들은 세 가지 분야 −읽기, 철자, 수학− 에 관한 계약을 한다. 모든 학생들은 읽기와 철자를 계약하고, 학급 내 독립된 집단에 속한 학생들은 수학도 계약한다. 학생들은 일주일에 한 번 돌아가면서 숙제를 검사받고, 다음주에 있을 활동을 미리 준비한다. 학급 내 독립 집단 학생들은 한 번의 철자 수업과 수학 5페이지를 하는 것과 함께 일주일에 최소한 세 권의 책을 읽겠다는 계약을 할 수도 있다. 다른 학생들은 일주일에 두 권의 책과 한 번의 철자 수업을 받게 될 것이다. 두 집단 모두 그 이상일 수 있지만 그 이하는 아니다. 개인적인 세부 사항은 학생과 교사에 의해 결정된다. 모든 학생들이 개인적인 계약에 따라 임무를 수행하지만 모두 같은 지도를 받거나 같은 학습 활동을 하지는 않는다. 그들이 배우는 양과 흥미에 따라 실행 수준이 영재인지 아닌지 달라질 것이다.

학급에서 계약을 할 때는 1회에 소수의 학생들로 시작하는 것이 좋은 방법이다. 계약은 학생과 교사 모두에게 새로운 경영 기능을 요구하므로 처음에는 적지만 관리가 가능한 집단을 시작으로 점차 경험을 쌓는 것이 더욱 효과적이다. 시작 단계에서는 단기적이고 집중적인 계약이 더 바람직하고, 학생들이 계약을 사용하는 것에 익숙해지면 향후 더 장기적인 계약을 할 수도 있다. 교사는 점차 학생수를 증가시키는 운영과 점진적인 개입을 통해 모든 학생들을 최고의 성공으로 이끌 것이다.

토 론

계약은 학생이 자신의 학습을 관리하게 하는 구조를 제공하는 방식인 반면, 토론은 공식적인 모니터링 기능과 교사들이 미리 결정한 일정에 따라 학생들과 공식적으로 만날 기회이다.

토론을 통해 학생의 교육 활동을 모니터링 하는 것은 토론의 주요 기능이다. 교사는 학생과 보내는 시간 동안 자신이 책임져야 할 계약 내용을 학생이 이해하고 있는지 확인해야 한다. 각각의 학생들은 다양한 학습량을 계약하므로 모니터 하는 데 필요한 토론 시간 또한 다양해야 한다. 이 시간 동안에는 읽기 연습책을 체크하고, 구문 읽기를 듣고, 이해력 검사를 하고, 어휘 시험을 치르고, 수학 검사를 하고, 또는 독립적인 학습 등에 대해 논의할 수도 있다([그림 4-5]).

기 능	날 짜					
속 도						
명확성						
표 현						
구두법						
손으로 가리키기						
이 해						
의 견						

[그림 4-5] 구문 읽기 체크 목록

또한 교사는 학생들이 가지고 있는 잠재적인 문제를 발견할 수 있어야 하며, 학생들이 부족한 분야를 지도하고, 학생들이 임무를 잘 수행했을 경우 보상을 주어야 한다. 토론은 집중적인 공부 시간이며 재검토를 위한 시간이다. 또한 토론에서는 학생과 교사가 함께 학생의 수행을 평가하고, 그주 동안 일어난 비공식적인 일들을 모니터링 하여 재점검한다.

향후 해야 할 임무를 계획하는 것도 토론 동안 학생과 교사가 할 일이며, 일주일 동안 학생이 수행한 것을 재검토하고, 다음 주 계약을 쓰는 것도 이 시간에 할 일이다.

학생들이 자신이 수행한 과정을 되돌아봄으로써 스스로의 가능성에 대해 이해할 수 있도록 돕는 것도 이 시간에 할 일이다. 토론 시간은 학생들이 교사의 지도에 따라 일주일 동안 임무의 양이 적절했는지, 너무 많았는지, 너무 적었는지를 결정하는 시간이다. 계획은 지난 실적을 평가하고 앞으로의 행동 과정을 결정하는 것을 포함한다. 학생은 자기의 능력을 완전히 이해하기까지 많은 시간이 걸리므로 계획 결정을 내리는 데 교사의 도움이 필요하다. 교과목을 주간 계획으로 세울 때는 형식에 따라 학생과 교사가 합의한 내용을 적는 식으로 공식화되어야 한다. 독립적인 학습이나 개별 학습 활동을 계획하는 데 사용되는 토론 시간 또한 합의된 내용을 문서화해야 한다. 교사는 이러한 형식의 기록을 보관해야 한다. 이러한 기록물을 통해 학생은 수시로 자신의 계획을 재확인할 수 있으며 교사는 자료와 시간 분배 계획을 세우는 지침서로 활용할 수 있다.

결국, 토론 시간은 학생과 교사가 함께 이야기할 시간을 제공한다. 토론이 너무 업무를 지시하는 방식으로 진행되어 학생과 교사가 속마음을 털어놓을 기회를 잃게 해서는 안 된다. 이 시간이 공식적인 상담 시간은 아니지만, 학생들의 경험에 대해 이야기하고, 교사가 학생의 어려움을 극복할 수 있게 도와줄 방법 등에 대해 논의되어야 한다. 교사는 이 시간 동안 아이디어에 대해 일대일 의견 교환을 할 수도 있으며, 학생이 자신에 대해 알고, 자신의 능력을 평가하고, 스스로 의사결정을 내리는 데 도움을 주는 방식으로 그들의 문제에 개입할 수 있다.

운영 일지

운영 일지란 교사가 학생들에게 자신의 학습 속도와 과정을 스스로 결정할 수 있도록 하기 위해 고안한 형식이다([그림 4-6]). 일지는 학생이 자신의 임무를 수행하는 동안 '다음에는 무엇을 할까?' 라는 질문에 스스로 답하도록 하는 과정에 사용된다. 잘 만들어진 운영 일지는 학습 활동 과정의 윤곽을 정하며 학생은 단순히 운영 일지 형식에 따라 조언을 구함으로써 질문에 대한 해답을 얻을 수 있다.

학생이 계약하게 될 분야에 관해 미리 알아본 경영 일지를 가지고 있는 것은 큰 도움이 된다. 예를 들어, 학생이 읽기 계약을 할 경우 그가 읽고 있는 책들에 관한 운영 일지가 필요할 것이다. 수학의 경우에도 단원이나 책 또는 기능에 따라 구성된 운영 일지가 필요할 것이다.

페이지	지시사항	항목	문항	점수	오류문항	할것	숫자	점수
256	· 페이지 위에 있는 예를 공부한 다음 문제 완성하기	1~15	15		2	16~30	15	
257	· 서술식 문제 주의해서 읽기	평균 2~20	10		1	홀수 1~19	10	
258	· 교사 수업 받기	1~25	25		3	학습종이 #52	15	
검사 #11	· 박스에서 검사지 가져올 것, 폴더에 테스트 제출할 것 · 테스트 등급이 정해질 때까지 다음으로 넘어가지 말 것	1~25				공부종이 #52		
259	· 페이지에 있는 문제를 다시 학습할 것	1~20	20		1	21~32	12	

[그림 4-6] 수학 운영 일지의 예

운영 일지는 교사와 학생이 토론할 때 가지고 와서 그 주의 계획을 수립하는 데 참고 사항으로 사용한다. 학생이 읽어야 할 책이 최소한 두 권이라면, 교사와 학생은 운영 일지에 쓰여 있는 목록을 보고 이미 읽은 책은 양식에서 제외할 수 있다. 학생들이 다음 토론 예정일보다 빨리 임무를 마쳤을 경우, 운영 일지는 다음에 해야 할 일을 보여주고, 학생들은 그들의 임무를 계속 이어나갈 수 있다. 기한을 정하지 않은 계약일 경우, 운영 일지는 기능 전개 과정 계획과 날마다 행해야 할 임무에 대해 알려준다.

운영 일지는 교사가 날마다 칠판에 과제를 적어주지 않아도 되고, 학생들은 따로 지시 사항을 전달받을 필요없이 다양한 임무를 할당받을 수 있는 기본적인 방법이다. 교실의 모든 학생은 운영 일지를 가지고 있다. 그러나 학생에 따라 임무 수준은 다르다. 운영 일지는 학생 스스로 자신이 해야 할 학습을 결정하는 방법을 배울 기회를 제공한다. 학생들은 날마다 자기 업무를 시작할 때 자신이 해야 할 일을 결정한다. 교사는 그들에게 다른 정보를 주지 않는다. 할당된 임무를 마쳤을 때에는 계약과 토론을 통해 다음 할 일을 결정한다. 읽기 책에서 다른 이야기를 계속 읽거나 수학 다음 페이지를 이어 풀도록 결정했다면, 운영 일지를 통해 다음 과정에 대한 정보를 알아볼 수 있다. 책임은 학생의 것이다. 운영 일지는 학생들이 충실히 책임을 다하도록 훈련시킨다.

학생 작품 폴더

일주일에 한 번 있는 토론 시간을 통해 학생 활동을 알아보는 것은 대부분의 교사에게 충분한 모니터가 되지 못한다. 학생들은 날마다 창의적인 일을 하기 때문에 교사들도 날마다 그것을 알아볼 필요가 있다. 학생에게 하루 동안 한 일을 폴더에 넣어 두게 하면 그 문제를 쉽게 해결할 수 있다. 폴더에는 운영 일지, 계약서, 독립적인 학습 계획, 학생이 그날 작성한 작품이나 문서들도 포함된다. 예를 들어, 종이에 적은 수학 문제라든지, 소집단 활동에서 했던 분철법에 관한 노트 필기, 수업 중에 쓴 독후감 등도 이에 속한다. 교사는 수업 후 이러한 자료를 제출받아 살펴보고, 수정하거나 해설을 붙여 다음날 사용할 수 있도록 돌려준다. 이 방법은 학생의 일상에 대해 모니터 할 수 있게 하고, 학생 업무를 조직하는 데 편리하게 사용할 수 있으며, 적시에 의견을 전달할 수 있는 장점이 있다.

학생 중심 학급의 환경과 관련 교사의 책임

교사는 학급 환경 설정에 가장 중심적인 역할을 한다. 교사는 학생 모두를 존중해야 한다. 교사는 모든 학생은 동등한 가치를 가지고 있으며 그들의 능력에 따라 적절한 교육을 제공받을 권리가 있다는 사실을 인지해야 한다. 즉, 학생 수준이 높거나 낮거나 그에 적절한 자료를 제공하고, 그들의 학습을 향상시킬 수 있는 활동을 제공해야 된다는 의미이다. 학생은 자기의 수준이 높은지 낮은지 의식하지 못하도록 하면서 각자의 수준에 맞춘 수업을 제공하는 환경을 제공해야 하는 것도 교사의 임무다. 교사는 반드시 학습은 지속적인 것이며 즐거운 경험이라는 태도를 보여야 한다. 교실은 배우는 실험장이 되고 학생들과 교류하는 곳이 되어야 한다.

자료 또한 학생이 쉽게 찾아보고 사용하며 학습에 이용할 수 있는 방식으로 수납되어야 하며, 조용히 해야 할 장소와 이야기해도 되는 장소가 마련되어야 한다. 자신이 만든 작품을 다른 학생에게 보여줄 수 있도록 하는 전시 공간을 마련하는 것도 중요하다. 수용적인 태도는 학습에 있어 매우 중요한데, 실제적인 방법으로 그러한 태도를 배울 수 있도록 환경을 조성할 필요가 있다.

교사의 역할은 학습 도우미가 되는 것이다. 강의만으로 학생들이 알고 싶어하는 모든 정보를 주는 것이 교사의 책임이었던 시대는 지났다. 그보다 교사는 토론과 계약, 운영 일지 등을 통해 학생이 나갈 방향을 제시해줄 책임이 있다. 또 교사는 학생에게 자료를 제공하거나 그들이 필요로 하는 자료를 학생 스스로 구분해낼 수 있도록 도와주어야 한다. 학생 활동과 계획에 대해 질적인 조절을 해주는 모니터를 해야 하며 조정이나 비교가 필요한 경우에는 문제해결 도우미 역할을 해야 한다.

학생 중심 학급의 환경과 관련 학생의 책임

학생 또한 활기찬 수업 분위기를 만드는 데 책임이 있다. 학생들은 학습 분위기를 결정하는 중요한 역할을 하며 수업이 진행되는 환경에 영향을 미친다. 따라서 학생 중심의 교실 분위기를 조성하기 위해서 학생은 학급에서 이루어지는 모든 활동에 협조적이어야 한다. 대부분의 학생은 하루 일과 동안 집단의 일원이 되고, 다른 학생들과 협조하고, 의미 있게 상호작용을 하려 한다. 협동 정신이 결여되면 학습에 필요한 태도를 보이기가 매우 어려워진다. 만약 협조하는 태도가 익숙하지 않을 경우 협조하는 법에 대해 배워야 한다.

또한 학생은 자신의 학습에 실제적인 책임을 져야 한다. 자신이 책임질 수 있는 환경을 제공하는 것도 그 중 하나다. 학생들은 종종 교사를 교과를 가르치는 지도자이며 학급의 유일한 문제 해결사로 바라보는 경향이 있다. 그러므로 이러한 책임을 학생들에게 부과하는 것에 대해 처음에는 부정적으로 받아들일 수도 있다. 그러나 곧 그들은 자기가 모든 것을 행할 능력이 있다는 것을 이해하게 된다. 어떤 학생은 자신의 게으름이나 결과에 대한 두려움 때문에 자기 학습에 책임지지 않으려고 하는데, 이것을 무시해서는 안 된다. 이런 학생은 부드럽지만 단호하게 점차 적극적인 역할을 해나가도록 주의를 환기시킬 필요가 있다. 학생을 자극시키는 학습 환경을 구축하기 위해서는 학생 자신이 학습의 주요 참여자이며 열쇠를 쥐고 있는 사람이라는 것을 이해시켜야 한다.

환경과 관련해 학생이 책임져야 할 중요한 책임 중 하나는 교실을 제대로 유지하는 것이다. 교실과 자료, 교실 공간을 활동적으로 사용할 때에는 반드시 그것을 유지시킬 책임도 가져야 한다. 학생들에게 개인적인 임무를 맡기는 것이 이 문제를 쉽게 해결할 수 있는 방안이지만, 작업 공간을 정돈하고 사용한 자료를 다음 학생이 쓰기 쉽게 제자리에 놓는 일과 같이 각 학생이 지켜야 할 일을 대신하게 하지 않는다. 지저분하고 혼란스런 분위기는 학습 과정을 방해하는 반면 정돈된 혼란은 도움이 된다.

요 약Summary

학급 환경은 그 안에서 일어나는 모든 것을 담는다. 우리가 하는 모든 것을 투과하며 학생에게 결정적인 영향력을 행사한다. 우리가 한 말과 행동은 학생을 대했던 태도를 반영한다. 어떤 태도는 학생들의 학습을 막는가 하면, 어떤 것은 그들의 학습 과정을 도와준다. 영재가 학급에 있는 경우 교사는 모든 학생들의 성장을 독려하는 동시에 개인적인 차이를 수용하는 태도를 갖는 것이 중요하다.

물리적 환경 또한 학습을 원활히 하는 환경 제공에 없어서는 안 될 중요한 요소이다. 공간은 학생들이 유용하게 쓸 수 있도록 설계되어야 하며 자료, 책, 자리 배치 등도 반드시 학생의 요구를 반영해야 할 부분이다.

학급 구조 또한 중요하다. 학생들을 평생 학습자로 만들고 책임 있는 학습자로 만드는 것이 목표라면, 거기에 필요한 기능을 배울 기회를 제공하는 것이 중요하다. 이 과정에서 학생이 자신의 학습에 책임감을 갖도록 하는 것이 첫 단계이다.

이렇게 실천하세요 Action Steps

1. 자세히 관찰한다. 일반학급에서 어떤 종류의 환경을 발견하는가? 개인적인 차이를 받아들이는가? 학생들은 탐험하고 위험을 감수하고 자의식을 갖는 것이 자유로운가? 확실하지 않다면 설문 조사 등을 통해 학생들에게 물어본다.
2. 의사결정 과정에 학생이 배제되어 있다면 학생들을 포함시키도록 고려한다. 학생의 학습에 가장 책임 있는 것은 학생 자신임을 알게 한다.
3. 일부 학생에게 계약 사용을 시도한다. 그들에게 어떻게 작용하는지 본 후 좀더 많은 학생에게 확대한다.
4. 주제 분야를 정한 후 운영 일지를 고안하기 시작한다. 수학은 시작하기 좋은 과목이다. 올해에는 한 과목을 완성하도록 시도하고 다음해에는 다른 과목을 추가한다.
5. 뒤에 앉아 학생 스스로 학습하고 운영하는 기술을 개발하는 과정을 즐긴다.

이런 참고자료 활용하세요 References Yon Can Use

Clark, B. (1986). *Optimizing learning.* OH: Merrill Publishing Co.

Dean, D. (Ed.). (1982). *Helping teachers manage classrooms.* Alexandria, VA: Association for Supervision and Curriculum Development.

Elkind, D. (1981). *The hurried child: Growing up too fast too soon.* Reading, MA: Addison-Wealey.

Galyean, B. (1983). *Mind sight : Learning through imaging.* Long Beach, CA: Center for Integrative Learning.

Webb, J., Meckstroth, E., & Tolan, S. (1982). *Guiding the gifted.* Columbus, OH: Ohio Psychology Publications Company.

프로그램 선택하기

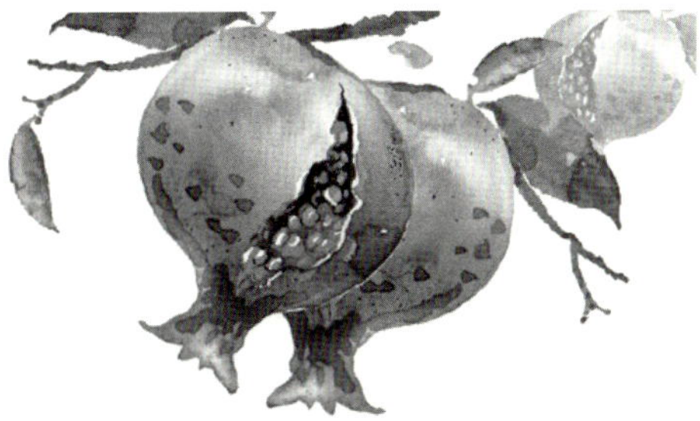

Part two

Selecting the Programs

교사가 학생의 능력과 가장 부합하는 프로그램을 선택하는 것은 매우 중요한 임무 중의 하나이다. 영재는 그들이 나타내는 능력과 흥미 범위만큼이나 매우 광범위하고 다양한 교육적 욕구를 보인다. 한 가지 유형의 프로그램만으로는 이런 학생들의 모든 요구 사항을 만족시킬 수 없다. 그러므로 '프로그램 선택 기준'을 만들고 이를 바탕으로 학생과 교사가 그들의 능력에 가장 적합한 프로그램을 선택하도록 노력해야 한다.

제2부는 영재의 특성에 맞춘 프로그램 선택에 대해 5, 6, 7장으로 나누어 구성하고자 한다. 5장은 영재의 특성 중 배우는 속도가 빠르다는 것에 초점을 두고 학습 속도를 조정하는 프로그램을 소개한다. 6장은 학습 깊이를 다양화하는 것은 영재를 위한 차별화 프로그램의 또 다른 방법이라는 것을 전제로, 호기심이 많고 깊이 있게 탐구하고자 하는 영재들을 교육하는 과정에서 사용할 수 있는 프로그램 구성방법을 제안한다. 7장은 학생의 흥미를 추구할 수 있는 구조를 제공하는 프로그램에 관해 논의한다. 영재들이 전형적으로 관심을 보이는 주제는 그들보다 나이 많은 학생들이 흥미를 보이는 주제와 가깝다. 프로그램을 만들 때 전통적인 구성에 힘을 쏟는 동시에 학생들의 이러한 경향을 수용하는 것도 교사들의 임무다.

이러한 프로그램 유형을 모자이크 옵션에 결합시킴으로써 영재에게 균형 잡힌 교육 경험을 제공할 수 있다. 요구 사항이 다르고 유익한 프로그램 유형이 다른 학생에게 한 가지 방법으로 접근하는 것은 부족하다. 각각의 범주에 프로그램 선택 사항을 추가하면 각 학생의 다양한 욕구를 더욱 충실히 채워줄 것이다.

학습 속도 조절하기

5

영재에게서 발견할 수 있는 첫 번째 특성 중 하나는 빠른 정보를 습득하는 능력이다. 보통 일주일 정도 걸리는 기능을 한 시간 만에 습득하거나, 2주 동안 하도록 할당된 임무를 하룻밤에 완성하고, 6주간의 학습 계획을 일주일 만에 마칠 수도 있다. 이러한 학생들이 "제가 할 일을 모두 마쳤는데, 이제 무얼 할까요?"라고 질문하는 것을 일반학급에서 자주 들을 수 있다.

그 질문에 답할 수 있는 방법 중 하나는 정해진 정규 수업 외의 프로그램을 만들어 학생 속도에 맞는 과제를 제시하는 것이다. 이를 지칭해 '융통성 있는 속도 조절'이라고 한다. 학생이 배우는 속도에 맞춰 학교 전체 환경이 이루어지는 것이 가장 이상적인 상황이다. 그러한 환경에서 교사는 자신의 전문성과 자료를 결합시키기 위해 노력하고, 그 결과 학생들은 원하는 모든 것에 접근할 수 있게 된다. 공유 파일 캐비닛과 자료 보관장과 함께 종종 팀 기획안도 볼 수 있다. 그 안에는 특정 교사나 특정 학년 단독 소유의 특별한 주제나 장비, 읽기 책은 거의 없다. 교장은 교사와 교직원들이 함께 정보를 공유하고 상호 교류할 수 있도록 장려하는 역할을 해야 한다. 교장은 학교 교육 풍토를 정하는 사람이기 때문이다.

이러한 풍토가 존재하지 않는다면 영재들은 일반적인 속도에 맞춰 교육을 받을 수밖에 없다. 그러나 교사는 이러한 상황일지라도 융통성 있는 속도 조절을 할 책임이 있다. 이런 상황이라면 프로그램 제작에 많은 제약이 있겠지만, 그래도 학생들의 이익을 위해 반드시 만들어야 한다. 학생 모두에게 충실한 프로그램을 실시함으로써 학습 스트레스로 인해 학생들에게 발생할 수 있는 문제점을 사전에 차단할 수 있다. 어떤 학생은 공부를 지루해 하고 도전하려는 시도조차 안 한다. 그들은 자신의 학년 수준에 맞는 자료를 가지고 공부하는 것에 만족하고, 깊이 생각하거나 새로운 개념에 대해 배우는 것을 회피한다. 그런가 하면 어떤 학생은 주의력 부족을 나타내기도 한다. 이런 학생은 정확한 형식에 맞춰 쉽게 완성할 수 있는 숙제를 적당히 하거나 실수투성이로 만든다. 영리한 학생이 그들의 능력 수준에서 쉽게 풀 수 있는 수학 문제를 틀리거나, 한 달 전에 내준 리포트를 잊어버리는 경우 교사와 학부모는 당황스럽다. 능력이 뛰어난 어떤 학생은 아무 말 없이 일반 학생들에 맞춰 정해진 학습 속도를 따라가는 경우도 있는데, 이는 결국 그들에게 매우 큰 손실이다. 앞의 사례에서 볼 수 있듯이, 영재들은 그들의 능력을 계발시켜주지 못하는 환경에 적응되어 너무나도 느린 속도로 터벅터벅 걸어가고 있는 셈이다. 그들은 흥미를 잃고 필요한 최소한의 임무만 수행하며 행동적인 문제를 일으키거나 또는 단순히 묵종하며 평균적인 학생처럼 되어가는 것으로 반응을 보인다. 학생 능력에 맞는 융통성 있는 속도를 적용해야만 편안한 속도로 공부할 수 있고, 학습 수준에 맞게 준비된 자료를 사용할 수 있고, 계속적으로 새로운 과제에 도전할 수 있다.

영재만이 융통성 있는 속도를 필요로 하는 것은 아니다. 모든 학생이 배우는 속도와 방법이 다르므로 각 학생에게 적절한 학습 속도를 제공해주는 배려가 필요하다. 대부분의 학급에 편의시설은 이미 만들어진 듯 보인다. 문제는 융통성이 충분한가, 학생이 수용할 수 있는 학습 속도에서 뒤처지진 않는가 살피고 심사숙고할 문제만 남았다. 일반학급 환경에 소개할 수 있는 융통성 있는 속도 조절 프로그램 목록과 설명은 뒤에 소개한다.

학습 속도 조절 방법

융통성 있는 속도 조절은 속진반으로 학생들을 이동시키는 것 이상의 의미가 있다. 학생의 학습 수준과 속도에 맞춰 정보를 나눠주는 것은 기술이다. 다음의 프로그램 설계 목록은 포괄적이진 않지만, 속도에 맞춘 학습 방식에서 학생의 학습 관리 목표를 성취시키기 위해 사용되는 기본 패턴을 반영하고 있다.

학급 안에서 활용할 수 있는 프로그램

교육과정 압축

Renzulli와 Smith(1979)는 일반학급에서 제기된 영재교육의 문제점을 해결할 수 있는 대안으로 교육과정 압축을 제시하고 있다. 교육과정 압축은 정상적인 학업 이수 기간을 단축하는 것으로 2년 동안 배워야 할 교육과정을 1년 안에 이수하도록 구성하는 것이다. 학습 내용의 상당 부분을 이미 마스터 했거나 다른 학생들에 비해 수행 속도가 빠른 학생이 학급에 있는 경우, 교사는 이미 알고 있는 내용을 배우게 하느라 시간 낭비하지 않고 심화된 방식으로 시간을 보낼 수 있도록 교육과정을 압축할 수 있다. 학생이 배울 내용을 마스터 했는지 결정하기 위해서는 학생의 기능을 평가하는 것이 첫 단계이다. 절대평가 방식을 통해 평가가 완성되었다면, 다음에는 대안이 될 계획에 대해 조사한다. 다른 자료를 사용하는 학생, 같은 내용 분야에서 다른 활동에 참여하는 학생, 더 난이도 있는 목표와 기능을 진행하거나 과외 활동이 필요한 학생, 다른 분야에 대한 연구 과제를 수행하고 있는 학생들을 선택에 포함시킬 수 있다. 따라서 교육과정 압축은 심화와 속진 모두에 효과적으로 사용할 수 있다.

한 예로, 과학에 특별한 재능이 있고 초파리 일생에 영향을 미치는 요인에 관한 광범위한 실험에 참여하고 있는 어떤 학생을 조사 과정 집단에 포함시켰다. 교사는 학생이 들어가야 할 범위를 결정하기 위해 교육과정 압축을 선택했다. 평가 결과 그 학생은 이미 배워야 할 범위의 내용을 마스터 했고, 자신의 경험에 근거해 다양한 실험에 교과 내용을 적용한 것이 분명해졌다. 그러므로 그 단원을 배우는 동안 그에게는 실험실 보조 역할이 주어졌다. 그곳에서 그는 수업을 위한 실험 시범을 보이고, 재료들을 준비하고, 실험 결과를 기록하고, 독립적인 연구 과정을 통해 초파리의 일생, 또는 그가 선택한 다른 주제에 대해 연구를 진행시키는 임무를 부여받았다.

[그림 5-1]은 Renzulli와 Smith(1981)가 일반학급에서 영재를 위해 교육과정을 압축하는 예시로 제시하고 있는 것이다.

개인 교육 프로그램 안내		
이 름 ______________	나 이 ______________	교 사 ______________
학 교 ______________	학 년 ______________	학 모 ______________

개별 컨퍼런스 날짜 및 프로그램 참가자 ____________________________

프로그램 구성에 고려되어야 할 교육과정 분야	기본 자료를 압축하기 위한 과정	속진/심화를 위한 활동
이 기간 동안 준비하여야 할 자료와 구성에 필요한 보조 정보 또는 증거물에 대한 간단한 설명을 제공한다.	기본적인 교과 과정에 능숙해질 수 있도록 하기 위한 활동을 설명한다.	일반교과의 각 분야에서 고급 수준의 학습 경험을 제공하기 위해 사용될 활동을 설명한다.
______________	______________	______________
______________	______________	______________
______________	______________	______________
______________	______________	______________
______________	______________	______________

자료 : Renzulli, J., Reis, S., & Smith, L. *The Revolving Door Identification Model*(Mansfield Center, Conn.: Creation Learning Press, 1981), p. 79. Reprinted with permission from Creative Learning Press, copyright 1981

[그림 5-1] 교육과정 압축 양식

자기 주도적 학습 프로그램

학습 속도 조정을 위해 일반학급에서 사용할 수 있는 또 다른 방법은 자기 주도적 학습 체제이다. 이것을 가능하게 하는 방법으로는 프로그램화된 교육, 컴퓨터 보조 교육, 통신 교육과정, 학습지 등이 있다. 영재 프로그램 선택에 이러한 과정을 포함시키면 중요한 장점을 얻을 수 있다. 즉, 학습 속도 조절과 학습 주제 선정 두 가지 모두에서 융통성을 발휘할 수 있다.

Parke(1983)는 관리 체제를 이용해 지원할 경우 초등학교의 영재도 스스로 수학 학습을 성공적으로 할 수 있다는 것을 알아냈다. 언어 분야 또한 그러한 방법을 통해 성공적으로 교육되었다.

최근에는 컴퓨터 도움을 받는 교육 방식이 가장 자주 사용된다. 워크북을 사용하든 컴퓨터를 사용하든 전략은 모두 같다. 학생이 배우게 될 정보를 제공하고, 연습 문제를 제시하며, 실행 수준을 평가하는 방식이다. 학생이 완전히 기능을 익히고 나면 더욱 복잡하고 어려운 기능으로 진도가 나가고, 기능을 완전히 습득하지 못했을 경우 추가적인 교육을 받는다. 자료에 따라 이동하게 될 등급은 학생 본인의 능력에 의해 결정된다. 최근에는 많은 상업 프로그램이 나와 있으며 학교에도 이와 같은 자료가 많이 배치되어 있다. 컴퓨터 단말기에 앉아 곱셈표를 열심히 학습하거나 주요 아이디어를 결정하기 위해 책을 읽는 영재를 볼 수 있다. 학생들의 흥미와 수행 능력 여부에 따라 내용이 즉각적으로 강화되는 프로그램으로 학습하는 학생은 학습에 더욱 몰입하고 더 어려운 것을 배우고자 하는 동기를 부여받는다. 컴퓨터에 기초한 프로그램 이용 시 교사가 직면하게 되는 가장 큰 문제는 학생들을 컴퓨터에서 떼어놓고 모든 학생들이 함께 참여하는 시간을 갖도록 하는 것이다.

주로 고학년 학생이 유용하게 사용해온 통신 교육은 중학생 정도의 학생에게 알맞다. 이 방법은 주로 지역적으로 떨어져 있어 특정한 코스를 배울 기회가 없는 특별 재능 학생들을 위해 대학이 스폰서가 되어주는 경우가 많다. 그런 학생들은 통신 교육에 가입하고 메일을 통해 자료를 받은 후 그것을 완성해 스폰서 기관에 보낸다. 그러면 강좌 시간을 통해 과제에 대한 대답이나 코멘트를 해준다. 전화와 컴퓨터 상담, 개별 지도와 함께 숙제도 모니터링 수단으로 사용된다. 종종 과정을 마스터 했는지 알아보기 위한 평가나 보고서가 요구되며, 성공/실패 또는 만족/불만족 등으로 성적이 매겨진다. 역사, 문학, 수학, 언어 등이 이 방식을 채택할 수 있는 전형적인 과목들이다. 홈 스쿨도 이러한 이수 학점을 채택하지만 주로 빠른 시간 안에 졸업 학점을 따기 위해 선택하는 학생들이 많다.

학습 패키지 또는 학습 계약은 자기 주도적 학습의 다른 수단이다. 그것들은 일반적으로 학생이 각 단계 과정과 활동을 통해 배우는 개별적인 기능과 주제에 초점을 맞춘다([그림 5-2]).

학습 패키지

이　름 ______________　　　　날　짜 ______________

주　제 ______________

목　표

❶　　　　　❷　　　　　❸

사용해야 할 자료

____

완성해야 할 활동	예상날짜	평 가
______________	______________	______________
______________	______________	______________

어떻게 과정 보고를 할 것인가?		언 제
______________	______________	______________
______________	______________	______________

어떻게 성과를 평가할 것인가?

______________　______________　______________

사　인

학　생 ______________　　　　교　사 ______________

[그림 5-2] 학습 패키지 운영 형식 예

Dunn과 Dunn(1975) 은 다음과 같은 학습 패키지 구성을 목록으로 만들었다.

1. 진단 검사
2. 학생의 행동 목표
3. 수단 선택
4. 활동 선택
5. 보고 선택
6. 자기 평가 목록
7. 교사 평가(필요한 경우)
8. 강화 또는 리뷰 자료들

우편 학습은 전문 분야나 흥미 분야 또는 재조정할 필요가 있는 과목의 교육과정 다지기나 관리 계약에 사용한다. 그렇지만 학생 자신이 학습 속도를 조절하고, 모든 학생이 같은 비율로 학습 진도를 나갈 필요는 없다.

자기 주도적 성향이 강한 영재의 능력은 이런 프로그램들을 통해 능력이 향상된다. 그러나 영재가 다른 모든 학습 유형을 배제할 정도로 자기 주도적 학습 프로그램에 참여시켜서는 안 된다. 그들은 학급의 일부분이어야 한다. 자기 주도적 학습은 그들이 참가할 수 있는 프로그램의 한 부분 정도여야 한다.

심화 자료

교사는 학습 속도가 빠른 영재들에게 동급 학년 수준에 사용되는 일반적인 자료보다 난이도 있는 자료를 사용하여 그들의 집중력을 높일 수 있다. 교사가 통합 교과서, 퍼즐, 게임, 공작 기구 등 다양한 자료들을 가지고 있으면 학생들이 "다음엔 무엇을 할까요?"라고 질문했을 때 쉽게 방향을 제시할 수 있다. 한 교사는 교실 뒤쪽에 '어려운 질문 코너'라고 명명한 학습 센터를 만들어 학생들이 얇은 조각판으로 된 파일 폴더 활동을 돌아가면서 하게 했다. 학생들은 자기 학습을 마치고 나면 항상 그 센터로 가 추가 활동을 했다. 활동이 끊임없이 바뀌므로 도전은 언제나 신선했다. 학생 마음대로 자료를 자극하게 함으로써 학생 스스로 배울 수 있는 기회와 방향을 제공한다.

학생들에게 자료는 고정된 것이 아니라 얼마든지 이용 가능한 것임을 인식시키는 것이 이러한 시도를 성공시키는 한 가지 열쇠다. 사용 가능한 자료와 사용법을 알게 하면, 학생은 교사의 간섭을 받거나 허락받을 필요없이 스스로 자료에 접근할 수 있다. 방송 전문가, 도서관 사서, 특수 교사, 학부모 등은 학생의 특별한 흥미, 관심과 관련한 자료를 제공해주는 조력자가 될 수 있다.

학교 전체에 관련된 프로그램

지속적인 진행 교육과정

학생의 학습 속도를 관리하는 프로그램은 지속적으로 진행되는 교육과정이다. 이러한 프로그램은 학생이 속한 학년 수준에 따라 교육하지 않고 평가한 학생의 능력 수준에 따라 교육과정을 정하고, 그에 맞춰 이동 수업을 하는 방식으로 진행된다. 학생 특성에 따라 개별화된 이러한 형식은 정기적인 능력 평가에 근거하며, 온전히 진단 규정에 의거한다. 이러한 프로그램에 들어오기로 한 학생은 학습 능력 수준을 결정하기 위한 배치고사를 치르고, 검사와 교사 결정에 따라 교육과정이 개발된다. '3학년' 학습 능력이나 '5학년' 자료라는 식으로 정해진 것은 없다. 모든 사람들에게 모든 것이 공평하다. 특정한 자료를 사용하기 위해서 필요한 단 한 가지 요구 사항은 학생의 능력이다.

학생 평가가 끝나고 향후 배울 학습 내용이 결정된 후에는 교육을 위한 능력 집단이나 개별적인 배치가 이루어진다. 학생이 한 가지 능력이나 능력 집단 과정을 성취했으면, 평가를 바탕으로 그들에게 필요한 다른 능력으로 진도가 나간다. 학생들은 전통적으로 정해놓은 학년 수준 교육에 구애받지 않고 자신의 능력껏 진도를 나갈 수 있다. 이 프로그램에서는 운영 일지([그림 4-6]), 계약서, 회의 등 학생 진도 과정을 관리하는 자료들을 자주 볼 수 있다. 평가서에 적혀 있는 개인 능력 카드와 이미 성취한 기능에 대해 적어놓은 목록 등도 중요하다. 이것들은 다음에 오는 교사나 팀원들이 학생의 능력 수준에 대해 알 수 있는 자료가 된다([그림 5-3]).

기 술	교육수준		
	능 숙	교육이 필요함	실 패
알파벳 순서			
단어 조합			
단어 구성			
동음이의어			
접두사			
접미사			
어휘 개발			

[그림 5-3] 스펠링에 대한 기술 카드의 예

속 진

어떤 영재는 빠르게 진도를 나가는 반에서 가장 빛을 발한다. 이 학급에 속한 학생들은 교과목에 대해 앞선 지식을 가지고 있어야 하며, 정보를 빠르게 다루는 혹독한 수업을 이겨낼 수 있어야 한다. 이 반에서는 내용과 속도가 가속화되어 진행되므로 여기에 속하게 될 학생은 이러한 강도에 대해 미리 준비해야 한다.

속진반은 여러 가지 방법으로 운영된다. 어떤 경우는 운영 일지를 사용하거나, 학생들이 원할 때면 최대한 빨리 자료를 사용할 수 있도록 허용하고, 평가나 학생 요구에 따라 개인 지도를 하는 등 개별화 기반을 바탕으로 조직된다. 다른 경우에는 교사가 당일 수업표에 기초해 공부할 내용을 할당하고 지시를 내리는 식의 좀더 공식적인 방식으로 운영된다. 대부분의 경우 학교위원회나 컨소시엄에 의해 지원받고, 단과대나 종합대에서도 여름이나 토요일에 이러한 학급이 운영된다.

이 제도에서 집중적인 과제는 기본이다. 여기에 포함된 학생은 상당히 많은 시간을 할애해야 하며, 교실 안과 밖에서 과정에 최선을 다해야 한다. 그러므로 학생과 학부모는 등록 전 이러한 요구 사항에 대해 필수적으로 숙지해야 한다. 이러한 과정에 대한 논의는 인터뷰나 학부모회를 통해 다루는 것이 가장 좋다. 그렇지만 학생들 중에는 여전히 그들의 예상보다 너무 강하게 다뤄지는 과정이 있다고 생각할 것이다. 이런 학생의 경우 학생과 학부모 면담을 통해 과정을 줄일 수 있도록 조정해야 한다.

대부분의 속진반은 수학과 컴퓨터 과학 분야이기 쉬우며 7, 8학년이 될 때까지는 대체로 시도되지 않는다. 그러나 매우 드문 경우 초등학교 연령 학생도 가능한데, 재능 조사 프로그램(Stanley, Keating, Fox 1974)을 통해 제공되는 수학 교실에서 종종 발견할 수 있다. 이 프로그램에서 고등학교 저학년 학생들은 학문 적성 테스트에서 얻은 높은 점수를 바탕으로 상급반에 배치되며, 전형적인 수업 과정은 한 학년 동안 7학년 학생이 7, 8학년 과정을 배우는 방식으로 진행된다. 그런 다음 8학년 수학에서는 일년 동안 수학을 강화하는 대수 과정을 밟게 된다. 다른 경우, 대수 1과 2를 합쳐 일년 코스로 수업할 수도 있다.

요컨대, 이 프로그램에 속할 자격이 있는 사람은 이러한 환경에 적응할 수 있는 능력과 동기를 가진 선택된 인원에 한한다. 몇몇 학생에게만 학습 속도를 조절하는 방식인 이 프로그램 방식에서 소속된 학생을 가르치는 일은 쉽지 않다. 그러므로 이러한 학급을 지도하기 위해서는 특별한 교사가 필요하다는 사실에도 주목해야 한다.

조기 입학

학습을 속진시키기 위해 사용될 수 있는 다른 전략 중 하나는 조기 입학이다. 프로그램에 필요한 절차에 따라 학생들은 자기 나이보다 일찍 학교에 입학하거나 일반적인 것보다 높은 학년에 올라간다. 조기 입학은 앞서 논의된 다른 프로그램들처럼 교과 과목을 빠르게 배우는 방식을 통해 월반하는 수단이 아니다. 단지 학생의 나이보다 학교생활을 일찍 시작하는 것에 불과하다. 이러한 접근법의 이론적 근거(이유)는 다음과 같다. 만일 영재가 더 일찍 학교생활을 시작한다면 그들은 정신적으로 좀더 비슷한 학생들과 같은 집단에 속하게 될 것이다. 그러므로 그들의 능력에 좀더 가까운 교과 과목과 프로그램에 속하게 될 것이다. 이 경우, 조숙한 4살 어린이는 유치원에 입학해도 된다는 허가를 받거나, 5살 어린이가 유치원 과정을 건너뛰고 학교에 입학해도 된다는 허가를 받게 된다.

조기 입학이 모든 지역의 학교위원회에서 허락되는 것은 아니며, 실시하고 있는 곳조차도 공표하는 경우가 거의 없다. 가능한 모든 프로그램은 공식적인 지원 과정과 평가 기구를 통한 검증, 심리 평가와 추천 그리고 가능성 있는 학생과 학부모에 대한 인터뷰로 구성된다. 이러한 프로그램이 어린 학생의 최고 관심거리인지에 대해서는 논쟁의 여지가 있다. 이러한 불확실성뿐 아니라, 도구에 대한 결과가 별로 신뢰할 만하지 못하기 때문에 그렇게 나이 어린 학생을 테스트 하는 것에 대해서도 의문의 여지가 있다. 그러나 능력이 뛰어나고 앞서가는 소수의 학생들에게 이러한 전략이 적절할 수 있으며, 조기 입학을 통해 후에 월반을 해야 할 필요성을 피할 수 있다는 장점이 있다.

다양한 집단 편성

어떤 집단 패턴이나 학급 구성은 교사가 수업 진도를 탄력 있게 진행하는 데 도움이 된다. 다양한 연령으로 구성된 학급은 그러한 방법 중 하나다. 인접한 두세 개의 학년으로 구성된 학생들은 교사와 함께 홈룸 방식으로 편성된다. 초등학생들(1~3학년)은 홈룸 교실에 함께 모이며, 기술 능력에 따라 또 다시 집단이 나뉜다. 나이와 상관없이 특별한 기술 지도가 필요한 학생도 그 수업에 선정된다. 이러한 집단 만들기는 학생 실력을 지속적으로 향상시킬 수 있는 적절한 방식이다. 학생 능력과 교육 방법이 매우 다양하기 때문에 영재는 좀더 적합한 과정에 배치되어 교육받을 수 있다.

[표 5-1] 탄력적인 속도 조절이 가능한 프로그램

학년 수준	프로그램
유치원	· 앞선 자료들 · 읽기에서 수준 교차 그룹 · 조기 입학
3학년	· 세계 수도에 대한 묶음 배우기 · 다연령 수업 · 컴퓨터를 이용한 수업(SRA 수학)
6학년	· 재능 조사를 통해 해당되는 과정에 투입 · 컴퓨터를 이용한 교육(수학, 컴퓨터, 프랑스어) · 앞선 자료들 · 수학과 읽기에서의 수준 교차 그룹

여러 수준의 학생들이 섞여 있는 집단은 다양한 연령 학급과 유사한 형태로, 학생이 하루 중 일부는 자기 교실을 떠나 수준 높은 반에서 다른 교사의 지도를 받을 수 있다. 능력이 뛰어난 1학년 학생이 3학년 교실에서 읽기 공부를 하고, 수학에 능통한 6학년 학생이 8학년 학생들과 함께 예비 대수를 배울 수 있다. 이렇듯 탄력 있게 구성된 집단은 학생이 자기 수준에 맞는 환경에서 공부할 기회를 제공한다. 학교 전체의 협조도 필요하지만, 학교 전체의 참여도 그에 못지않게 중요하다. 이러한 프로그램은 두 명의 교사가 함께 조직할 수도 있고, 학생의 협조 여부에 따라 효과를 더할 수 있다.

모자이크 맞추기

프로그램 모자이크에서는 학생의 배우는 속도에 따라 프로그램을 구성해야 한다. 영재는 다른 학생에 비해 적은 반복으로도 빠르고 쉽게 개념을 이해하는 능력이 있으므로 이들이 속하게 될 프로그램 유형과 내용은 학생이 나가려는 방향에 맞춰 더욱 탄력적으로 이루어져야 한다. 질문의 수준, 특별 학교와 학급 특성, 학생과 교사의 요구에 따라 학생과 교사가 선택할 수 있는 프로그램 구성 모자이크는 다양해진다([표 5-1]).

학교와 지역 전반에 활용할 수 있는 프로그램 계획은 교사의 계획과 맞춰 적절히 이루어져야 한다. 이렇게 해야 학생들이 일반적인 교육 환경에서 자료에 접근할 수 있다. 자기 학습 속도에 맞춰 공부하기 위해 다음해에 들어갈 학년에 미리 배치된 학생들은 상당한 심리적 부담을 느낀다. 교직원과 학교 경영진 전체가 전념해 이 문제에 대한 적절한 전략을 배치한다면 해결이 더욱 수월해질 수 있다. 이것은 교육과정 회의, 부서장, 교사 모임 등을 통해 조정될 수 있다. 어떤 전략을 사용하든 자기 수준과 속도에 맞춰 공부하는 학생들이 학습에 자유로움을 느끼게 해야 한다.

학습 속도 조절을 조정하는 교사의 책임

교사가 학습 속도를 조정하는 데 있어 명심해야 할 책임은 두 부분이다. 일어날 수 있는 환경 확립과 그것을 허용하게 될 태도 확립이다. 다행히 수용적인 자세는 이미 갖춰졌으므로 환경에만 초점을 맞추면 된다.

이 분야에서 교사의 중요한 책임은 학습을 위한 자료와 자원을 찾는 일이다. 교사들이 힘을 합쳐 팀으로 가르치거나 서로 협조적 상황에 있는 경우 이 임무는 더욱 간단하게 이뤄질 수 있다. 이런 경우, 그들이 공동으로 찾는 자료의 위치를 알아내고 자료의 목록을 작성하고 자료에 쉽게 접근하도록 하는 것이 관건인데, 외부의 도움 없이는 이 일을 진행하기가 훨씬 어렵다. 이 경우 방송, 도서관 직원, 교육 전문가의 도움을 얻을 수 있다. 또한 다른 학년 수준의 범위와 순서 등 교과목을 재조정하는 데 따르는 불가피한 문제를 해결하기 위해서는 교장의 도움이 매우 절실하다.

제4장에서 기술한 것과 같이 탄력적인 속도 조절을 위해 교사가 할 수 있는 또 다른 주요 임무는 관리 체제를 구축하는 것이다. 그러한 체제는 교사가 각각의 학생들이 필요로 하는 것을 알 수 있게 도와주며, 학생은 자료를 통해 방향을 잡고 해야 할 일을 찾는 데 도움이 된다. 평가 자료, 최신 자료 등을 보관하는 것은 시간 낭비일 수 있으나, 언제든 자료를 바탕으로 결정을 내릴 수 있으므로 매우 중요하다.

모니터 과정도 교사의 임무로서 학생의 진도가 너무 빠른지, 느린지, 적절한지 결정한다. 공부하는 학생을 관찰하고 규칙적으로 만나보는 것은 모니터 과정을 도와준다. 주기적으로 실시하는 절대평가와 학생 스스로 하는 자기 평가 또한 모니터 기능을 도와준다.

프로그램을 성공시키기 위해 다른 전문가와 협조하는 것은 필수적이다. 맡고 있는 학생 중 특별학급으로 보낼 필요가 있거나, 다른 학년에서 자료나 도구를 빌릴 필요가 있는 경우, 인접한 학년 교사들과 개방적으로 의견을 교환하는 것이 꼭 필요하다. 교사뿐 아니라 교직원도 중요한 역할을 하므로 반드시 그들의 전문성을 인정하는 자세로 대해야 한다. 학생 배치를 바꾸거나 도서관에 특별한 책을 구입해야 할 경우 그들의 특별한 도움이 필요하다.

교사의 마지막 책임은 학부모에게 정보를 전달하는 것이다. 교육과정을 조정해 학생 진도를 빠르게 하는 프로그램을 만들었을 경우 특히 이 역할이 중요하다. 이 경우 학생들은 긴장하고, 학부모들은 프로그램을 통해 얻게 되는 기대 효과와 학생이 해야 할 일에 대해 궁금해한다. 문제가 생겼을 경우나 학생이 잘할 경우 모두, 학부모에게 보내는 가정통신과 전화, 면담을 통해 일을 처리할 수 있다.

학습 속도에 맞추기 위한 학생의 책임

탄력적인 속도 조절 프로그램에서 학생이 갖는 주요 책임은 자기 관리 기술을 개발하는 것이다. 이것은 학생이 학교에 입학하는 동시에 시작되며 학교생활을 통해 계속되어야 한다. 학생은 자신의 발달 과정을 모니터 하고, 과정을 평가하고, 주어진 분야에서 얼마나 많은 시간을 썼는지 판단하며, 도움이 필요할 때면 도움을 청하고, 자료가 어려우면 끝까지 공부를 해내야만 한다. 이것들은 쉽지 않은 일이지만 독립적인 학습자가 되기 위해 필수적인 것들이다.

덧붙여, 학생은 속진된 활동뿐 아니라 심화 활동을 해야 할 책임도 있다. 어떤 학생은 책 속에 담겨진 뉘앙스를 알아차리고 깊이 있게 교과를 탐구하지 않고 단지 기본적인 교과서만을 가능하면 빨리 넘기려고 하는 경향이 있다. 이러한 태도를 교정하기 위해서는 교사와 학부모의 격려가 필요하다. 그렇지만 속도만을 위해 균형을 잃어서는 안 된다.

요 약Summary

학생들은 다양하게 배운다. 특히 영재는 적은 반복만으로 빠르게 배우고 이해하며 개념을 사용한다. 그들을 새로운 주제와 기술로 나가도록 하지 않으면 학교생활을 지루해 하거나 흥미를 잃을 수 있다. 그러므로 그들이 학습 속도를 탄력적으로 선택하여 배울 수 있도록 하는 프로그램을 포함시키는 것이 중요하다.

학교 전체나 학급에 기초한 프로그램 선택권은 이러한 목적에 사용될 수 있다. 각 프로그램 옵션은 그에 맞는 목적을 가지고 있으며 각각의 방식으로 제공된다. 이러한 접근법을 연결시켜 학생 능력에 맞추면 학생은 자기에게 맞는 속도로 배울 수 있는 선택권을 갖게 된다. 다른 교사와 경영진과의 협조도 매우 중요하다. 탄력적인 속도 조절은 반드시 다른 교사의 자료와 다른 학년 수준의 교육 기술을 사용할 필요가 있기 때문이다. 그러나 학습 속도 조정 시 학생의 요구 사항이 가장 중요하다. 전통적인 학년 수준 구별은 그 다음 일이다.

이렇게 실천하세요Action Steps

1. 설치한 프로그램 중 학생에게 이익이 되는 것을 찾아본다. 그것들은 학생에게 각자의 속도에 맞춰 공부할 수 있게 되어 있나? 또는 앞선 학생 배치에 대해 윤곽을 제공하는가?

2. 학생을 위해 사용할 수 있는 탄력적 속도 조절 프로그램 목록을 만든다.

4. 학급 운영 기술을 평가한다. 학생들의 능력과 비교해 그들은 적당한 수준과 속도로 공부하고 있는가? 그렇지 않다면 변화 계획을 세우고 당장 대안을 만든다.

5. 이 점에 있어 협조적인 노력을 보이는 동료를 격려한다. 수준을 교차한 집단 짓기, 지속적으로 발전하는 교육과정, 학생 교환 등의 계획을 만들거나 자료를 연결하고 공유하기 위한 공동 파일 캐비닛을 만든다.

6. 교육과정 기획위원을 만나 탄력적인 속도 조절을 위한 학교 전반적인 과정을 세우는 일을 함께 한다.

이런 참고자료 활용하세요References Yon Can Use

Benbow, C., & Stanley, J. (1983). *Academic precocity : Aspects of its development*. Baltimore, MD: Johns Hopkins University Press.

Cox, J. (1982). Continuous progress and nongraded schools. *G/C/T, 25* (November/December), 15-21.

Feldhusen, J. (Ed.). (1985). *Toward excellence in gifted education*. Denver, CO: Love Publishing Company.

Maker, J. (Ed.). (1986). *Critical issues in gifted education : Defensible programs for the gifted*. Rockville, MD: Aspen Publications.

Smith, L. (No date). *A seminar on creating and implementing a continuous progress program in your elementary school*. Englewood, CO: Educational Consulting Associates, Inc.

6 심화 학습

영재는 학급의 일반 학생들보다 학습을 깊이 있게 하는 특성을 가지고 있다. 예를 들어 비범한 통찰력을 보이는 질문을 하거나 표면적으로는 연관성이 없어 보이는 개념 사이의 관련성을 쉽게 발견하고, 그것을 일반화시키는 능력이 있다. 생물학이나 2차 방정식에 높은 흥미를 가지고 있는 영재는 일반 학생들보다 높은 지식을 가지고 있는 것으로 나타나고 있다. 또한 영재는 지식의 이해면에서도 일반 학생들보다 매우 깊이가 있으며, 자신들의 깊은 이해 능력을 충족시킬 학습 기회가 제공되기를 바란다. 따라서 영재들은 심화된 탐구 활동 없이 단순한 기능 중심으로 이루어지는 학습 활동에 대해 높은 불만을 갖거나 학교에서 제공하는 교육 경험에 흥미를 상실한다. 반면에 영재들이 흥미를 가지고 있는 주제에 대한 연구 활동이나 높은 호기심을 만족시켜줄 수 있는 경험은 영재들의 높은 이해력과 예리한 통찰 능력을 증진시킨다.

그러므로 일반학급에서 제공되는 영재교육 프로그램을 계획할 때는 다양한 심화 학습 방안을 모색할 필요가 있다. 심화 학습을 원하는 학생들의 욕구에 적절한 프로그램 옵션이 제공되어야 한다. 교사는 동료 교사들과 유기적으로 상호 협력하며 심화 학습 프로그램을 제공함으로써 영재의 잠재 능력을 향상시킬 수 있다.

심화 학습은 영재 외의 학급 내 일반 학생들에게도 긍정적인 효과가 있는 것으로 나타났다. 따라서 심화 학습이 영재들만의 전유물인 것으로 인식하는 것은 지양되어야 한다. 다양한 심화 학습 프로그램은 영재의 높은 학문적 욕구와 열정을 만족시키면서 동시에 일반 학생들의 흥미와 욕구를 자극할 것이다.

제6장에서는 일반학급 내에서 영재교육 프로그램을 운영하는 데 사용할 수 있는 심화 학습 전략을 소개하고자 한다.

학교 안에서 적용 가능한 전략

질문법

질문을 분류하는 방법은 많지만 가장 간단한 방법은 수렴적 질문과 확산적 질문으로 나누는 것이다. 수렴적 질문에는 한 개의 정답만 존재하며 학생의 대답은 '옳다, 그르다' 둘 중 하나로 나뉜다. "독립선언문을 발표한 해는?"과 같이 답은 오직 하나다. 반면 확산적 질문의 경우 답은 하나 이상이 될 수 있다. "미국이 동쪽이 아닌 북쪽에서부터 정착했다면 어떤 차이가 발생했을까?"라는 질문에 정답이 한 개만 존재하지는 않는다. [표 6-1]은 '빨간 모자'라는 동화 내용에 대해 질문법으로 접근하는 사례를 제시하고 있다.

[표 6-1] '빨간 모자'에 대한 수렴적 질문과 확산적 질문

수렴적 질문
❶ 할머니 집은 어디인가? ❷ 빨간 모자를 겁준 동물은 무엇인가? ❸ 왜 '빨간 모자'란 이름을 얻게 되었나?
확산적 질문
❶ 빨간 모자가 늑대를 만나지 않고 피할 수 있는 방법은 무엇일까? ❷ 만약 숲에서 무서운 동물을 만난다면 어떻게 할 것인가? ❸ 만약 빨간 모자가 늑대가 아닌 거북이를 만났다면 이야기가 어떻게 달라졌을까?

심화 학습을 위해서는 두 가지 질문법이 모두 필요하다. 학생들은 문제에서 제시하고 있는 사실적 지식을 이해함과 동시에 새로운 창의적 문제해결을 창출해낼 수 있는 능력도 필요하기 때문이다. 그러기 위해서는 문제에 대해 수렴적 혹은 발산적 질문을 해보는 방법을 학습해야 한다.

교실에서 질문법을 사용하는 것은 비교적 간단하다. 일정 기간 동안 학생들이 교실에서 사용한 질문 내용을 기록해 두거나 녹음 자료를 활용해서 수렴적 발문과 확산적 발문으로 분류해볼 수도 있고, 교사가 사전에 질문 유형을 제시하고, 학생들이 이에 적절한 질문을 할 수 있도록 하는 방법 등이 있다. 또한 교사의 질문 유형을 분석해서 교사 스스로 얼마나 균형 있는 질문을 했는지 반성 자료로 활용할 수도 있다.

또한 교사 스스로 교수–학습 지도안에 질문 내용을 명시함으로써 학생들에게 정확하면서도 계획된 질문을 할 수도 있다. 그러기 위해서는 교사들이 먼저 다양한 질문 방법에 대해 익숙할 필요가 있다. 특히 확산적 질문에 대해 학생들이 보이는 대답 능력을 관찰함으로써 학생들의 이해 정도나 문제에 대한 접근 방식 등을 이해한다.

교실에서 수렴적 질문과 확산적 질문이 함께 주어지면 학생들의 능력도 향상될 것이다. 이러한 과정을 통해서 학생들은 스스로 더 나은 질문을 하는 법을 배우게 될 것이다. 예를 들어 비판적 사고 능력, 평가하는 능력, 창의적 사고 능력 등이 향상될 것이다.

독립적인 학습

독립적인 학습법은 교실 내에서 심화 학습 전략을 보다 다양하게 할 수 있는 방법 중 하나다. 독립적인 학습은 학생에게 광범위한 탐구를 할 수 있게 함으로써 흥미 있는 주제에 대해 물어볼 기회를 제공한다. 교실에서 영재를 대상으로 어떤 지침이나 방향을 제시하지 않은 상황에서 흥미 있는 주제에 대해 독립적인 학습을 하도록 요구하는 것은 바람직하지 못하다. 반면에 학습에 대한 감독과 계획 하에 방향이 제공된다면 독립적인 학습은 일반학급에서 심화 학습을 위해 사용할 수 있는 중요한 전략 이 될 수 있다.

Kaplan, Madsen, Tylor(1973)는 성공적인 독립 학습의 요건으로 다음과 같은 목록을 제시했다.

1. 무엇을 학습할 것인지 학생 스스로 선택하기
2. 무엇을 학습하고 어떻게 나타낼 것인지 교사와 학생이 협력하여 계획하기
3. 정보를 모으고 진행시키기 위한 대안적인 아이디어
4. 빠르게 사용할 수 있는 다양한 자료들
5. 학생과 교사와의 공식적 · 비공식적 대화를 통한 교사의 개입
6. 학습하게 될 내용을 통합하는 기능들
7. 학습하고 회의하기 위한 특별 시간
8. 학습하고 저장할 공간
9. 공유하기, 피드백, 평가 기회
10. 자신의 전문 지식에 대한 학생 인식과 프로젝트 끝내기

독립적인 학습 양식	
관심 있는 주제	❶ ❷ ❸
연구 문제	위 주제 중에서 내가 더 깊게 연구해보고 싶은 것에 O를 하시오. ❶ ❷ ❸
사용할 자료	
보고 방법	
후속 연구	
연구 기간	
학생 서명	

[그림 6-1] 독립적인 학습 양식 사례

교사와 학생은 이러한 요소를 토대로 독립적인 학습 준비를 해야 한다. 계약서나 계획안을 사용하면 좋다([그림 6-1]). 학생과 교사는 계획안에 반드시 학습을 완수하기 위한 단계를 명시해야 하다. 그래야만 학생이 따라야 할 형식을 개발하고, 학습이 마무리되었을 때 지적하게 될 큰 틀을 세울 수 있다.

컴퓨터를 학습하고 있는 1학년 학생의 부모가 '자신의 자녀는 프로젝트를 마음에 들어하지 않았고 그것을 완성하려고 노력하는 과정이 행복하지 않았다' 고 교사에게 불만을 말함으로써 잘못 운영된 독립 학습 프로젝트의 문제점이 드러났다. 깊이 조사해본 결과, 그 학생은 계획도 없이 프로젝트를 6개월이나 앞당겨 –단지 아버지의 직업에 대해 좀더 알고 싶은 흥미로– 시작했다는 것을 알게 되었다. 다음과 같은 지침을 고려한다면 독립적인 학습의 문제점을 감소할 수 있다.

1. 쉽게 학습할 수 있는 분야로 주제를 한정한다. 특히 어린 학생들이 쉽게 접근할 수 있되 너무 푹 빠지게 하지 않는 주제를 선택한다. 컴퓨터란 주제는 어떤 나이의 학생이든 너무 광범위하다. 이런 정보는 끝이 없고 학생들이 어떤 것을 학습해야 할지 결정하기 어렵다. 컴퓨터 용어, 소프트웨어 고르기, 컴퓨터로 된 시뮬레이션 등 구체적이고 세분화된 주제는 학생들이 쉽게 접근할 수 있는 주제들이다.
2. 학습하게 될 주제와 사용할 자료, 질문받게 될 문항, 자료를 보고하는 방법, 평가방법 등을 포함하는 계획안을 학생들과 함께 완성한다. 새로 고칠 필요는 없는지 알아보는 것은 다음 모임 기간 동안 논의할 수 있다.
3. 학습에 시간 제한을 두어 무한정 가게 하지 않는다. 6주는 1학년 학생 혼자 주제에 관해 학습하기에 너무 길다. 어린 학생이나 이러한 학습 프로그램을 경험하지 못한 학생들은 비교적 짧은 기간을 정하는 것이 좋다. 학생 성취도가 높아지면 그에 따라 좀더 어렵고 긴 기간 동안 학습할 수 있게 지도한다.
4. 시작하기 전 사용할 수 있는 자료를 계획한다. 백과사전을 능가하는 자료에 대해 사고할 수 있도록 학생을 돕는다. 학생들은 자기가 찾는 주제의 정보를 인터뷰나 오디오 · 비디오 자료를 통해 얻을 수 있다는 사실을 종종 잊어버린다. 정보를 찾는 데 필요한 전략을 개발하는 것도 이 프로그램에서 얻을 수 있는 성과 중의 하나다.

5. 학습하는 태도에 대해 학생 스스로 사고하게 한다. 일반적인 보고서나 사진, 지도 등을 능가하는 주관적 생산물을 칭찬한다. 영화, 드라마, 스토리 시뮬레이션 등의 방법을 통해 표현할 수 있도록 학생들과 함께 탐구한다. 다른 학생들은 짐승에 대해 질문하고 있는 동안 3학년 한 아이는 먹이를 사냥하는 Bigfoot(미국에 살고 있다고 하는 덩치 큰 원인(猿人))에 대해 학습하고 있었다. 조사 끝에 그는 커다란 유인원의 사진을 걸어놓은 창문 셰이드를 잡아당겼다. 제2차 세계대전 비행기에 관심 있는 4학년 한 학생은 '태평양 극장' 이라고 부르는 영사 슬라이드를 만들었고, 부동산 건물을 학습하는 한 학생은 자신이 설계해 만든 집을 팔았다.

독립적인 학습의 가능성은 무궁무진하다. 학생은 주제를 깊이 연구할 수 있고 흥미에 이끌리는대로 무엇이든 학습할 수 있다.

기능 집단 편성

기능 집단 편성은 일반학급 내 학생들이 심화 학습을 할 때 적용할 수 있는 전략 중 하나이다. 구체적인 기능 집단 편성은 제3장에서 소개하고 있다. 일반학급에 배치된 학생들의 기초 기능 수준은 일정하지 않다. 따라서 심화 학습은 학생들이 가지고 있는 기능 수준에 따라 다르게 편성될 필요가 있다. 이러한 전제에서 기능 집단 편성은 교사가 각기 다른 수준의 학생들에게 자신의 능력에 맞는 학습 기회를 제공할 수 있다는 장점이 있다. 예를 들어 초등학교 6학년 학생들이 문장 구조에 대해 학습하고 있는 동안 다른 집단은 은유에 대해 학습할 수 있다.

기능 집단 편성은 심화 학습을 다양하게 만드는 장점을 가지고 있다. 일반학급의 영재들은 학습 유형과 수준 차이로 인해 종종 다른 학생들과 분리되어 왔지만, 기능 집단 편성을 통해서 비슷한 능력을 가진 학생들과 함께 학습할 수 있는 기회를 갖는다.

한 교사가 한 번에 운영할 수 있는 기능 집단 편성수는 학생 요구와 지도자 능력에 따라 다르다. 어떤 교사는 동시에 5개 집단까지 운영할 수 있고, 다른 교사들은 3개 집단만 다룰 수도 있다. 그렇지만 학생들은 이런 차별화된 교육 기회를 통해 자기 수준에 맞는 주제 탐구를 할 수 있다.

학습 센터

심화 학습을 다양하게 하는 또 다른 전략은 학습 센터를 통한 방법이다. 센터는 오랫동안 사용해온 교육 방법이지만, 대부분의 센터는 기능 개발이나 학습 강화를 목적으로 한다. 기능 개발 센터는 목표와 목적을 갖고 있는데 이것에 따라 센터의 활동과 결과물이 계획된다. 흥미 센터는 지시적이지 않고, 학생들의 흥미를 자극하고, 새로운 정보를 제공하거나 호기심과 동기를 유발할 목적을 지닌다. 두 센터 모두 학생들의 광범위한 능력을 수용할 수 있도록 개발해야 한다.

Charles(1976)는 학습 센터에 필요한 구성 요소로 목적, 목표, 임무 카드, 모형, 미디어, 계획 장치, 기록 보관 장치, 평가 양식 등을 들고 있다. 교사는 센터의 구성 요소를 이용해 학생들의 다양한 흥미와 탐구 욕구를 충족시킬 수 있다. 기능 카드나 활동은 필수와 선택 두 가지로 나뉜다([그림 6-2]). 필수 활동을 완수하면 다른 기능 활동으로 발전되어야 한다. 선택 활동은 학습 강화를 목적으로 하고, 학생들이 주제에 좀더 깊이 탐구할 수 있는 기회를 제공한다. 학생 탐구를 강화시키는 한 방법은 그들의 기능 카드와 활동 카드에 교사가 만든 카드를 포함시켜 발전 기회를 주는 것이다.

[그림 6-2] 학습 센터 활동물

학습 센터는 영재를 일반 학생들과 분리하지 말아야 한다는 교육 철학과 양립할 수 있는 방법이다. 그러나 어떤 학생은 완전히 다른 활동 방향을 선택해 더욱 깊이 있는 결과물을 개발할 수도 있다. 그러나 영재를 위해 분리된 공간을 만드는 것은 궁극적으로 잘못된 것이다. 그렇게 하면 다른 학생들은 영재들처럼 잘할 수 없다는 자괴감에 빠지게 되며, 영재들은 교실에서 분리되었다는 괴리감을 느끼게 된다.

기본적으로, 학습 센터는 교사가 학생들에게 많은 사회적 · 학술적 기능을 터득할 기회를 제공하는 한편 학생의 학습 깊이를 다양화하는 수단이다. 자기 관리, 독립 학습, 창조성, 비판적 사고, 자기 평가, 새로운 흥미 등은 이 프로그램 구성에서 얻을 수 있는 긍정적 효과이며 프로그램 모자이크의 가장 매력적인 부분이기도 하다.

교실 밖에서 적용 가능한 전략

지역 인턴십

지역 인턴십 프로그램은 학생이 흥미를 가지는 실생활 영역을 직접 경험할 수 있도록 하는 방법이다. 경험의 강도와 기간은 참여 학생의 연령과 성숙도에 따라 달라진다. 이러한 프로그램에서 학생들은 지역 자원봉사자와 어울리고 자원봉사자들이 활동하고 일하는 곳에서 보조자나 관찰자 역할을 맡는다.

학생이 통합적으로 참여할 수 있는 범위는 정해진 인턴십 유형에 따라 다르다. 외과 의사와 함께 의학 센터에서 일하는 학생의 경우 수술을 집도하지는 않지만 관찰 지역에서 수술을 지켜보거나 협의회에 참가할 수 있다. 노인들과 함께 요양원에서 일하게 된 학생은 노인 간호와 관련된 기능을 개발하는 동시에 노인들과 대화하는 임무를 통해 자연스럽게 환자의 심리적 복지에 대해서도 관심을 갖게 된다.

인턴십 프로그램을 만들고 유지하는 일은 어렵다. 모든 지역 단체가 학생들을 받아주고 배치시키지는 않기 때문이다. 학생이 현장 체험을 할 장소가 있는지, 그들과 함께 일할 인력이 있는지 알아보는 일이 필요하다. 학생을 받아줄 곳을 미리 방문하여 인터뷰 하는 것도 좋다. 인턴십 경험의 목표와 프로그램 기간, 배치될 학생에 관한 이야기를 나누는 동안 프로그램 계획자는 그곳 기관과 거기서 일하는 직원들과 친분을 쌓을 수 있기 때문이다. 다음에 이루어지는 방문이나 전화 상담은 경험을 모니터 하는 목적으로 이루어져야 한다. 학생 스스로 프로그램을 자평하는 수단으로써 자기의 경험과 행동에 대해 일지를 쓸 수도 있다. 인턴십이 끝난 후, 학생과 프로그램 지휘자는 감사 편지를 보내야 한다.

이러한 과정은 상당한 시간을 필요로 한다. 파견 가능한 자리를 목록으로 만드는 것은 귀찮은 일이지만 장기적으로 볼 때 오히려 능률적이다. 그러나 프로그램이 대규모로 시행될 필요는 없다. 모든 학생을 동시에 지역 인턴십에 참여시키는 것은 적절치 않다. 어떤 활동을 간절히 배우거나 경험하고 싶어 하는 학생만 포함시킨다. 각 장의 학생들을 다른 시간에 배치할 수 있다. 대부분의 프로그램은 신청한 학생 본인의 활동 계획표를 제시하도록 요구하므로 프로그램 운영자는 적합한 배치 장소를 발견할 경우 학생이 거기에 대비하도록 준비시킨다.

지역 인턴십 참여를 통해 학생들은 주제에 대해 깊이 배울 수 있는 기회를 얻는다. 그들은 잠깐 동안이라도 식물학자, 천문학자, 화학 기술자, 기계 전문가, 화훼 전문가 또는 교사가 되어 그 직업에 대해 실제 경험을 할 수 있다. 인턴십을 성공적으로 완수하기 위해서는 인내심, 호기심, 지적 탐구심 등이 필요하다.

시뮬레이션

시뮬레이션은 실생활의 문제나 복잡한 문제를 해결하기 위하여 문제와 유사한 상황을 재현해서 모의적으로 문제의 특성을 파악하도록 계획된 교육 경험을 의미한다. 시뮬레이션은 특별 프로그램의 일부분으로 학급 안이나 밖에서 적용이 가능하다. 학생들은 시뮬레이션 참여를 통해 실제가 아닌 상황 속에 적극적인 실행자가 될 수 있는 기회를 경험한다.

심화 학습을 다양하게 만드는 데 효과적인 것으로 밝혀진 시뮬레이션은 대체로 많은 수의 인원이 참가할 수 있다. 참가자의 재능과 흥미에 따라 역할을 다양하게 할 수 있기 때문이다. 학생들은 시뮬레이션을 통해 문제 상황을 간접적으로 경험할 수 있다.

일반적으로 많이 알려진 유명한 시뮬레이션 중 하나는 학급을 하나의 공동체로 바꾸고 그 속에서 학생들에게 다양한 역할과 책임을 맡기는 것이 있다. 그 첫 번째 목표는 공동체를 운영하고 이끄는 역할과 방법을 통해 공동체의 구조를 이해하는 것이다. 예를 들어 학생들은 미래 자신의 직업을 설정하고 가상 은행을 만드는 시뮬레이션을 통해 자신의 진로 계획을 수립하는 방식을 학습하게 될 것이고 그것은 어떠한 사회 학습 이상의 효과를 볼 수 있다.

시뮬레이션은 상업적으로 나온 책이나 활동 패키지, 컴퓨터 소프트웨어 등을 사용할 수도 있다. 시뮬레이션을 교육 활동에 적용하는 데는 많은 시간이 소모되지만, 학생들에게 다른 방법으로는 참여할 수 없는 독특한 경험을 줄 수 있다. 모르는 사람을 대하고 얼마만큼의 위험을 감수해야 하는 일이기 때문에 학생들 중 이 유형의 활동을 불편해 하는 경우도 있다. 이러한 감정을 다스리고 성공적으로 참여하는 방법을 모색하는 것 또한 이 프로그램을 통해 얻을 수 있는 또 다른 긍정적인 효과이다.

상업적인 프로그램

심화 학습을 위해 상업적으로 개발된 프로그램을 사용할 수도 있다. 여기서는 두 가지 상업적인 프로그램을 소개하고자 한다. 하나는 'The Junior Great Book' 과 'Philosophy for Children Program' 은 시중에서 구입할 수 있으며, 사용할 수 있는 훈련 패키지가 들어 있다. 이 프로그램들은 자신의 사고와 아이디어에 대해 질문과 탐구를 하는 과정 속에서 학생들의 사고를 확장시키는 특징이 있다.

'The Junior Great Book' 은 일리노이즈 시카고에 있는 'Great Books Foundation' 을 통해 사용이 가능하다. 이것은 훌륭한 문학을 선별하여 한 가지 이상의 답변이 가능한 질문과 연결시킨 질문법을 사용한다. 초등학생부터 고등학생까지 사용할 수 있으며 처음부터 끝까지 질문법으로 구성되었다. 언어 예술에 뛰어난 5~8명 학생을 집단으로 묶고, 대략 12개 정도 선별된 교재부터 읽는다. 여기에 포함된 학생들은 질문 과정에 대해 훈련을 받은 후, 집단 리더(교사, 보조 교사, 부모, 운영자, 도우미 등)를 중심으로 토론을 더욱 활성화시킬 수 있다. 리더가 사용할 수 있는 질문 자료는 리더용 지도서를 활용할 수 있다. 대부분의 집단은 학기 중이나 학기 후 일주일에 한 번 모이고, 매 학기마다 한 가지 이야기를 마친다. 이 프로그램을 훌륭하게 만드는 두 가지 요소는 우수한 문학 작품 선별과 질문을 통한 접근 방식이다([표 6-2]). 토론은 지도자가 한 가지 이상의 답이 나올 수 있는 질문을 학생에게 던지는 방식으로 이루어진다. 학생은 반드시 질문에 대한 입장을 말해야 하며 이야기 속에 나오는 문장을 인용해 자신의 말을 뒷받침해야 한다. 그 결과, 학생들은 글의 의미를 사고하며 책을 읽게 되고 이야기의 표면적인 주제 이상에 대해 생각하게 된다.

[표 6-2] 로버트 브라우닝의 '피리 부는 사나이' 의 'Great Book Version' 질문들

❶ 왜 작가는 어린이와 쥐들에게 사용된 피리 부는 사나이의 마술을 우리에게 보여주었나?
❷ 작가는 어린이들이 사라진 것에 대해 가장 책임 있는 사람은 누구라고 생각했나?
❸ Hamelin 사람들은 왜 피리 부는 사나이가 기록했던 많은 것들을 지워버리고자 했나?

자료 : Reprinted with permission by Great Books Foundation

또 다른 질문 방식의 프로그램인 '학생들을 위한 철학(Lipman, Sharp, Oscanyan, 1984)' 은 '어린이 철학연구소(Institute for the Advancement of Philosophy for Children)' 에서 나온 것이다. 이 프로그램의 목적은 사고를 자극하는 이야기를 읽고, 제시된 철학적 문제에 대해 사고하고, 내용과 관련된 연습 문제를 완성시키는 과정을 통해 참석자들의 사고 능력을 발전시키는 것이다. 집단 리더는 자리를 지키지만 'The Junior Great Book' 프로그램의 리더와는 다른 역할을 한다. 이 프로그램의 리더는 도움을 주는 사람이지 토론을 이끌어가는 사람은 아니다. 학생 스스로 토론과 활동을 통해 배울 수 있도록 그들의 손을 잡아주는 역할로 족하다. 그러나 수업을 조직하고, 대화가 이어지게 하고, 이야기의 주요 아이디어와 주제를 안내하고, 사고하는 기능을 훈련시키기 위해 개입할 수도 있다.

이야기를 이끌어가는 주제 중에는 '문화란 무엇인가, 행동의 가치, 역할과 자유, 의심, 사고들은 진짜인가, 무엇이 당신을 만드나' 등이 있다. 이러한 주제로 이루어지는 토론과 활동은 새로운 아이디어를 개발하고 비판적 사고 능력을 날카롭게 하는 데 사용된다.

모자이크 맞추기

심화 학습 프로그램의 구성은 학생의 학습 능력, 기능 수준, 흥미 등에 따라 다르다. 따라서 일반학급에서 영재교육을 위한 심화 학습 프로그램을 선택할 때는 학생의 배경을 고려해야만 한다. 사용 가능한 자료와 시간, 필요한 직원, 학생들의 요구 등도 중요한 고려 사항이다. 교사는 이상의 요인들을 참고로 탄력적인 심화 학습 프로그램을

선택하고 운영할 수 있다. 중요한 것은 학생이 자기 능력에 따라 배치된 프로그램의 유형 안에서 탄력성을 유지하는 것이다([표 6-3]).

일반학급에서 영재에게 실시하는 프로그램들은 심화 학습과 속도 조절이 균형잡혀야 더욱 효과를 낼 수 있다. 따라서 교사는 다양한 것을 깊이 있게 배우기를 바라는 영재들의 지적 · 정서적 특징을 이해하면서 성공적인 영재교육의 그림을 위한 일부분으로 심화 학습 프로그램을 개발하고 운영해야 한다.

[표 6-3] 깊이를 다양화하기 위한 프로그램 조합

학년 수준	프로그램
1학년	· 테크닉 물어보기 · 독립적인 공부 · 기술 그룹
4학년	· 주니어 그레이트 북 · 독립적인 공부 · 어린이를 위한 철학
6학년	· 독립적인 공부 · 기술 그룹 · 시뮬레이션 · 주니어 그레이트 북 · 인턴십

심화 학습과 교사의 역할

영재교육에서 심화 학습 프로그램을 개발하고 운영하는 것은 교사의 중요한 역할 중 하나다. 일반적으로 심화 학습 프로그램에서 교사가 해야 할 역할은 다음과 같다.

첫째, 교사는 학생을 프로그램에 적절히 배치시켜야 한다. 그러기 위해 교사는 심화 학습 프로그램에 관한 전문성이 있어야 한다.

둘째, 성공적인 심화 학습을 위한 사전 교육이 필요하다. 심화 학습을 실시하기 위해서는 독립적인 학습법이나 질문법과 같은 관련 기능이 필요하다. 또 신문 칼럼에 쓸 인터뷰를 하기 위해서는 인터뷰 방법과 질문법에 대해 충분히 알고 있어야 한다. 따라서 교사는 학생들에게 심화 학습 프로그램을 실시하기 전에 심화 학습을 위한 기초 기능을 교육시켜야 한다. 사전에 충분한 교육을 받은 학생은 자신감을 가지고 심화 학습을 할 수 있을 뿐만 아니라 높은 성취 수준을 나타낼 것이다.

셋째, 학생들이 자료를 찾고 분석하는 것을 도와주어야 한다. 심화 학습은 교실에서 제공하는 일반적인 자료로는 만족할 수 없다. 보다 전문적이고 독창적인 자료를 필요로 하는 경우가 발생할 수도 있다. 교사는 이러한 학생들에게 관련 자료를 어디에서 어떤 방식으로 찾을 수 있으며 어떻게 분석할 수 있는지 안내해주어야 한다.

넷째, 학생의 발전 정도를 관찰하고 공지할 의무가 있다. 심화 학습은 범위가 다양하기 때문에 교사가 프로그램에 참여한 모든 학생들의 일거수 일투족을 관찰하기는 힘들지만, 공식적 혹은 비공식적인 방식으로 학생의 활동과 발달 정도를 살펴보고 그 결과를 기록하거나 학부모에게 공지하는 것은 매우 중요하다.

심화 학습과 학생의 책임

심화 학습에서 학생의 책임은 교사 못지않게 중요하다. 프로그램이 요구하는 사항을 준비하기, 적극적으로 새롭고 특별한 자료 찾기, 학습에 대한 방향 감각 개발하기, 학습이 어렵고 복잡해지기 시작할 때 인내하기 등이 여기에 포함된다.

이 분야에 속한 학생이 져야 할 가장 중요한 책임은 프로그램 활동과 요구 사항을 미리 준비하는 것이다. 학습의 난이도가 높아질수록 그것을 해결하는 데 요구되는 기초 기능도 발달하여야 한다. 진보된 학습 과제에서 요구하는 기능을 습득하고 지속적으로 발전시켜나가는 것은 학생들의 몫이다.

새롭고 보편적이지 않은 자료를 적극적으로 찾는 것 또한 학생의 책임이다. 깊이 있는 학습을 하기 위해서 학년 수준에 있는 일반 자료 이상의 것을 필요로 한다. 관련 있는 이벤트를 직접 보거나 중요한 자료를 비치할 필요도 있다. 교사도 이 사항을 도와주어야 하지만 학생 또한 중심적 역할을 해야 한다. 그것은 학습의 통합적인 부분이다.

목적 의식을 가지고 내적인 성숙을 도모하는 것도 학생의 책임이다. 학생은 자기 모니터링과 자기 탐구를 통해 성인이 된 후나 직업을 갖게 될 때까지 그러한 흥미와 기능을 평생 갖게 될 것이다.

마지막으로, 심화 학습은 학생의 인내심과 노력이 필요하다. 어려운 학습 과정에 집착하고, 애매모호한 문제로부터 해결 단서를 찾는 것은 많은 인내와 끈기를 필요로 한다. 인내, 노력, 과제 집착력, 열정 등과 같은 인성적인 요인들을 발달시키기 위해서는 학생들의 긍정적이고 적극적인 태도가 필요하기 때문이다.

요 약Summary

영재는 다른 동급생에게 기대할 수 있는 것 이상의 깊이로 배울 수 있는 능력을 가지고 있다. 그들이 일반학급에 배치될 경우, 이러한 능력을 배양시킬 프로그램을 개발하는 것은 교사와 경영진 손에 달려 있다. 많은 프로그램은 다른 프로그램 구성 요소나 일반적인 기능 범위와 순서의 결합을 통해 성공적으로 사용하고 작용할 수 있다.

독립적인 학습, 집단 학습, 도전적인 질문하기 등과 같이 비용이 저렴한 프로그램들은 학급 교사에 의해 시도될 수 있으며 실행하기 위해 많은 도움이나 예산을 필요로 하지 않는다.

학생에게 도움이 되는 이러한 유형의 프로그램이 갖는 이점은 매우 많다. 이러한 프로그램을 통해 학생들은 자신의 흥미를 추구하고, 자신의 능력 수준에서 배우고, 평생 학습 기능을 개발하고, 일반적인 학습 범위 이상의 아이디어를 추구할 기회를 얻는다.

이렇게 실천하세요Action Steps

1. 지역이나 학교, 학급에서 이용할 수 있는 최신 프로그램을 살펴보고, 학생들의 학습 깊이를 바꾸는 데 도움이 될 만한 프로그램 목록을 만든다.
2. 이러한 프로그램과 학생 이름을 매치시킨다. 이러한 프로그램으로 이익을 볼 학생은 누구일까? 이러한 학생들은 최근 프로그램에 등록했는가? 그들을 어떻게 프로그램에 가입시킬 것인가?

3. 어떤 추가 선택 사항을 넣어 의미 있는 방법으로 프로그램을 늘릴 것인가? 이러한 것들을 목록으로 만든다.
4. 다음 학기가 끝나기 전에 새로운 전략 계획을 세운다.
5. 다른 사람과 만나 앞으로의 선택 사항을 개발하도록 격려한다. 그렇게 함으로써 학생들의 학습이 다양한 깊이로 이루어질 수 있게 한다.

이런 참고자료 활용하세요 References Yon Can Use

Christenbury, L., & Kelly, P. (1983). *Questioning : A path to critical thinking*. Urbana, IL: National Council of Teachers of English.

Costa, A. (Ed.). (1985). *Developing minds : A resource book for teaching thinking*. Alexandria, VA: Association for Supervison and Curriculum Development.

Cruickshank, D. (1977). *A first book of games and simulations*. Belmont, CA: Wadsworth Publishing Company.

Kaplan, S., Kaplan, J., & Madsen, S., & Taylor, B. (1973). *Change for children*. Pacific Palisades, CA: Goodyear Publications.

Sund, R., & Carin, A. (1978). *Creative questioning and sensitive listening techniques : A self concept approach (2nd ed.)*. Columbus, OH: Merrill Publishing Company.

흥미 프로그램

7

영재는 정서적으로 또래와 다른 흥미를 나타낸다. 더 깊이 있게 알고 싶어 하고 애매모호한 것을 즐기며 단순한 것보다는 복잡한 것을 선호한다. 관심 영역도 광범위하고 자신들과 유사한 연령 집단과 어울리기보다는 상급생과 대화하기를 즐기기도 한다. 궁금한 것도 많다. 그래서 일반학급에 있는 영재들은 두드러진다. 하지만 교사가 이러한 영재들의 특성을 이해하고 그에 적절한 프로그램을 개발하여 제공할 경우 동급생들과는 구별되는 빠른 학습 속도를 보이지만 그렇지 못할 경우에는 학급의 문제아로 전락할 수도 있다.

초등학교 2학년 과학 시간에 한 학생이 인체해부학에 대해 높은 관심과 해박한 지식을 나타냈다. 그 학생은 상급 수준에서 배우는 인체의 기능과 역할 구조 등에 대해 스스로 탐구하고 조사해서 발표했다. 이러한 경우 교사가 그 학생의 태도를 어떻게 받아들이고 반응해주는가에 따라 전혀 다른 결과를 가져올 것이다. 교사가 학생의 관심을 독려하고 흥미를 자극해준다면 학생은 학교생활이 즐겁고 유익할 것이다.

일반학급에서 영재를 교육하는 교사는 일반적인 교육과정을 유지하면서 특별한 흥미를 가지고 있는 학생들의 관심을 촉진하는 전략이 필요하다.

교실은 항상 탄력적이고 수용적이어야 한다. 그러나 그것은 쉬운 일이 아니다. 학급의 질서를 유지하면서 학생들의 개별적인 흥미와 관심을 수용하는 것은 매우 어려운 일이기 때문이다. 여기에서는 일반학급에서 영재교육을 할 때 학생 개개인의 흥미를 수용하는 방법에 대해 소개하고자 한다.

개인의 흥미를 수용하기 위한 전략

일반학급에서 개개인의 흥미와 관심을 수용하는 것은 높은 호기심과 인내력, 높은 통찰력과 비판력, 높은 자아 개념, 창의적인 문제 접근 등의 특성을 가지고 있는 영재들에게 자신의 능력과 욕구에 맞는 활동에 참여할 수 있는 기회를 제공한다는 데 의미가 있다. 여기서는 개개인의 흥미와 관심을 수용하기 위해 교실 안과 밖에서 사용할 수 있는 방법들을 소개하고자 한다.

교실 안 프로그램

외부 강사 초빙

일반학급의 교사들이 학생의 흥미와 관심을 수용하려고 노력하지만 다양하고 깊이 있는 영재들의 관심사를 만족시켜 줄 정도로 해박하기란 쉬운 일이 아니다. 이러한 경우에 교사가 학생들의 흥미를 수용하기 위해 사용할 수 있는 방법 중의 하나가 그 분야의 전문성을 가지고 있는 외부 강사를 초빙하는 것이다. 외부 강사 초빙은 학생이 관심을 가지고 있는 분야의 전문가를 만날 기회를 제공한다. 예를 들어, 과학에 관심이 많은 학생을 위해 과학자를 초빙하거나 연극에 흥미를 보이는 학생을 위해 연극 배우를 강사로 초빙해서 그들의 이야기를 듣거나 토론을 하는 것이다.

외부 강사 초빙 방법은 학생이 전문가와 직접적으로 상호작용을 할 수 있다는 장점을 가지고 있다. 또 그 분야에 흥미가 적었던 학생들도 새로운 분야에 관심을 가질 수 있는 기회를 제공한다. 그 외에도 미처 사고하지 못했던 문제에 대해 깊이 있게 사고해볼 수 있는 시간을 제공한다. 그 결과 새로운 흥미 분야를 찾을 수도 있다.

외부 강사를 초빙하기 위해서는 사전에 철저한 준비가 필요하다. 학생들의 흥미에 대해 설문 조사를 하거나 인터뷰를 해서([그림 7-1]) 학생들의 흥미 목록을 작성하는 것도 중요하다. 또한 외부 강사 초빙 계획에 대해 동료 교사들과 협의도 해야 한다. 초청할 수 있는 강사의 목록을 작성해 섭외하고 강의 의뢰를 해야 한다. 초청 강사 선정은 학생들의 흥미와 교육 효과를 고려하여야 한다. 강사 선정이 완료되었으면 강사와 강연의 목적, 방향, 운영 방식 등에 대해 협의를 한다. 학생들에게는 강의에 참석하기 전에 최소한의 사전 지식과 질문 내용을 미리 준비하도록 한다.

외부 강사 초빙에는 영재만 참석하는 것이 아니다. 사전에 공지된 주제에 대해 관심 있는 학생이라면 누구나 참석할 기회가 주어져야 한다. 다른 학년 학생을 초대하거나 강사를 인터뷰 해서 학급 혹은 학교 신문을 작성할 수 있도록 후속 활동도 안내해야 할 것이다.

집단 편성

일반학급에서 개별적인 흥미를 수용하는 또 다른 방법은 제3장에서 소개한 흥미 집단을 편성하는 것이다. 학생들의 흥미가 다양할수록 학생들은 서로 더 많은 것을 공유할 수 있다. 예를 들어 지적으로 뛰어난 영재가 댄스 집단에 편성되면 영재는 일반 학생들과 교류할 수 있는 기회를 제공받으며 일반 학생들은 영재와 공동체 의식을 갖게 될 것이다. 또한 연극 집단의 학생들은 문학 집단 학생들과 자신들의 흥미 영역에 대해 토론함으로써 지식의 영역을 확장할 뿐만 아니라 학급의 분위기 쇄신에도 기여할 것이다.

흥미 집단의 운영은 일정 시간을 정해놓고 운영될 수도 있고 즉흥적으로 이루어질 수도 있다. 흥미 집단에는 담당 교사를 배치할 수도 있다. 지도 교사는 학생들의 흥미를 인식하고 방향을 찾아가도록 도와주는 리더의 역할을 수행함과 동시에 흥미 집단의 구성원으로 활동할 수 있다. 예를 들어, 락 음악에 관심이 많은 교사는 락 음악에 관심이 많은 학생들을 중심으로 흥미 집단을 편성해서 일정 시간 그와 관련된 활동들을 할 수 있도록 지원하기도 하고 자신이 밴드의 일원으로 악기를 연주하기도 한다.

교과 활동 외에 더 알고 싶은 활동 분야를 결정하기 위해 학생들에게 흥미 설문 조사를 실시한 후 각각 8명의 학생으로 구성된 4개의 집단을 4학년 교실에 만들었다. 정보가 수집되고 나면 학생들은 자신이 흥미를 갖는 두 번째나 세 번째 분야를 선택해 다시 새로운 집단을 형성한다.

학생 흥미 조사	
이 름 ____________	학 교 ____________
학 년 ____________	날 짜 ____________

❶ 학교를 마치고 난 후 가지고 싶은 직업 두 가지는 무엇인가?

❷ 학교 졸업 후, 가장 즐기고 싶은 활동 세 가지는 무엇인가?

❸ 어떤 훌륭한 사람이라도 저녁 식사에 초대할 수 있다면 누구를 초대하고 싶은가?

❹ 가장 즐겁게 읽은 책 두 가지를 쓰시오(왜 그 책을 가장 좋아하는가).

❺ 학교에서 가장 좋아하는 과목은?

좋아하는 것	싫어하는 것
1. ____________	1. ____________
2. ____________	2. ____________

[그림 7-1] 학생 흥미 요구 조사 양식 예

홍미 집단을 좀 덜 형식적으로 만들고 싶다면, 기회가 생길 때만 집단을 만드는 방식으로 운영할 수 있다. 예를 들어, 포피 인디언에 관한 특별 전시가 지역 역사 박물관에서 열린다면 그 전시회를 보고 싶어 하는 학생들끼리 집단을 만들어 박물관에 가기 전 인디언에 대해 학습하는 방법이다. 또는 우주 생활에 관한 새로운 책이 도서관에 왔을 경우, 거기에 흥미 있는 학생들이 모여 집단을 만든 후에 그 책을 읽고 토론할 수 있다. 흥미 집단의 운영은 외부 강사 초빙 방법과 접목해서 사용할 수 있다. 학생들은 동일한 흥미에 대해 전문적으로 탐구할 수 있는 기회를 얻을 수 있다.

흥미 센터 운영

흥미 센터는 학습 센터의 한 부분으로 관심과 흥미가 같은 학생들이 심화 학습 시간에 흥미 센터에 모여 주제에 대해 탐구하는 것이다. 이 센터에서는 이미 결정된 기능을 쌓는 것보다 새로운 아이디어나 새로운 사람들에게 학생을 노출시키는 것이 더 중요하다.

[그림 7-2] 흥미 중심 집단 활동의 실적물

영재는 야구나 컴퓨터, 공상 서적과 같은 한 가지 흥미 분야에 시간을 투자하는 경향이 있다. 학급에서 흥미 센터를 이용하는 것은 학생들에게 새로운 경험을 발견하게 하는 기회를 준다.

흥미 센터만을 사용하는 교사도 있지만 교사가 센터를 얼마나 잘 활용하느냐에 따라 흥미 센터와 기능 센터를 연계시켜 사용할 수도 있다. 게임과 퍼즐, 최근 이벤트나 책을 규칙적으로 돌아가며 사용하는 흥미 센터도 종종 있다([그림 7-2]). 경험을 증대시키기 위해서 다른 학생에게도 센터를 사용하도록 하는 것이 좋다.

교실 밖 프로그램

멘토제 운영

멘토는 학생이 흥미 있어 하는 주제에 대해 전문 지식을 갖고 함께 학습하는 사람을 의미한다. 교사나 부모, 지역 봉사자가 여기에 포함될 수 있으며 학생의 지식을 개발시키기 위해 자기가 경험한 산출물과 지식을 지도하는 것에 흥미를 가져야 한다. 간혹 파트너 관계를 연장하는 경우도 있지만, 일반적으로 멘토십은 주어진 목적과 기간 동안만 이루어진다.

멘토는 자의성만으론 충분한 선발 조건이 되지 못하므로 신중하게 선택해야 한다. 함께 학습할 학생의 나이와 맞아야 하며 자신의 지식을 의미 있는 방식으로 전달할 수 있어야 한다. 학생이 이러한 제도에 흥미를 보이거나, 교사가 이 프로그램이 특정 학생에게 큰 이익이 된다고 판단한 후에야 배치가 이루어진다. 이 제도의 설립과 유지, 모니터링은 상당히 복잡한 문제이므로 대체로 한두 명 정도의 학생만 한 번쯤 참여시킨다.

특히 영재는 이런 유형의 경험에 좋은 참가자가 될 수 있다. 멘토는 영재들의 풍부한 기초 지식을 더 발전시키고, 그들의 흥미 분야에 대해 더 많은 지식을 배울 수 있는 기회를 갖게 된다. 영재 바이올리니스트는 거장에게 배울 필요가 있으며, 천문학 초보자는 열심히 탐구하는 지역 천문학자와 함께 학습함으로써 많은 이익을 얻을 수 있다. 이러한 학생들은 경험을 통해 자기에게 이익이 되는 방법으로 자기 주도적 학습을 할 능력을 가지고 있다. 멘토십 프로그램을 시작하기 전, 프로그램을 성공적으로 만들어 줄 지침에 대해 먼저 고려해야 한다.

1. 학생과 멘토가 만나 프로그램 과정과 기간을 정한다.
2. 모임과 관련된 회동을 갖고 흥미 분야에서 과거 학생이 경험했던 바와 향후 더 알고 싶은 부분에 대해 논의한다.
3. 경험에 관한 계획을 개발하도록 학생과 멘토를 격려하고 최종 산출물을 정한다. 그렇게 함으로써 경험의 중심점과 활동의 끝점을 제공할 것이다.
4. 모든 진행 상황이 만족스럽게 이루어지고 있는지 알아보기 위해 학생과 멘토를 정기적으로 인터뷰 한다.
5. 적절한 관중에게 학생이 만든 산출물을 보여주고, 그것에 흥미를 보이는 다른 학생의 멘토가 될 기회를 준다.
6. 공식적으로 학생을 평가하고 향후에도 멘토를 사용할지 결정한다.
7. 시간과 재능을 할애한 멘토에게 감사한다.

세미나

세미나는 일반학급에 있는 영재의 요구에 부응하기 위해 꼭 필요한 또 다른 프로그램이다. 일반적으로 이동 수업을 기본으로 하고, 자료 교사나 프로그램에 할당된 교직원에 의해 운영된다. 학생들은 하루에 한 시간, 또는 일주일에 반나절 세미나 중 하나에 참석하게 된다. 학급 내 독립 집단 학생이나 우수한 능력을 가진 학생은 일정한 주제에 대해 함께 학습하고, 토론하고, 그러한 주제나 흥미와 관련해 학생 자신이 직접 설계한 프로젝트를 만들기 위해 함께 일한다.

세미나는 많은 목적을 위해 사용되며 많은 기능을 수행한다. 그 중 하나는 학생들에게 일정한 기본 위에서 독립적인 학습이나 조사를 할 시간을 부여하는 것이다. 다른 목적은 세미나에서 주제에 대해 깊이 있는 토론이 이루어질 수 있도록 최근의 관심거리나 쟁점 등에 대해 다루는 것이다. 세미나를 이용할 수 있는 또 다른 방법은 윤리나 논리처럼 새롭지만 많은 분야의 연구에서 세계적인 수확을 거두고 있는 주제에 대해 소개하는 것이다. 결과적으로, 이러한 유형의 프로그램은 교육과정 압축에서 학생 학습 과정을 모니터 하고 일반학급 교사를 도와주는 수단으로 사용되어 왔다.

세미나 형식은 다양하게 채택할 수 있으며, 설계된 프로그램의 성격에 따라 다양한 기대를 할 수 있다. 이 프로그램은 외형이나 시간 활용 방법과는 상관없이 영재들이 함께 만나 흥미 있는 주제에 대해 탐구할 기회를 준다.

Renzulli(Renzulli, Reis, Smith, 1981)의 회전문 모형은 동기가 매우 높은 학생들이 자기의 흥미 분야에 대해 학습하는 프로그램이다. 학생이 예리한 흥미를 나타내고, 연구해보고 싶은 욕망을 간절히 보일 때 인재 풀을 통해 대상을 선정한다. 학생이 갖고 있는 흥미 성격에 관한 정보를 담고 있는 이러한 메시지는 정보 교사에게 보내져 검토되고 학생을 대상으로 면접을 실시하게 된다. 자기 조사 과정을 마친 학생은 다른 행동 정보 메시지가 선택되기 전까지 프로그램에서 제외된다.

어떤 것은 상설 프로그램에서 학생의 프로그램 스케줄을 짜는 것을 더 선호한다. 그렇게 하면 '회전문 모형'과 같은 프로그램이 필요로 하는 탄력적 스케줄 운영을 하지 않아도 되기 때문이다. 그런 사례에서는 프로그램 활동이 중복되는 것을 볼 수 있다.

국가 프로그램

학교에서 제공할 수 있는 범위 이상으로 학생에게 흥미 추구 기회를 줄 수 있는 국가적·국제적 바탕에서 만들어진 프로그램들이 있다. 이 범주에서 사용할 수 있는 프로그램 옵션에는 제시된 미래 문제해결(Future Problem Solving : FPS), 마음의 오딧세이(Odyssey of the Mind : OM), 과학 올림피아드(Science Olympiad : SO) 등이 여기에 해당된다.

미래 문제해결(Future Problem Solving : FPS)은 1974년 Torrance에 의해 만들어졌으며, 창의적인 문제해결 과정(Parnes, 1977)을 채택함으로써 학생들에게 미래학을 소개하기 위한 수단이다. 학생들은 팀을 만들어 학습하고, 미래 생활과 관련된 문제를 풀기 위해 지도자의 안내를 받는다. 미래 문제해결 대회의 목적은 다음과 같다.

1. 학생에게 미래 연구를 알게 한다.
2. 6단계의 문제해결 방법을 사용해 깊이 있는 수준의 사고 기능을 개발한다.
3. 교사에게 문제해결 방법을 알게 한다.
4. 미래에 알려지지 않은 것을 다룰 수 있도록 학생의 능력 개발을 돕는다.
5. 학생이 팀워크에 필요한 기능을 개발하도록 돕는다.
6. 쓰고, 말하기 연습을 통해 학생이 조직하고 결합하는 기능을 개발하도록 돕는다.

학생들은 예시 문제를 풀기 위해 만나고 문제해결 기능을 배운다. 이 학습은 지역 수준의 '미래 문제해결 선발대회' 에서 최고조에 달하며, 종종 (점수가 높은 팀은) 주나 국가 선발 대회에 참가하게 된다. 선발 대회 동안 학생들은 문제를 해결해야 하고 여섯 가지 문제해결 단계에 따라 등급이 매겨진다. 그러나 FPS는 경쟁 이상의 의미를 지닌다. 학생들은 학습을 통해 평생 문제해결 능력을 가지게 되기 때문이다.

'마음의 오딧세이' 는 Gourley와 Micklus에 위해 개발되었으며, 지역 대회와 국가 대회로 이어지는 국가적 프로그램이다. FPS와 마찬가지로, 학생들은 창의적인 문제해결 기능을 배우기 위해 지도자와 함께 학습한다. 시합에서 학생들은 '장기적인 문제' 와 '즉홍적인 문제' 를 제시받는다. 장기적인 문제는 고급반 학생들에게 주어지는데, 그들이 조사하고 준비한 후 산출물을 가져오게 한다. 그러한 문제 중 하나는, 발사(열대 아메리카 산) 목재와 접착제를 이용해 무거운 물체를 지탱할 수 있게 구조물을 만들도록 하는 것도 포함되었다. 즉홍적인 문제는 학생들이 얼마나 빨리 즉석에서 문제를 혁신적인 방법으로 해결할 수 있는지 알아본다. 이러한 경쟁은 초등학교부터 고등학교 학생으로 나누어 열린다. 팀워크와 창의적인 사고를 요하는 이러한 문제를 준비하기 위해서는 대개 수개월이 소요된다.

과학올림픽(SO)은 과학 분야에서 개인전과 팀전으로 구성된다. 학교 대항 학술 경기이다. 학생들은 모여서 과학과 관련된 여러 가지 대회를 한다. 특이한 답이 나오는 생물 퀴즈 대결이나 달걀 떨어뜨리기(이 게임에서 학생들은 달걀이 깨지지 않는 장치를 고안해야 한다), 과학 시합, 종이비행기, 컴퓨터 프로그래밍 등이 포함된다. 경연 당일 학생들은 과학 강연이나 시범 행사에 초대받는다.

설명된 각각의 프로그램은 시합을 포함한다. 그러나 프로그램의 가치는 그 프로그램 자체에서만 발견되지는 않는다. 오히려 경쟁자와의 능력을 검사하기 위해 준비하는 과정을 통해 중요한 연구와 협동심, 문제해결 기능 등을 배운다. 참가 산출물은 새로운 지식과 기능, 자료, 우정이 될 수 있다.

모자이크 조각 모으기

영재들은 학급 동료들과는 다른 것에 홍미를 갖는 경향이 있다. 따라서 영재교육 프로그램은 학생들의 흥미를 고려해야 한다. 학급 내 학생들의 흥미를 수용하는 것은 앞장에서 소개한 학생의 학습 속도를 조절하는 것, 심화 학습을 제공하는 것 등과 함께 성공적인 영재교육을 위해 꼭 필요한 부분이다([표 7-1]).

[표 7-1] 개별적인 흥미를 수렴하기 위한 프로그램 구성

학년 수준	프로그램
2학년	· 독립적인 공부 · 흥미 센터
5학년	· 초빙 강연 시리즈 · 독립적인 학습 · 멘토십 · 미래 프로그램 해결
7학년	· 고급 세미나 · 독립적인 학습 · 지역 인턴십 · 과학 올림피아드

영재교육에 다면적으로 접근하는 것은 영재들에게 다양한 프로그램에 참여할 수 있는 기회를 제공함으로써 그들의 발달을 촉진한다. 학생들의 개인적인 흥미를 수용하는 것도 이러한 영재교육 프로그램의 배경에 기초한다.

예를 들어보자. 샤리는 책 읽기를 좋아하는 5학년 학생으로 피아노에도 흥미를 느끼며 피아노 실력도 좋다. 학교 밖 시간의 대부분을 책 읽기로 보내고, 주말에는 피아노 연습을 한다. 학급에서는 독해, 어순, 단어 사용 검사에서 9등급의 점수를 맞으며 높은 언어 능력을 보여주었다. 수학 점수는 7등급이지만, 보통 이상의 수준이다. 그녀의 꿈은 줄리어드에 입학한 후 카네기 홀에서 심포니 오케스트라와 협연하는 것이다.

샤리가 학교생활을 하는 동안 어떤 유형의 프로그램에 속하게 하는 것이 좋을까? 분명 그녀의 읽기 능력은 학급 동료보다 훨씬 앞서고 다른 차별화된 프로그램을 제공할

필요가 있어 보인다. 음악적 능력은 학교 밖에서 길러지고 있지만 학교 음악 프로그램을 통해 훨씬 더 좋아질 수 있다. 샤리를 위한 적절한 프로그램 구성 중 하나는 독서 시간 중 일주일에 한 번씩 주니어 그레이트 북 프로그램과 그녀에게 맞는 높은 수준의 독서 집단에 배치하는 것이다. 또한 그녀의 언어 성향을 볼 때 일주일에 한 번씩 방과 후 프랑스어 회화 수업에 참여시키는 것도 좋다. 음악 교사는 봄 뮤지컬이나 일요 콘서트 기간 동안 샤리가 합창단에 참여하도록 권유함으로써 모자이크 한 조각을 제공할 수 있다. 샤리의 나머지 다른 프로그램은 5학년 학생들과 밀접하게 연계되어 있다.

다른 5학년 학생은 샤리처럼 그렇게 꼼꼼한 프로그램 패키지를 갖기 쉽지 않을 것 같다. 다른 학생들도 고급 자료나 주니어 그레이트 북 또는 합창단에 포함될 수 있지만, 그들은 샤리와 같은 뛰어난 능력을 가지고 있지 않기 때문에 그와 동일한 프로그램을 제공받을 수 없다. 그러나 다른 학생에게도 제대로 된 교육 경험을 제공할 수 있도록 프로그램 유형이 변형되어야 한다. 프로그램 모자이크는 교사에게 그러한 융통성을 제공할 것이다.

개별적 흥미를 수용하는 교사의 책임

모니터 기능은 개인의 흥미를 수용하는 데 있어 가장 어렵지만 가장 중요한 교사의 책임이다. 많은 프로그램은 학생이 교실 밖이나 일반 교육과정 밖에서 활동하도록 하며, 교사에게는 문제를 조정하고 적절치 못한 배치를 바로잡아 줌으로써 학생들의 진로를 바로잡아 줄 방법을 사고하도록 권한다. 교사는 운영 일지나 계획 양식, 일반적인 회의, 인터뷰 등을 통해 학생이 발전해나갈 방향을 제시할 수 있다.

의미 있는 경험과 질 높은 멘토를 찾는 것도 학급 교사의 중요한 책임이다. 이 프로그램을 통해, 학생들이 실제 생활에서 경험을 쌓을 수 있도록 도와주는 전문가를 만난다면 그들에게 가장 큰 이익이 될 수 있다. 그러나 불행하게도 이러한 사람과 경험을 찾기란 쉽지 않다. 학생 인턴십과 멘토십에 필요한 명단과 환경을 구축하는 첫걸음은 다른 교사나 문화 단체, 지역 자원봉사자, 다른 학생들의 능력을 요청하는 것에서 시작된다.

결국, 이러한 프로그램에서 나오는 학생 산출물을 교사가 의미 있는 표현 수단으로 간주하는 것은 중요하다. 미술과 과학 전시회, 학급 신문, 시범, 부모님의 밤 등도 교사가 고려해야 할 산출물에 속한다. 그러나 거기서 멈춰서는 안 된다. 어린이 잡지에 글 보내기, 미래 문제 풀기 시합 참여하기, 지방 심포니와 연주할 어린이 악단 오디션 보기, 지방 계획위원회에 학교 주변의 교통 패턴에 관한 프리젠테이션 보내기 등도 모두 학생의 실행 산출물 사례이다. 경험은 학생들로 하여금 미래와 자신들의 재능에 대해 엿볼 수 있도록 한다.

개인적인 흥미를 수용하는 학생들의 책임

영재들은 종종 자기 흥미에 대해 한 방향으로만 나가려 한다. 그들은 완전히 컴퓨터에 빠지거나 우주 공간을 찾아내는 데 열중하거나 체력 단련에만 흥미를 갖곤 한다. 지평을 넓히기 위해 미지의 세계에 대한 새로운 아이디어와 주제, 모험을 배우려는 것은 그들에게 있어 쉽지 않은 임무일 것이다. 그러나 이것은 단지 교사의 책임만이 아니다. 학생들도 자신들의 흥미를 확장하는 임무를 나눠가져야 한다. 그렇다고 그들에게 컴퓨터와 우주와 체육을 포기하라는 것이 아니다. 새로운 경험을 시도하려는 책임을 갖고 그들의 흥미 영역을 확대시키라는 것이다.

둘째, 이러한 프로그램에 속한 학생들은 반드시 활동적인 학습자가 될 의무가 있다. 이러한 프로그램이 제공하는 경험들은 학생들로 하여금 관찰하고, 질문하고, 증명하고, 탐구하고, 실험할 것을 요구한다. 그것을 할 수 있는 사람은 학생 본인뿐이다. 그러므로 학생들은 프로그램이 요구하는 것을 숙지하고 자신이 맡은 임무에 동의해야만 한다.

활동적 학습자란 말에는 자기 학습을 스스로 계획하는 책임, 필요한 지식을 개발하는 책임, 과정을 모니터링 하는 책임도 들어 있다. 또한 날마다 일기를 쓰고, 관찰 기록을 하며, 평가지를 완성하고, 독창적 산출물을 고안하고, 감독하는 교사와 규칙적으로 만나는 일도 포함된다. 이러한 활동은 자신의 학습에 책임을 지는 학생의 임무다.

마지막으로 본인이 속한 모든 프로그램을 중요하고 가치 있는 것으로 여기는 것도 학생의 책임이다. 학습 분야는 단기간에 쉽게 다른 것으로 바뀌어서는 안 된다. 독립적인 조사는 많은 시간과 에너지를 필요로 한다. 그렇지만 이로 인해 수학이나 과학,

다른 과목에 대한 노력을 게을리해서는 안 된다. 시간과 책임을 어떻게 균형 맞추는가 하는 것도 배움의 일부분이다. 학습에 있어서 다각적인 프로그램 접근은 이것을 필요로 한다.

요 약Summary

학급에 있는 학생들의 흥미는 매우 다양하다. 영재들의 흥미는 더욱 앞서 나가거나 다양성을 지닌다. 그러므로 학생이 의미 있는 관심사를 조사할 수 있게 하는 융통성 있는 프로그램 옵션을 만드는 것은 학급 교사의 중요한 임무다.

이러한 프로그램은 교실에 설치될 수도 있고, 특별 분야 교사나 공동체 기관, 자원봉사자, 다른 교육 공동체 멤버들과 공조해 설치할 수도 있다. 학생들이 흥미 있는 분야를 탐구할 때 다른 학생의 도움을 얻을 수도 있다. 프로그램 모자이크의 일원이 됨으로써 학생들의 흥미는 그들이 배우는 방식과 그들이 이익을 볼 수 있는 교육 경험에 중요한 구성 요소로서 타당성을 입증받게 된다.

이렇게 실천하세요Action Steps

1. 학교에서 사용할 수 있는 최신 프로그램을 찾아보고, 개인의 흥미에 적합한 모든 것을 나누고 목록으로 만든다. 학생에게 이익이 될 수 있는 것이라면 어떤 것이든 별표를 붙인다.
2. 목록에 덧붙이고 싶은 다른 프로그램은 없는가? 다른 교사들이 알고 있는 프로그램 유형에 대해 이야기한 후 아이디어 중 하나를 실행한다.
3. 탄력적인 진도 프로그램, 심도 있는 학습 프로그램, 개별적인 흥미 프로그램에서 프로그램 옵션 목록을 수집한다. 가장 흥미를 느끼는 10개의 프로그램 옵션에 동그라미를 친다.
4. '인재 풀' 에 들어 있는 학생 능력 프로필을 살펴본다. 학생에게 이익이 될 프로그램과 학생을 매치시키는 과정을 완성한다.
5. 이러한 프로그램에 학생 참여를 수용시킬 수 있는 학급 활동 스케줄 방안을 모색한다.

6. 다각적인 프로그램을 시작할 소수의 학생을 선택한다. 이런 학생들을 다루는 데 자신감과 기능을 얻고 나면 학생수를 늘려나간다.

이런 참고자료 활용하세요 References Yon Can Use

Cox, J., & Daniel, N. (1983). The role of the mentor. *G/C/T, 29* (September, October), 54-61.

Karnes, F., & Collins, C. (1984). *Handbook of instructional resources and references for teaching the gifted (2nd, ed.).* Boston: Allyn and Bacon.

Krulik, S., & Rudnick, J. (1984). *Sourcebook for teaching problem solving.* Boston: Allyn and Bacon.

Renzulli, J., & Reis, S. (1986). *Schoolwide enrichment model : Comprehensive plan for educational excellence.* Mansfield Center, CN: Creative Learning Press.

Thomas, J. (1975). *Learning centers : Opening up the classroom.* Boston: Holbrook Press.

교육과정 설계

Part three

Designing the Curriculum

신체 크기가 다른 사람이 체형에 따라 다른 옷을 입듯이 능력과 욕구가 다른 영재들도 그들의 능력에 적합한 교육과정을 제공받아야 한다. 영재에게 일반 교육과정을 이수하도록 하는 것은 키가 큰 사람에게 짧은 옷을 제공하는 것과 같으며, 다양한 흥미를 가지고 있는 영재에게 획일적인 교육 내용과 방법을 제시하는 것은 체중이 거대한 사람에게 작은 옷을 입혀 답답하고 부자연스럽게 만드는 것과 같다. 즉, 영재교육 프로그램은 영재의 능력을 개발할 기회를 갖도록 차별화된 교육과정이 제공되어야 한다. Maker(1982)는 영재를 위해 교육과정을 변형시킬 수 있는 네 가지 방법으로 교육과정 내용, 과정, 산출물, 환경을 제시하고 있다. 이제부터는 이미 앞에서 다룬 환경을 제외한 교육과정 내용과 과정 그리고 산출물을 중심으로 8, 9, 10장을 구성하고자 한다.

제8장은 교사가 일반 교육과정을 변형시켜 적용하는 방법과 교육과정의 차별화에 대해 사례를 중심으로 다루고자 한다. 제9장은 영재교육 프로그램에 가장 보편적으로 사용되는 교육과정 모형을 설명하고 수정하는 방법과 사용 방법을 다루자 한다. 제10장은 일반학급에 있는 영재에게 프로그램을 제공했을 때 나타나는 문제점에 관한 여러 가지 사례 연구로 구성되었다. 대안으로 사용할 수 있는 문제해결 방법과 실제 사용할 수 있는 전략도 설명하고 있다.

하지만 성공적인 영재교육을 위해서는 교사가 한 가지 교육과정 모형을 고집해서는 바람직하지 않다. 다양한 특성을 가지고 있는 학생들이 배치된 일반학급에서 제공되는 영재교육 프로그램은 다양하고 융통성이 있어야 할 것이다.

교육과정 재구성

8

교육과정의 개념을 하나의 명제로 정의하는 것은 어려운 일이지만 일반적으로 학급에서 학생들을 지도하는 데 사용되는 교육 내용, 제시 방법, 사용된 자료, 지도 과정 등을 내포하는 의미로 이해한다. 용어상에서 혼란을 초래하는 것은 교육 프로그램과 교육과정이다. 교육 프로그램이 교육의 구조적인 측면을 강조한다면, 교육과정은 가르치는 내용과 방법에 초점을 둔다.

교육과정은 공식적, 형식적인 계획을 의미할 수도 있고 간단하게 범위나 목차 정도를 포함할 수도 있다. 하지만 교사는 아동 발달과 교육 철학, 사회적 기초를 바탕으로 계획을 수립하고 자신의 교수-학습 유형과 환경에 맞춰 재구조화할 수 있어야 한다.

영재를 위한 교육과정 차별화

영재들은 독특한 요구와 능력을 가지고 있으므로 교육과정 설계 시 이러한 개별적 특성을 고려한 세분화가 이루어져야 한다. 여기서는 일반학급에서 어떻게 교육과정을 적절히 수정해서 영재에게 적용해야 하는지 Maker(1982)가 제시한 분야별로 적절히 살펴볼 것이다.

내용 수정하기

영재들은 일반학급에서 다루어지는 교육과정의 내용을 이미 이해하고 있을 수 있다. 그들은 동급 학생들의 지식 이해 수준을 뛰어넘는 빠른 학습 능력을 가지고 있기 때문이다. 만일 이러한 영재들에게 일반 학생들에게 제공하는 교육과정 내용을 학습하도록 권유한다면 영재들은 지루해 하거나 학습에 흥미를 잃을 수 있다. 따라서 교사는 영재의 능력에 맞춰 교육과정 내용을 수정할 필요가 있다. 예를 들어 일반 학생에게 제시된 학습 내용보다 어렵거나 고차원적인 사고를 요구하는 문제로 수정을 하여야 한다.

교육과정을 학생의 능력에 맞도록 수정하는 방법으로는 속진반, 수준별 이동 수업, 독립적인 학습, 연속 과정 교육과정, 교육과정 압축 등을 들 수 있다. 한 교사는 지구의 구조에 관한 초등학교 3학년 과학 내용을 지도하기 위해 차별화된 교육과정을 개발하였다. 전체 집단 수업, 소집단 활동, 그 단원에 관한 강화 센터, 실연 등의 전략이 적용되었다. 전체 학생에게 지구 지층 이름과 지층을 구성하는 물질에 대한 질문을 하고, 내용을 이미 다 알고 있는 학생들을 위해 지진 연구에 관한 소집단을 만들어 수업 내용을 약간 변경했다. 다른 학생들이 소집단 활동을 하는 동안 교사는 다른 집단과 수업을 진행한다. 지진 집단에게는 지진이 일어나는 원인과 지진의 강도가 어떻게 측정되는지 알아내는 임무가 주어졌다. 이 프로젝트를 위해 슬라이드와 책 그리고 차트를 이용하도록 하였다. 이러한 교육과정 변형이 가져온 결과는 교사가 기대했던 강연이나 설명 이상이었다. 학생들은 자기 반을 위한 학습 센터를 만들고, 지역 대학의 지진학 실험실을 방문할 계획을 세웠다. 그 중 두 명의 학생은 과학자가 지진 활동을 예측하는 방법에 대한 깊이 있는 독립 연구를 하였다.

또 다른 사례는 기본기하학 도형을 학습하던 6학년 학급에 관한 것이다. 학생 연구의 일환으로 환경 속에서 다양한 모양을 찾고 그러한 환경에 특별한 모양이 사용된 이유에 대해 추측하도록 하였다. 모양을 찾는 것도 어려웠지만, 그 모양의 사용에 대한 근거를 대는 것이 더 어려운 과제였다. 그러나 그 조사를 통해 3명의 학생은 설계에서 다른 모양을 이용한 실험을 하기에 이르렀다. 이쑤시개와 풀로 여러 가지 구조를 만든 후, 교사는 학생들에게 그들이 조사한 바를 과학적 방법으로 공식화하고 신문 형식으로 산출물을 기록하라는 격려를 해주었다. 연구 결과는 학교 신문으로 발행되었다.

이러한 두 가지 사례 모두 내용 수정이 어떻게 이루어지는지를 보여주는 예이다. 이것은 학생에게 추상적 개념으로 사고하도록 하거나 동시에 한 가지 이상의 학습 과정을 실행하는 것만큼이나 힘든 일이다. 환경이 다르면 처방도 달라야 한다. 교육과정 내용을 성공적으로 변형시키는 열쇠는 운영의 탄력성에 있다. 내용 변경이 언제 필요한지 학생이 사용할 다양한 자료가 언제 구비되는지 잘 살펴보고 있어야 한다.

방법 수정하기

영재 교육과정을 차별화시킬 수 있는 두 번째 방법은 내용을 나타내는 과정과 방법에 변화를 주는 것이다. 영재는 억제할 수 없는 호기심, 주제를 깊이 다루고자 하는 열정, 스스로 학습하는 것에 대한 선호, 훈련된 조사 능력, 다른 학생들과는 다른 방법으로 사고하는 능력 등을 종종 보인다. 나머지 다른 학생들과 크게 나누지 않으면서 영재의 능력과 요구에 맞는 교육을 할 수 있도록 교사 능력을 신장시켜주는 프로그램이 있다. 이 중에는 고급 수준의 질문법과 자극, 대조, 멘토, 미래 문제해결, 주니어 그레이트 북 등의 프로그램이 포함된다. 그러나 내용 수정과 마찬가지로 방법 수정 또한 프로그램 구성 하나만을 변형시켜 적합한 교육과정을 만드는 것은 충분하지 않다. 자료 제시 방법과 교사와 학생의 근본적인 역할 변화가 이뤄질 필요가 있다.

교사가 학급 내 모든 학생의 요구를 충족시키는 책임을 지기 위해 사용할 수 있는 교육과정은 많다. 이들 중 영재에게 가장 중요한 것은 높은 수준의 대답을 요하는 질문 기능이다. 학생에게 내용을 선택할 기회를 줌으로써 학생 스스로 학습에 참여할 기회를 준다. 탄력적인 속도 조절, 자기 모니터링 과정과 자료 선택, 문제를 푸는 학생의 능력을 향상시키기 위한 수렴적 활동과 발산적 활동 사용하기, 학생이 협동을 통해 학습하는 법을 배우도록 도와주는 집단 과정 활동 등도 해당된다.

교육과정을 강의 방식이나 자기 발견 방식 등 특정한 한 가지 전달 체제만을 사용하는 것은 적절치 않다. 노련한 교사는 학생의 학습 내용을 확실히 잡아주기 위해서 어느 시기에 어떤 전략을 쓰는 것이 가장 효과적인지를 알고 있다. 또한 그들은 각각의 학생에게 가장 이로운 방법을 조율할 수 있으며, 다양한 방법들을 동시에 사용할 수도 있다.

한 유치원의 담당 교사는 교통수단에 대한 단원을 지도하면서 각기 다른 학생들의 학습 욕구와 능력에 맞추기 위해 다양한 교수법을 쓰려고 노력했다. 그 단원을 지도하는 내내 학생들 스스로 활동과 산출물을 정할 수 있도록 선택권을 주었다. 단원 첫 시작은 전체 집단 브레인스토밍 활동을 통해 학생들이 사고해낼 수 있는 모든 유형의 교통수단에 대해 들려주는 것으로 출발했다. 그런 다음 일반적인 세 가지 유형의 교통수단 중 각자가 흥미를 느끼는 것을 선택해 주의 깊게 조사하는 과정으로 이어졌다. 한 집단은 차와 그것이 우리 생활에 미치는 영향에 대해 연구했다. 다른 두 집단은 기차와 비행기에 대해 같은 관점에서 연구했다. 정보를 모아 정리하기 위해 창의적인 연극, 학생들의 스토리 텔링, 블록 쌓기, 가족 구성원 인터뷰 하기 등의 방법을 이용했으며, 다른 집단 학생들에게 그것을 전달했다. 단원 마지막에서는 학생들이 어떻게 산출물을 준비했는지 질문한다. 교사는 이야기 쓰기, 그림 그리기나 만들기, 드라마 프리젠테이션이나 시연 중 한 가지를 선택하도록 제시했으며 학생들은 교사가 찬성하거나 수정해준 자기 아이디어를 여러 학생들 앞에서 발표했다.

초등학교 5학년 학급 교사는 극장에서 연극을 보는 것으로 한 단원을 제시했다. 단원의 주요 목표는 학생들에게 연극의 구성 요소에 대해 이해시키는 것이었다. 전체 집단 발표 외에도 다양한 방법으로 정보를 강화시켰다. 학생들에게 4개의 연극을 보게 한 후 그 연극 구성의 차이점과 공통점을 나열하게 하였다. 5막으로 구성된 연극을 각각의 장으로 나눈 후, 다시 순서대로 모으게 하고, 그렇게 순서를 정한 이유에 대해 물었다. 그리고 지문, 무대 지시, 대사 중 하나의 구성 요소가 빠진 연극을 만들게 한 후 다른 학생들에게 어느 부분이 빠졌는지 질문하였다. 그런 다음, 마지막으로 학생들이 어떤 활동에 참여하고 싶은지 선택하도록 했다. 극본 쓰기, 연극 비평, 평론 또는 학생이 선택한 형식으로 한 극작가의 작품 분석하기 등이 가능하다.

교수－학습 과정과 방법을 수정하는 데 있어 가장 어려운 측면은 교과목과 학생 활동을 일방적으로 지시해 왔던 교사들이 그러한 통제의 일부분을 포기해야만 하는 것이다. 그러나 결과적으로 학생이 자기 학습에 책임을 지게 하고, 학생이 주축이 된 학생 중심의 환경으로 바꿀 수 있다. 이러한 변화는 교사들에게도 수업 지도력을 개발하고 학생 개개인의 학습 과정에 대해 열심히 모니터 하도록 만든다.

학습 결과물 수정하기

영재를 위해 차별화시킬 수 있는 또 다른 부분은 학생 학습 산출물이다. 영재들은 주제에 대해 깊이 탐구하고 자신이 배운 경험을 산출물로 만드는 과정이 매우 창의적이며 인내심을 발휘한다. 보고서 작성법을 배우는 것은 모든 학생에게 중요한 기능이다. 그러나 정보를 다양한 방식으로 표현할 수 있는 방법이 많이 있다. 모든 학생들이 발전하기 위해서는 시도해보지 않은 많은 방법을 탐구하고 창의적인 방법으로 탐구 내용을 표현할 수 있게 격려해야 한다. 가능하면 많은 학생들이 자기 개성에 맞춰 다양하고 독특한 산출물을 나타내도록 기능을 개발해야 한다. 특히 영재들은 광범위하고 복잡하며 실생활과 연관된 산출물을 만들 능력을 많이 가지고 있다.

앞에 소개한 사례를 보더라도 교사가 학생에게 산출물에 대한 더 많은 선택권과 스스로 설계할 기회를 주었다는 점을 알 수 있다. 이것은 대학뿐 아니라 유치원에 이르기까지 공통적으로 적용할 수 있는 성공 전략이다. 이러한 사례에 속한 학생들은 자신이 학습 과정을 통해 알게 된 지식을 종합하고 표현하기 위해 실연, 일간 신문 제작, 신문 사설, 드라마, 공작, 인터뷰, 비평 등 매우 다양한 방법을 동원하였다. 그러나 학생들이 실제로 사용할 수 있는 산출물 목록은 그것보다 훨씬 많다. 학생들의 상상력과 자료, 시간에 따라 가능성은 얼마든지 무궁무진하다. 단지 문제가 되는 것은 교사가 그 과정을 얼마나 인내력을 가지고 지켜볼 수 있느냐 하는 것이다.

가끔 학생들은 놀랄 정도로 다양한 산출물을 만든다. 그들은 리포트나 사진 등 익숙한 방법에는 편안해 하지만, 움직이는 물체 만들기나 영상 슬라이드 개발 등 잘 알지 못하는 것을 시도하는 데 거부감을 보이기도 한다. 그러나 경험을 통해 보건대, 학생들의 용기를 북돋워주고 필요한 자료를 제공해주고 격려를 해주면 재미있는 프리젠테이션 방법과 학습 경험을 쉽게 발견한다. 학생들은 자신이 만든 산출물을 놓고 동료들과 경쟁심을 보이곤 한다. 때로는 교사가 나서서 이러한 경쟁심을 조절할 필요가 있다. 그러나 전체적으로 볼 때, 그러한 흥분과 산출물은 학생과 교사 모두에게 노력한 가치가 있다는 자신감을 심어준다.

학생 산출물을 발표할 방법을 찾는 것도 교사가 직면하게 될 어려움 중 하나이다. 한 해 동안 학생들은 실생활과 밀접히 연결된 산출물을 만들어 평가받아야 한다. 과학 전시회, 젊은 작가 모임, 리사이틀, 전시회 등은 광범위하게 사용되는 발표 수단이다. 이 외에도 학생 조사 및 산출물도 종종 적절한 발표 수단으로 지정된다. 예를 들어, '네덜란드 느릅나무의 질병' 에 대해 조사한 학생이 있다면, 시의회에서 그것에 대해 프리젠테이션 할 기회를 얻고 싶어할 것이고 농약으로 해충을 퇴치할 기금을 모을 기구를 만들고자 할 것이다. 쓰기에 관심 있는 학생이라면 학생 작품을 싣는 잡지에 시나 단편 소설을 기고하고 싶어 하며 스스로 잡지를 발간할 수도 있다. 두 가지 사례 모두 실제 청중이 있고 실생활과 밀접한 관계가 있는 산출물을 준비하였으며 그 산출물에 대한 실제적인 평가가 이루어진다.

적합한 수정 선택하기

학급에서 학습 내용, 과정, 산출물을 수정하기 위해서는 사전에 철저한 계획이 필요하다. 학생이 처음부터 모든 것을 선택하고 행동하며 수준 높은 질문을 하고, 스스로 학습에 대해 책임지는 것이 어려운 것과 마찬가지로, 교사 역시 학급 전체에 대한 통제를 포기하고, 다양한 프로그램 옵션을 만들고, 시험적이고 신뢰성 있는 수업 방법으로 과정을 수정하는 것은 쉽지 않다. 다음의 지침서는 그러한 변화를 용이하게 하는 데 도움이 될 만한 내용들이다.

적절한 속도로 진행한다

수정된 교육과정을 적용할 때는 가급적 하나의 주제로 출발하거나 한 집단을 대상으로 시범 운영하는 것이 적절하다. 학생이나 교사 모두 수정된 교육과정에 익숙해지면 점진적으로 학생수나 주제 등을 확대한다. 수정된 새 교육과정이 정상적으로 제 궤도를 찾기 위해서는 2~3년이 걸릴 수도 있다. 따라서 학생이나 교사는 너무 조급하게 사고하지 말고 인내심을 발휘해야 한다. 또한 장기적인 계획을 수립하고 목표를 지향하기 위해서는 최초에 계획한 교육과정의 틀을 유지하도록 수시로 점검해야 한다([표 8-1]).

[표 8-1] 교육과정 개발과 변형을 위한 장기적인 계획

연 차	리뷰 분야
1년차	· 읽기 기본 교과서 개별화하기 · 학급 문고에 책에 대한 질문 카드 만들기 · '주니어 그레이트 북' 조사하기 · 내용, 과정, 산출물 변경을 위해 제시된 것에 따라 각 단원 살펴보기 · 1년차 마지막에 과정을 되돌아보고 2년차를 위한 세부 계획 개발하기
2년차	· 수학 교과서 개별화하기 · 필요로 하는 변형을 반영하기 위해 단원 바꾸기 · 언어 예술에서 필요로 하는대로 업무 지속하기 · 리뷰, 3년차 계획
3년차	· 과학 교육과정을 좀더 참여적으로 만들면서 중점적으로 교육하기

교육과정 수정안을 만든다

수정된 교육과정을 선택하기 위해서는 자신이 만들고 싶은 프로그램의 목록이나 차트 등을 만든다([표 8-2]). 목록에 명시된 항목은 한 가지 이상의 방법으로 변형될 수 있다. 예를 들어 독립적인 학습은 내용, 과정, 산출물 세 분야를 모두 변형시킨 교육과정으로 수정할 수 있다. 마음의 오딧세이 같은 경우는 과정과 산출물을 변형할 수 있다. 이렇게 작성한 목록이나 차트는 교육과정을 수정하고자 하는 교사들을 도와줄 것이다.

수업 형태를 고려한다

교사와 학생의 상호작용 경향, 교실 환경, 영재를 위한 프로그램의 유무, 학생들의 흥미, 교사의 역할 등을 고려하여 수업 형태를 선택해야 한다. 특히 교사는 자신이 가장 자신 있는 분야부터 교육과정 변형을 시작하고 점차적으로 교육 활동 전반으로 확대한다. 언어 예술 분야의 전문가이면서 관련 자료들을 많이 가지고 있는 교사라면 교육과정 수정은 언어 예술로부터 출발한다.

[표 8-2] 프로그램 옵션과 교육과정 변형과의 관계

프로그램 옵션	교육과정 변형		
	내 용	과 정	제작물
속진반	X	X	X
자기 주도적	X	X	X
조기 입학	X		
단축하기	X	X	X
통신 교육과정	X	X	
독립적인 연구	X	X	X
시뮬레이션	X	X	X
멘토십	X	X	X
초빙 강연	X		
주니어 그레이트 북	X	X	
마음의 오딧세이		X	X

X = 프로그램 옵션과 교육과정 변형 사이의 적합성(호환성)

문학작가를 초청해 학생들과 학급에 일러스트 전시하기, 최종 프로젝트를 위한 주제 선택하기, 이익금을 동료 학생에게 전달하기 위한 특별 도서전 준비하기 등을 교육과정 변형에서 시도해볼 수 있다. 일단 언어 예술 분야에서 자신이 생기면 다른 분야에서도 교육과정 수정을 시도해본다.

마음대로 쓸 수 있는 자료를 생각해본다

학급과 자료실에 있는 자료, 학교와 지역에서 도움을 줄 수 있는 사람, 지역 문화 기관, 교육 프로그램이 있고 사용할 교육 자료가 있는 기업, 오디오 · 비디오 장비, 대학 시절 적어놓았던 오래된 노트 등 교육과정을 수정하기 위해 사용할 수 있는 자료들에 대해 사고해본다. 처음 시작할 때는 가까이 가지고 있는 것을 사용하고, 점차 교육과정 수정에 사용할 선택을 늘려 자료도 확대하고, 향후 더 배울 수 있는 가능성도 열어둔다. 프로그램 구성에 예술 작품 감상 프로그램을 추가하고 싶지만 예술 작품 감상에 대해 강의를 해주는 자원봉사자인 '아트 레이디'가 있는 미술관이 인근에 없다면, 그 일을 해줄 수 있는 예술적 배경을 가진 지역 인사나 학생을 찾는다. 또는 시뮬레이션 게임을 조사하고 싶지만 개인 도서관에 이용할 만한 것이 없다면, 컴퓨터 소프트웨어 카탈로그를 통해 주문할 수 있으며, 지역 도서관이나 미디어 센터에서 찾거나 직접 만들 수도 있을 것이다. 자료 활용은 기능적으로 사용이 불가능한 경우도 있지만 그 대신 사용할 만한 것은 얼마든지 있다. 독창성만 있다면 부족한 자료에 대처할 방안을 얼마든지 모색할 수 있다.

교육과정 개발 기회를 충분히 제공한다

학생이 학습 센터에서 하나의 주제를 가지고 자기 주도적인 학습을 진행하는 데 한계를 가지고 있다면 교사는 이러한 활동을 즉각적으로 중단하고 자기 주도적 학습을 실시하는 데 요구되는 기초 기능을 학습하도록 한다. 예를 들어, 앞 장에서 설명한 주제를 비롯한 각종 전략들을 선택하는 기능, 시간 활용 계획기능, 다른 학생과의 협동기능, 목적을 가지고 책을 읽는 독서 기능 등을 배워야 한다. 영재도 예외는 아니다. 교사도 수업 기술을 수정하고 교수법을 변형한 후 실험 준비를 해야 한다. 이는 교육과정을 수정하고 선택하기 위해서는 충분한 준비와 노력이 필요하다는 것을 의미한다.

수시로 평가하고 반성의 시간을 갖는다

교사와 학생은 자신들이 옳은 방향으로 교육과정을 개발하고 운영하는지 수시로 점검해야 한다. 점검은 다음과 같은 질문을 통해 가능할 것이다.

- 학급의 모든 학생이 그들 능력에 합당한 수준에서 학습하고 있는가?
- 학생이 할당받은 일에서 스스로 선택할 기회가 주어졌나?
- 수업의 내용, 과정, 산출물을 정기적으로 수정하여 모든 학생이 의미 있는 지도를 받게 하는가?
- 최근 학생들에게 새로운 전략, 새로운 프로그램, 새로운 활동이 주어졌는가?
- 영재들은 학급 활동에 얼마나 잘 통합되었는가? 그들에게 적절하다고 사고되어 제공한 시도가 오히려 그들을 다른 학생들로부터 고립시키지는 않았는가?
- 교육과정을 수정하기 전에 비해 프로그램이 좀더 효과적으로 바뀌었는가?

- 나는 행복한가? 학생들은 행복하고 생산적으로 발전하였는가?

평가 결과가 부정적이라면 새로운 전략을 시도한다

프로그램과 교육과정에 선택 사항을 추가하는 목적은 수업 진도, 깊이 있는 질문, 내용, 지도 방법, 산출물, 학생 홍미 분야에서 학생을 균형 있게 지도하기 위한 것이다. 그래서 교사들은 학급에서 이루어지는 프로그램에 하나의 선택 사항만을 제시하지 않는다. 예를 들어, 전문가 초빙을 선택했지만 학생들이 이러한 질문을 하는 데 익숙하지 않고 전문가 초빙 강연회를 개최한 프로그램이 성공하지 못했다면 교사는 학생과 협의 과정을 거쳐 새로운 선택을 시도해야 한다.

새로운 교육과정 시도를 즐길 수 있는 여유를 갖는다

대부분의 교사들은 새로운 교육과정 시도가 실패할 것에 대해 두려움을 느낀다. 하지만 반드시 성공해야 한다는 중압감으로부터 자유로워질 수 있도록 여유를 갖는 것은 중요하다. 즉, 자신이 수정한 새로운 것을 시도하는 것에 즐거움을 느끼도록 자기암시를 한다. 기존과는 다른 토론 무대를 설치해보거나 아이스크림을 스스로 만들어 먹을 수 있는 생산 라인을 구축하거나 최근 사회적 쟁점을 중심으로 토론회를 개최해 보는 것이다. 이러한 시도들은 성공적이지 않을 수도 있다. 하지만 계속해서 새로운 시도를 두려워하지 않는다면 어느 시점에서 성공의 즐거움을 느낄 수 있을 것이다. 교사의 끝이 없는 탐구열과 열정은 교실 분위기를 활력 있게 만들고 학생들에게 탐구 동기를 제공할 것이다.

교육과정 계획 사례

모든 학생의 능력과 요구에 부응하는 교육과정을 개발하는 방법은 여러 가지다. 심화 학습, 속진법, 교육과정 압축, 발견 중심, 학생 중심 혹은 교사 중심 등으로 개발할 수 있다. 이에 따라 교육과정 산출물도 다양하게 나타날 수 있다. 여기서는 교사가 교실에서 교육과정을 어떻게 개발하여 운영하였는가에 대한 사례를 중심으로 소개하고자 한다.

십진법 발견하기

초등학교 교육과정에 십진법을 포함시킬 수 있다. 하지만 한 교실 안에는 십진법에 대해 이미 알고 있는 학생도 있고, 십진법을 처음으로 접하는 학생도 있다. 따라서 교사는 이미 알고 있는 학생에게도 의미 있는 교육 경험을 제공하면서 그렇지 못한 학생들도 학습 활동에 참여시킬 수 있도록 교육과정을 다양화시킬 필요가 있다.

이 상황에서 한 교사는 십진법에 대한 이해를 높이기 위해 교육과정 내용을 변형하기로 하였다. 모든 학생들에게 기본적인 활동을 함께 하도록 하는 동시에 능력에 따라 다른 활동을 하도록 하는 것이다. 다시 말해 일부 학생들에게 십진법의 원리를 사용하는 화폐 제도를 조사하도록 선택 활동을 주고, 다른 집단 학생들에게는 미국의 화폐 제도에 대해 수업을 한다. [표 8-3]은 실제로 교사가 교실에서 적용한 십진법 체제에 대한 교육과정 사례이다.

[표 8-3] 십진법 체제에 관한 차별화된 수업

주 제	십진 체제
목 적	❶ 학생들은 각 동전이 제시하는 화폐 가치를 정할 수 있게 된다. ❷ 학생들은 십진법이 10단위 기준으로 되어 있다는 것을 알 수 있다.
활 동	❶ 십진법에 대한 개념을 이미 깨우친 학생이 있는지 사전 테스트를 통해 알아본다. ❷ 알지 못하는 학생을 대상으로 미국 동전의 가치와 각 십진법의 등가물에 대한 집단 지도를 실시한다. ❸ 내용을 마스터 한 학생들은 십진법을 기본으로 한 화폐 제도를 쓰는 다른 나라를 선택해 각 동전의 가치와 그것의 십진 등가물에 대해 공부하고, 교사와 함께 소집단 모임에서 결과를 보고한다. ❹ 학생들은 학급 가게에서 화폐 체제를 성공적으로 사용함으로써 그들의 지식을 보여준다.
자 료	❶ 수학 교과서와 도서관 책들 ❷ 세계 동전에 대한 필름 슬라이드, 비디오

창의적인 글쓰기

일반학급에서 학생들의 수준이 명확하게 나타나는 영역 중 하나가 창의적인 글쓰기이다. 글쓰기 능력이 뛰어난 학생은 작가 수준에 이르는 재능을 나타내지만 글쓰기를 매우 어려워하는 학생도 있다. 글쓰기에 탁월한 영재성을 보이는 학생에게는 수정된 교육과정이 반드시 필요하다. [표 8-4]에 소개하고 있는 사례는 자유롭게 토의하면서 학습하는 과정을 통해 차별화된 교육과정을 적용한 것이다. 사용된 주요 자료는 Lynd Ward가 쓴 '은마' 이다. 이 고전 책은 농장에 사는 한 소년이 신비한 은마를 발견한 이야기다. 아버지가 은마의 존재를 믿지 않자 소년과 말은 모험하러 떠나고 이야기 마지막에서 다시 농장으로 돌아온다. 이 책이 글쓰기 수업 자료로 적절한 것은 이 책에는 그림만 있고 글자가 없으며, 그림은 오른쪽에만 있고 왼쪽은 학생 스스로 이야기를 구성할 수 있게 백지로 되어 있는 점이다. 학생들은 자신의 작문 수준에 맞춰 대화, 꾸밈말, 문체, 비유 등을 마음껏 쓸 수 있다. 교사가 학생 개인의 수준에 맞추기 위해 매번 집단을 편성하고 특별한 자료를 제작하며 특별 수업을 진행할 필요는 없다.

[표 8-4] 창의적인 글쓰기에서 차별화된 수업을 위한 계획

주 제	이야기 쓰기
목 적	❶ 학생들은 최소한 두 명의 등장인물 사이에 사용되는 대화를 사용하여 스토리를 쓸 수 있다.
활 동	❶ '은마' 라는 책을 학생들에게 보여준다. ❷ 학생들은 아버지와 아들 사이의 대화를 포함해 첫 장에 있는 이야기를 들려준다. ❸ 학생들은 한 단원을 선택해 두 등장인물 사이에 오가는 대화를 포함해 이야기를 쓴다. 모든 단원에는 최소한 한 명의 작가가 있어 전체 이야기를 만든다. ❹ 만들어진 이야기는 수업에서 읽히고 평가된다.
자 료	Lynd Ward, *The silver pony*

정물 그리기

학생 간의 차이가 많이 나는 영역 중의 하나가 미술 활동이다. 따라서 교사는 학생 수준에 맞춰 지도할 수 있는 교수-학습안을 작성해야 한다. [표 8-5]에 제시한 사례는 정물화 그리기다. 교사는 주제와 재료, 작품을 명시하고 그리기 능력이 뛰어난 학생을 위한 지도 방법을 제시함으로써 교육과정의 차별화를 시도하였다. 학생들이 사용할 수 있는 재료를 제한함으로써 의욕을 더욱 높였다. 같은 스튜디오에서 같은 조명 하의 정물을 같은 시간 동안 그리지만 오직 한 가지 색의 크레파스를 사용하도록 했다. 이러한 제한을 둔 것은 학생들로 하여금 색의 명암을 나타낼 수 있는 다른 여러 방법을 찾도록 하였다. 영재들은 일반 학생들이 사용하는 표현 기법보다 풍부한 방법을 사용할 수 있다. 이것은 소수의 특별 학생을 일반 학생들과 따로 편성하지 않고, 재료나 환경 등을 달리하지 않고도 차별성 있는 교육 경험을 할 수 있도록 한 것이다.

[표 8-5] 차별화된 그리기 수업 계획

주 제	정물화 그리기
목 표	❶ 교사가 이용할 수 있는 다양한 주제로 두 명의 학생이 정물화를 구성하게 한다. ❷ 명암 넣는 기술을 먼저 검토한다. ❸ 학생들은 원근법을 고른 후 그린다. ❹ 앞선 학생들은 색상을 하나로 제한한다.
자 료	❶ 정물화에 사용될 물체 ❷ 정물화에 관한 책 ❸ 도화지와 크레파스

수정한 교육과정 산출물

영재는 일반 학생과는 분명하게 구별되는 특성을 가지고 있다. 따라서 교육과정도 학생의 능력과 수준에 따라 달라야 한다. 그러기 위해서는 교육과정을 다양하게 수정할 필요가 있다. 수정된 교육과정은 영재들의 성취감을 만족시키고 성장하도록 고무하는 역할을 한다.

학생들은 이미 알고 있는 정보를 배울 때보다는 새로운 기능과 내용을 배울 때 더욱 활동적인 학습자가 되고 학교생활에 홍미를 갖는다. 새로운 정보와 기능을 배우도록 의욕을 북돋으면 영재들은 학교생활에 더욱 홍미를 가진다. 이것은 영재들이 기대 이하의 성과를 얻을 때나 학교에서 중퇴하는 등 후에 발생하게 되는 문제를 막는 데에도 도움이 된다.

학생의 수준에 적절하도록 수정한 교육과정 경험은 영재들의 자기 주도적 학습 능력을 배양한다. 자기 욕구와 홍미에 맞는 다양한 과정과 정보, 자료 등에 노출된 학생들은 스스로 새로운 문제를 받아들일 마음의 문을 열고 새로운 분야에 대한 홍미와 탐구를 시작한다.

요　약 Summary

학급에는 다양한 능력과 요구를 가진 학생들이 있으므로 한 가지 교육과정 계획만으로 그들 모두에게 적절한 교육을 실시하기는 어렵다. 영재에게 적합한 지도안을 제공하기 위해 수정해야 할 필요가 있는 요소는 최소한 네 가지이다(Marker, 1982). 교육 환경, 교육 내용, 교육과정 또는 방법, 교육 산출물이 여기에 속한다. 그렇게 교육과정을 다양화해야 학생들은 새로운 기능과 능력을 개발하고 성장을 촉진시키는 환경 속에서 활동적인 학습자로 계속 나갈 수 있다.

이렇게 실천하세요 Action Steps

1. 최근에 어떤 교육과정 결정이 내려졌는지 고려한다. 교육과정 가이드나 교사 지침서, 범위와 차례 목록들을 가지고 있는가? 그러한 것들을 가지고 있지만 아직 내용을 익히지 못하였다면 그 내용들과 친숙해지도록 한다.

2. 일반학급에서 교육과정 변형이 이미 만들어졌는가? 그것들은 학생들의 욕구에 적절한가? 그렇지 않다면, 내일 만들 한 가지 변형을 먼저 선택한다.

3. 다음해에 만들어질 차별화된 교육과정 계획을 구상한다. 어떤 분야가 교육과정의 강점인가? 강점인 분야부터 시작하고 다음에는 덜 강한 분야로 확대해나간다.

4. 첫해의 마지막에 자신의 과정을 평가하고, 다양한 학생들의 능력을 다루는 장기적인 교육과정과 프로그램 개발 계획을 개발한다.

5. 학교 교육과정위원회를 만나 이 활동을 도와줄 자료와 현장 프리젠테이션을 정리한다.

이런 참고자료 활용하세요 References Yon Can Use

Gallagher, J. (1985). *Teaching the gifted child (3rd ed.).* Boston: Allyn and Bacon.

Maker, J. (1982). *Curriculum development for the gifted.* Rockville, MD: Aspen Systems Corporation.

Ostrander, S., & Schroeder, L. (1979). *Superlearning.* New York: Dell Publishing Company.

Swassing, R. (Ed.). (1985). *Teaching gifted children and adolescents.* Columbus, OH: Merrill Publishing Company.

VanTassel-Baska, J. (1986). *Handbook on curriculum for the gifted.* Evanston, IL: Center for the Talent Development.

교육과정 개발 모형

9

지금까지 영재를 위한 교육과정의 기본이 될 만한 다양한 모형들을 제시했다. 모형 중에는 영재교육을 위해 개발된 것도 있고, 일부는 영재교육의 하위 요소 중 일부를 개발하기 위한 것도 있다. 여기서는 최근 영재교육을 위한 교육과정 개발 과정에서 손쉽게 사용할 수 있는 모형을 중심으로 설명하고자 한다.

모형의 역할

영재성이나 지능처럼 가시적으로 확인할 수 없는 가설적 개념을 개념화하기 위해서 사용하는 것이 모형이다. 모형은 이런 개념을 정의하는 과정을 기술이나 설명으로 보여주는 기능을 가지고 있다. 교육과정 모형은 교육 내용이나 교육 방법을 결정하는 과정에 대해 설명할 수 있도록 도식화한 것이다. 따라서 교육과정 개발 시 교사는 자신의 능력과 상황에 일치하는 모형을 선택하여 교육과정 개발의 기본 틀을 제공받을 수 있다.

교육과정 모형에 관한 지식을 갖고 어떻게 사용하며 언제 사용할 것인가를 능숙하게 선택할 수 있는 통찰력을 가지고 있는 교사는 교육과정을 성공적으로 개발할 것이다. 다음에 소개하는 교육과정 개발 모형은 교사들이 학급에 적절한 교육과정을 개발하는 데 요구되는 방향을 제시해주는 역할을 할 것이다.

BLOOM의 교육 목표 분류 모형

대부분의 영재교육 프로그램들은 Bloom의 인지 영역을 위한 교육 목표 분류법을 이용한다. Bloom의 교육 목표 분류는 학생들의 교육 활동을 평가하고 계획하는 수단으로 활용된다. 즉, 교사가 학생들에게 가르치고자 하는 사고 기술을 위한 교육과정, 교수 전략, 학습 경험을 계획하는 데 도움이 된다.

모 형

Bloom의 교육 목표 분류는 인지 영역을 6단계 수준으로 기술하고 있다. 지식, 이해, 적용, 분석, 종합, 평가이다([표 9-1]).

[표 9-1]에서 지식 단계는 사실적인 지식을 기억하거나 인지하는 과정이다. 이해는 정보를 찾아서 제시된대로 사용하는 능력이다. 그러나 새롭거나 다른 상황에서 정보를 사용하는 것은 포함되지 않는다. 전환, 해석 등은 이해 기능에 포함된다. 적용은 새로운 방법이나 새로운 상황에서 정보를 사용하는 능력을 말한다. 이것은 내용에서 단지 정보를 이해하는 수준뿐 아니라 그것을 새롭고 다른 방법으로 이해해야 한다는 점에서 '이해' 보다 더 복잡한 기능이다. 분석은 부분의 관계를 알아보고 그것들이 상호 어떻게 연관되어 있는지 알아보기 위해 구성을 낱개로 분리해보는 능력이다. 전체를 새롭게 만들기 위해 부분을 합체하는 일을 종합이라고 한다. 종합에서는 이미 알고 있는 정보 조각을 새롭게 조합하거나 자료들을 전과는 다른 구조물로 만드는 학생들의 창의성이 포함된다. 마지막 단계인 평가는 세 가지 '고급 사고' 단계의 마지막이기도 하다. 이것은 의사결정을 내리기 위해 가치판단을 하는 능력이다.

이 모형은 학급에 있는 영재들에게 기억력이나 회상력 이상의 사고력을 사용하도록 하는 교육과정 개발에 기틀을 제공한다. 실제 세상에서는 학생들이 학교가 아닌 실생활에서 정보를 사용할 수 있고 자신의 행동을 스스로 판단하도록 요구한다. 그러므로 이러한 기능들은 교육과정의 일부로 만들어져야 하는 것이다.

고급 단계의 사고력(분석, 종합, 평가)은 모든 학생들이 개발해야 할 인지 능력의 일부분이다. 영재의 기억력과 이해력은 특히 뛰어나기 때문에 이 수준에서 학습할 시간이 더 많을 것이다. 학급의 모든 학생들이 이 분류를 통해 이익을 얻을 수 있지만 각 기능에서 사용하는 시간 비율은 학생의 인지 능력에 따라 달라질 수 있다. 즉, 능력이 뛰어난 영재들은 고급 단계에 더 많은 시간을 할애하게 하는 반면 그렇지 못한 학생들은 하위 단계에 더 많은 시간을 쓰도록 고려해야 한다.

[표 9-1] Bloom의 교육목표 분류

수준(단계)	기 술	샘플 질문/활동
지 식	· 회상하기, 기억하기	· 물의 화학 기호는 무엇인가? · 피아노 위에 건반이 몇 개인가?
이 해	· 바꾸기 · 관련시키기, 해석하기	· 화씨 0도를 섭씨로 바꾸시오. · '황금 자물쇠' 를 자신의 이야기로 다시 말해보시오.
적 용	· 적용하기, 제시하기 · 새로운 상황에서 알고 있는 것 사용하기	· 존은 6개의 사과를 갖고 주디는 2개를 갖고 있다면 둘이 갖고 있는 사과는 몇 개인가?
분 석	· 자세히 분석하기 · 범주 나누기, 분류	· 4월의 날씨를 차트로 만드시오. · 리스트에 있는 아이템 중 같은 것은 무엇인가?
종 합	· 짜맞추기, 산출하기 · 알고 있는 것에서 새로운 것 창조하기	· 이야기의 새로운 결말을 쓰시오. · 학급 로고를 디자인 하시오.
평 가	· 판단하기 · 결정, 권유하기	· 학급 신문을 어떻게 개선할 것인가? · 오늘 학급에서 잘한 일은 무엇인가?

내용, 과정, 산출물, 환경 변형과 Bloom의 교육 목적 분류와의 관계

Bloom의 교육 목표 분류는 교육과정이 변형될 수 있는 수단을 제공한다. 교사는 이 분류법을 사용함으로써 학생들에게 새로운 분야의 사고방식을 확장시킬 수 있는 기회를 제공한다. 예를 들어, 학생들은 수학 문제지에서만 '10+5'를 하지 않는다. 상가에서 10센트와 5센트짜리 사탕을 사고 15센트를 내야 하거나(적용), 15센트를 가장 잘 쓰는 방법을 결정해야 한다.

Bloom의 교육 목표 분류 사용

이 모형 사용법 중 교사가 학생들에게 할 질문을 개발하고 평가하는 수단으로 사용하는 것이 있다. 대부분의 질문은 지식과 이해를 변형한 것이기 때문에 영재들에게 고무적이지 못하다. 각 분류 단계에서 질문 기능을 개발함으로써 학생의 인지 능력을 더욱 발달시키고 더 높은 수준의 사고 기능을 개발하도록 할 수 있다. 학생들은 효과적인 방법으로 그러한 기능을 배울 기회와 훈련이 필요하다. 효과적인 질문법을 배운 교사에게 배운 학생들은 사고 능력이 향상될 것이다. 학생에게 읽어줄 책에 각 분류 단계의 질문을 적은 노트를 준비하는 것은 질문 기능 개발의 첫걸음이다. 오랜 시간 연습하면 이것은 제2의 천성이 될 수 있다. 그러나 다양한 단계가 사용되도록 하고 수업 시간 수업 내용을 테이프에 녹음하고, 분류의 단계에 따라 질문을 나누는 것을 명심해야 한다.

Bloom의 교육 목표 분류는 좋은 질문을 하는 것과 더불어 활동 개발과 평가 문항을 만드는 데도 사용할 수 있다. 활동 또한 다양한 분류 단계를 사용하고 학습 센터, 특별 활동, 학급 안팎의 숙제에 활용할 수도 있다. 각 활동에 여러 분류 단계를 포함시키거나 집단 활동 전반에 각 단계가 균형을 이루도록 하는 것이 활동을 만드는 주요 열쇠다. 그런 다음 학생의 기능을 평가할 때 지식과 이해 단계 이상의 사고 능력을 보여줄 기회를 반드시 주어야 한다. 새로운 기능이 만들어진 이후에는 에세이 질문이나, 실연, 프로젝트와 같은 수단을 통해 평가해야 한다.

CLARK의 통합 교육 모형

통합 교육 모형(Clark, 1986)은 개개인이 최대한 기능을 발휘하는 상태에 초점을 맞추고 자기 학습에 모든 능력을 사용할 수 있는 방법을 모색한다. 학생의 사고, 정서, 감각, 직관적 기능을 결합해 사용할 수 있으며 학교에서 이루어지는 학습이나 학습 이외의 활동에서 인내심을 길러준다.

이 모형의 강점은 통합적 접근에 있다. 학생의 존재를 행동에 영향을 미치는 상호작용 체제를 지닌 기능적인 인간으로 인정한다. 학생이 느끼는 방식은 그들의 사고방식에 영향을 미친다는 점을 분명하게 인정한다는 점에서 이 견해는 매우 실용적이다. Clark은 이것을 인도적인 학습 접근 방식과 학생 중심의 교육과정 만들기로 확대했다.

모 형

통합 교육 모형은 네 면으로 나뉘어진 동그라미로 설명된다([그림 9-1]). 각 면은 학생이 학습할 때 다른 기능을 통합하고 지원하는 뇌의 기능을 나타낸다. 이러한 네 가지 기능은 인지적 기능, 정서적 기능, 신체적 기능, 창의적 기능이다. 구분해놓은 선은 기능이 함께 작용하는 방식을 상징화한 것이다.

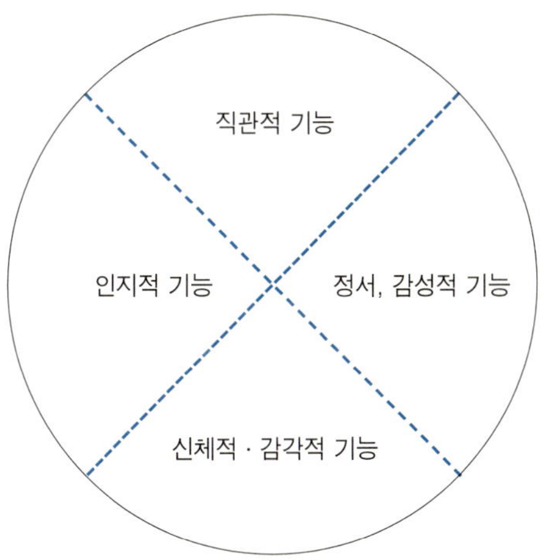

[그림 9-1] Clark의 통합 교육 모형

Clark(1986)에 의하면 인지적 기능은 좌뇌가 주로 작용하며 분석과 문제해결, 평가 등을 관장한다. 우뇌는 주로 정서적인 기능인 공간 개념이나 관계 등을 포함한다. 정서적 기능은 인지적 기능을 촉진하는 데 기여한다. 신체적 기능은 사실을 지각하는 기능과 운동, 감각 기능 등을 포함한다. 창의적 기능은 통합적 이해, 직접적이고 즉각적으로 전체 개념 받아들이기, 살아가는 존재 등의 감각을 말하며 모든 뇌의 기능을 높은 수준으로 종합하는 결과 부분에 속한다.

Clark의 통합 교육 모형을 영재교육에 적용할 경우 학생들은 인지와 자아 개념, 사회적 · 정서적 개발 분야에서 놀랄 만한 성과를 얻을 것이다. 학습을 촉진하고 높은 수준의 기억력을 촉진하며 내용에 대한 높은 흥미를 유발시키는 것은 인지적 성과에 속한다. 이 모형을 통해 학생들은 자아 효능감을 상승시키고 학습하는 즐거움을 발견하며 교사–학생 간의 관계를 개선할 것이다.

Clark은 자신이 제시한 통합 교육 모형을 구성하는 요소로 일곱 가지를 제시하고 있지만 일곱 가지 구성 요소가 모든 활동에 꼭 필요한 것은 아니라고 제안한다.

1. 반응을 일으키는 학습 환경
2. 이완과 긴장 감소
3. 운동과 육체적 암호 보내기
4. 권위적인 언어와 행동
5. 선택과 인지된 조절
6. 복합적이고 도전적인 인지 활동
7. 직관과 통합

교육과정 변형과 통합 교육 모형의 관계

통합 교육 모형은 네 가지의 모든 영역에서 영재를 위한 교육과정 변형에 영향을 미친다. 학습 내용은 이완, 긴장 감소, 권위적 언어의 사용, 다른 사람의 직관 타진하기 등과 같은 주제를 비롯해 전형적인 주제 분야로 확장된다. 학습 과정 또한 마음을 최대한 사용하도록 하는 기능에 주안점을 둔다. 대부분의 학교 프로그램은 뇌의 인지적인 기능만을 중요하게 다룬다. 그럼에도 불구하고 이 모형은 학생 감정과 감각, 창의성의 중요성과 뇌의 네 가지 기능이 학습 과정에 영향을 미치는 방법에 주목한다. 학습 산출물에 대한 재정의는 영재 교육과정 차별화 모형의 또 다른 측면이다. 학습 산출물은 평가나 프로젝트, 활동, 보고서뿐만 아니라 자기 관리, 자기 평가, 독립적 학습, 높은 사고 과정 등도 포함한다. 이러한 산출물은 영재를 위해 정해놓은 목표에 가장 잘 맞는 것들이다. 학습 환경은 학습 경험의 중심으로 인식된다. 이 모형은 환경을 전체적인 교육 계획과 학습 과정에 통합시키고 환경이 학생의 학습 과정에 미치는 영향에 대해 인식시킨다. 환경 조건들은 학생 중심의 학습 접근법을 통해 학생이 스스로에 대해 자부심을 느끼고 성공을 추구하도록 한다.

통합 교육 모형의 적절한 사용

통합 교육 모형은 모든 학급에 쉽게 적용할 수 있다. 일반학급의 모든 학생이 사용할 수 있으나 최적의 수혜자는 높은 인지 능력을 가지고 있는 영재들이다. 일반학급에서 영재교육을 위해 통합 교육 모형을 적용할 때 유의할 점은 다음과 같다.

첫째, 영재의 사고방식에 맞는 통합된 방식으로 정보를 제시한다. 영재들이 가지고 있는 모든 능력을 최대한 사용하게 함으로써 영재의 인지 능력을 더욱 개발시킨다.

둘째, 이완과 긴장 완화 기능을 함께 사용함으로써 영재들의 완벽주의 성향에서 받는 스트레스에 대비하도록 한다. 어린 학생들 학습은 스트레스를 받지 않는 상황에서 더 향상된다(Aldrecht, 1979). 또한 편안한 상태에서 더욱 창의적으로 된다.

셋째, 영재들의 학습 조절 능력과 평생 학습 능력을 개발한다. Clark의 모형은 권위 있는 언어와 행동, 선택 결정 내리기 영역을 포함한다. 학생에게 이러한 기능 개발 기회를 제공함으로써 자기 학습 조절 능력과 평생 학습자가 되기 위해 필요한 기본 기능을 개발할 수 있도록 한다. 영재를 담당한 교사가 얼마나 훌륭한가와 상관없이 학생들 스스로 정보를 찾고 소화하는 능력을 갖는 것이 항상 중요하다. 이 모형은 학생 스스로 자기 학습에 책임지는 사람이 되도록 한다.

넷째, 학생이 학습 환경에서 살아남기 위해서는 복잡하고 도전적인 활동이 필요하다는 사실을 인정하도록 한다. 이 모형은 학급 전체 학생을 그들의 능력에 따라 다루는 것을 전제로 한다. 그러므로 영재에게 맞는 속도와 그들에게 의미 있는 방법으로 교육할 기회가 주어진다.

DEBONO의 CoRT 사고 모형

DeBono(1986)에 의해 고안된 CoRT 사고 모형은 사고를 기능으로서 직접 가르치는 방식이다. 이러한 직접적인 사고 지도법은 지난 5년간 대단한 성과를 얻었으며 더 오래 전부터 영재를 위한 교육과정 개발의 기초로 사용되어 왔다.

모 형

CoRT의 사고 모형은 학급의 모든 학생을 대상으로 모든 수준의 교육을 시킬 수 있는 방식으로 개발했다. 사고 기능은 모든 학생에게 필요한 것이므로 DeBono는 모든 학생들이 참여할 수 있는 체제를 만들었으며 세 가지로 세분화했다. 즉, 기초 기능 훈련, 창의적 사고, 비판적 쌍방향 사고이다. 기초 기능 훈련 분야 수업은 학생들에게 일곱 가지 사고 작용을 가르침으로써 개발이 가능하다고 지적한다.

DeBono(1986)가 제시한 기초 기능 중 PMI는 학생들이 창의적인 사고를 산출하기 위해 제안한 아이디어를 대상으로 장점, 단점, 흥미있는 점 등을 검토해서 최상의 아이디어를 수렴하는 것이다. CAF는 학생들이 주어진 문제 상황에 있는 모든 사실들을 고려하도록 하는 것이다. 예를 들어 수업이 학생에게 미치는 영향과 다른 사람들에게 미치는 영향, 사회에 미치는 영향 등을 고려한다. C & S는 학생들이 어떤 행동이나 계획, 결정, 규칙, 결과를 미리 예측할 수 있게 한다. AGO는 행동 뒤에 숨겨진 목적에 대한 반응 혹은 반작용을 점검해보는 것이다. FIP는 가장 중요한 아이디어와 요인, 목적, 결과 등을 도출하는 과정의 결정체이며, 절대적인 답이 없는 사안에 대한 결정을 내려야 하는 상황에서 적용한다. 반면, OPV는 다른 사람들의 견해를 살펴봄으로써 과정이 진지하고 신중하게 사용될 수 있도록 하는 것이다.

CoRT가 제시한 사고 모형은 35분 수업을 일주일에 한 번 운영할 경우에 2년이 걸린다. 프로그램의 구성은 도입 부분과 연습 부분이 있으며 수업 부분은 토론이 포함된다. 최종 단계에는 프로젝트 수업을 진행한다.

교육과정 변형과 CoRT의 사고 모형의 관계

CoRT의 사고 모형은 본래의 교육과정을 변형해서 차별화된 교육과정을 개발할 수 있는 수단이다. 학생들은 자신의 인지능력을 최대한 활용해서 문제해결 방법을 배우게 된다. 체제와 구조화된 사고방식을 배움으로써 교육과정을 변형시킬 수 있다. 사고를 조직하는 전략과 방법을 터득함으로써 학생들은 자신의 인지적 능력을 개발하는 새로운 방향을 찾게 된다.

CoRT 사고 모형의 적합한 사용

CoRT 사고 모형은 모든 학생들이 사용할 수 있도록 개발하였다. 따라서 일반학급 체제에 쉽게 통합될 수 있다. 뛰어난 능력을 가진 학생들은 이 모형에서 제시하고 있는 기능 학습을 통해 고차원의 복잡한 문제를 간단하게 해결할 수 있다. 왜냐하면 영재들이 모두 창의적이고 비판적인 사고 능력을 가지고 있는 것은 아니기 때문에 창의적이고 비판적인 사고법을 가르치는 이 모형을 통해 고차원적인 문제를 해결하는 능력을 개발할 수 있을 것이다.

GALLAGHER의 내용 수정 모형

내용 수정 모형(Gallagher, 1985)은 영재들을 위한 교육과정 내용을 수정하는 방법을 네 가지 측면에서 접근한다. 특히 영재 학급이나 영재 학교가 아닌 일반 학생들과 함께 배치된 일반학급은 학생들의 수준 차이가 심하기 때문에 특히 기본적인 교육과정 내용을 수정하지 않고는 운영이 불가능하다.

내용 수정 모형은 교사들이 영재의 특성에 맞춰 수업 내용을 차별화시킬 수 있는 틀을 제공한다. 또한 교육과정의 내용 수정뿐만 아니라 영재들의 학문적 욕구도 만족시킨다.

모 형

내용 수정 모형은 학급에 있는 영재들의 욕구에 맞춰 교육과정 내용을 네 가지 측면에서 수정하는 방법을 제시한다. 교육과정 내용의 속진, 심화, 정교, 새로운 고안([표 9-2]) 등이 포함된다. 각각의 방법이 독립적으로 사용될 수도 있지만 Gallagher는 대부분의 경우 한 가지 이상의 범주를 포함한다고 지적한다.

교육과정 내용 속진은 영재의 능력 수준에 맞춰 교육과정 내용을 제공하는 것으로 복잡한 문제로 구성된다. 영재들의 능력이 일반 학생들보다 2~3년 정도 때로는 그보다 훨씬 큰 간격의 차이를 나타내기 때문에 가능하다. 예를 들어, 4학년 학생이 6학년 교육과정 내용을 학습하도록 교육과정을 구성한다.

교육과정 내용 심화는 기본 내용은 일반 학생들과 동일하게 학습하지만 학습 내용에 만족하지 않고 더 앞선 주제에 흥미를 나타내는 영재에게 차별화된 교육과정 내용을 개발해서 심화 학습이 가능하도록 한다. 예를 들어, 3학년 학생들에게 영양에 대해 지도한다면 영재는 일반 학생과 같이 영양에 대해 학습하는 동시에 일정 기간 동안 자신이 섭취한 음식의 열량을 계산하고 앞으로 자신에게 적절한 식단을 작성하도록 심화 과제를 제시하는 것이다.

[표 9-2] Gallagher의 내용 수정 모형

전 략	영재의 특성과 관련성
교육과정 내용 속진	· 빠른 학습 능력 · 뛰어난 정보 이해 능력
교육과정 내용 심화	· 광범위한 흥미 · 심도 있는 학습
교육과정 내용 정교	· 상이한 요소로부터 관련성과 보편성 도출 능력 탁월 · 개념화 능력 탁월
교육과정 내용 참신성	· 유별난 호기심 · 다양한 흥미 · 높은 인내심

교육과정 내용 정교는 과정의 기본 내용과 관련된 광범위한 지식과 개념 체제를 영재들에게 보여주기 위해 자료를 제공하는 것이다. 즉, 영재들을 일반 학생에게 제공된 교육과정 내용보다 복잡한 정보에 노출시키고 더 광범위한 개념이나 추상적 개념을 종합하고 조합하여 볼 수 있게 도와준다. 영재는 다른 학생들에 비해 이러한 기능에 쉽게 적응하며, 정교화를 통한 변형은 영재들의 문제해결 능력을 더욱 고무시킨다. 예를 들어, 5학년 교사가 각기 다른 6개국의 국제 전쟁에 관한 시나리오를 주고 갈등을 분석하고 해결 방안을 제시하도록 한다. 학생이 제시한 해결 방안을 중심으로 심도 있는 질문법을 적용한 학습 방법을 통해 창의적 사고 능력을 배양하도록 한다.

교육과정 내용의 참신성은 학생들이 일상적으로 쉽게 접할 수 없는 내용을 소개하는 것이다. 특히 영재에게 유용한 전략으로서 보통 그들만 흥미를 느끼는 분야나 너무 독특해서 영재들의 앞선 속도나 학문적 방향에만 맞는 주제에 대해 학습할 기회를 제공한다. 일반적으로 이 전략은 고등학교 이상의 과정에서 사용하지만 멘토 제도나 단기 과정, 독립된 학습 전략 등을 통해 간접적인 경험을 제공할 수도 있다.

교육과정 변형과 내용 수정 모형의 관계

이 모형은 주로 내용 부분에 초점을 둔다. 하지만 Bloom의 교육 목표 분류법이나 Clark의 통합적 교육 모형의 인지 부분과 연결하면 더 큰 효과를 볼 수 있다. 내용 수정 모형에서 제시하고 있는 교육과정 내용 수정은 일반학급에 있는 영재를 교육하는 데 필요하다. 교육과정 변형을 통해 얻을 수 있는 이익은 학생 지도에 필요한 의미 있는 학습 내용을 포함시킬 수단과 영재의 독특한 학습 특성에 맞추기 위한 방법을 얻을 수 있다.

내용 수정 모형의 적절한 사용

내용 수정 모형의 최고 장점은 융통성이다. 학생의 능력과 요구에 맞는 학습 기회를 주기 위한 목적이라면 학년이나 과목에 상관없이 이 모형을 사용할 수 있다. 교사가 교육과정을 변형시킬 때 이 네 가지 전략을 통합시킨다면 학급의 모든 학생들에게 확실하게 의미 있는 학습이 될 것이다.

이미 알고 있거나 수업이 끝나기도 전에 다 배운 내용을 다시 학습하라고 강요하는 것에 대해 영재들은 오래 전부터 불만을 토로해 왔다. 이러한 상황이 지속된다면 그들은 겉으론 쉬워보이는 학습을 완성하지 않거나, 학교에 대해 나쁜 태도를 보이거나, 새로운 정보를 배우는 것에 무력감을 느끼게 될 것이다. 학생은 자신이 도전해 봄직한 내용에 열중할 권리가 있다.

내용 수정 모형은 학생들에게 통합적이고 균형 잡힌 교육과정을 제공하기 위해 다른 모형과 함께 사용할 수 있다. 학급에 있는 영재들을 위해 변형되어야 할 부분 중 하나가 바로 내용이다. 선택한 다른 것들과 서로 연결시킴으로써 학생들이 원하는 학문적 준비를 충분히 만족시켜주는 융통성 있는 이점을 얻을 수 있다.

KRATHWOHL의 정의적 영역을 위한 목적 분류

Krathwohl, Bloom, Masia(1964)는 정의적 영역의 교육 목표를 내면화의 수준에 따라 감수 또는 수용, 반응, 가치화, 조직화, 인격화로 분류한다. 이것은 Bloom의 인지적 교육 목표 분류와 기본 목적과 과정은 유사하다. 정의적 영역은 인간의 인지적 · 사회적 · 신체적 활동을 포함한 모든 인간 활동에 동기적이고 기능적이며 적응적인 역할을 한다는 측면에서 매우 중요하다.

Bloom의 교육 목표 분류법과 마찬가지로 Krathwohl의 정의적 영역 교육 목적 분류법도 학생들의 정의적 발달에 적용할 수 있다. 이러한 기능은 모든 연령의 학생들에게 적합하며 교육과정 시작부터 끝까지 관계가 있다.

모 형

Krathwohl의 정의적 영역 교육 목표 분류는 감수, 반응, 가치화, 조직화, 인격화 5단계이다([표 9-3]). 각각의 단계는 인지적 발달과 밀접한 관계를 가지고 있다. 즉, 정서와 인지는 쌍방적 관계를 갖고 있다.

Clark의 통합적 교육 모형과 마찬가지로 정의적 영역 교육 목표 분류의 각 단계들도 하나 이상의 단계가 상호작용적이다. 또한 반드시 순차적이지도 않다.

감수 단계는 수용하고자 하는 의도, 선택된 주의집중 등을 포함하는 수준으로 학생들에게 어려운 처지에 있는 사람의 문제나 상황을 설명해주고 그에 대해 본인이 취해야 할 태도, 문제 인식, 그와 관련된 정서를 받아들이거나 주의를 집중할 수 있도록 하는 단계이다. 반응 단계는 묵인, 묵종의 수준으로 학생들은 자기 환경을 알아차리고 주어진 상황이나 문제에 반항하거나 반대하지 않고 따르는 단계이다.

가치화 단계는 학생이 물체나 감정에 어떤 가치를 부여하고 수용하는 단계이다. 조직화 단계는 가치의 개념화 수준으로 가치를 좀더 추상적인 수준에서 개념화하는 단계이다. 인격화 단계는 최종 단계로 일반화된 태도화 수준이고, 고정된 자신의 태도를 갖게 되는 단계이다.

이상의 정의적 영역을 구성하는 각각의 단계는 하위 단계에서 상위 단계로 발달하며 하위 기능은 상위 기능의 기초가 된다.

[표 9-3] Krathwohl의 정의적 교육 목표 분류법

수 준	기 술	샘플 질문/활동
감 수	감 지 자 각	· 학생들에게 세 가지 감정 나타내도록 요청하기
반 응	묵종반응 자진반응 만 족	· 학생들과 함께 학급 규칙 리스트 만들기 · '그랜드 캐넌 모음곡'을 연주하고 학생들에게 어떻게 느꼈는지 물어보기
가치화	수 용 채 택 확 신	· 학생들에게 도덕적 딜레마에 어떻게 대응할지 물어보기 · 학생들이 쓴 '나는 믿는다'는 말을 칠판에 놓기
조직화	개념화 종합화 조 정 통 합	· 동생을 영화관에 데려가기로 약속한 날 친구가 초대한다면 어떤 것을 선택할 것인가? 왜?
인격화	인격화	· 학생들이 반드시 자신의 가치를 보여줄 수 있는 상황의 롤 플레이 하기 · 학교, 법률, 의학 등과 관련된 윤리에 대해 토론

교육과정 변형과 정의적 영역 목표 분류의 관계

Bloom의 교육 목표 분류와 마찬가지로 정의적 영역을 위한 교육 목적 분류법도 교육 내용과 과정을 수정할 때 사용할 수 있는 모형이다. 이 분류법은 학생이 자신의 행동을 설명하고 자기 자신과 교사가 학생에게 주고자 하는 목표를 이해하도록 가르친다. 분류법을 배우는 학생들은 단계를 알아나가고, 일어나는 행동을 단계에 맞춰 규명하는 일에 재미를 느끼는 것 같다. 분류법에 대한 흥미 여부는 학생마다 다르겠지만 일반적으로 대부분의 영재들은 분류법의 개발과 사용 방법에 대해 더 많은 흥미를 나타낸다.

정의적 영역 목표 분류법을 기초로 한 모형은 학급의 모든 학생에게 교육과정을 변형해서 적용할 수 있다. 모든 학생은 그들 행동의 기본이 되는 신념 체제를 개발하는 과정을 거쳐야 하기 때문이다. 직접적이든 그렇지 않든 학교 교육과정은 학생들에게 가치를 가르치는 방법의 일부이다. 그러므로 교사는 수업 시간 동안 학생이 안심하고 정의적 발달을 촉진할 수 있도록 최대한의 기회를 주어야 한다. 교사는 하위 수준 기능은 물론 상위 수준 기능과도 균형을 이루는 방식으로 분류법의 전체 스펙트럼을 발전시키는 수업 내용과 활동을 개발해야 한다.

Krathwohl의 정의적 영역 목표 분류법의 적절한 사용

영재들은 자신과 다른 사람들의 정서에 매우 민감하다. 어려서부터 강한 자아 개념을 갖고 자기가 믿는 것에 근거해 집요하게 행동하는 경향이 있다. 그러므로 그들은 다른 학생들에 비해 정의적 발달면에서 상위 단계의 활동을 하고자 하는 경향이 있다.

교사는 영재들이 더 많은 시간을 상위 수준 기능 습득에 사용할 수 있도록 해야 한다. 학생들이 자신의 가치체계를 개발하고 그들이 발전해가는 과정을 평가하는 도구로 사용할 수도 있다. 영재들은 그들의 인지적 능력뿐 아니라 자신들의 감정에 대해서도 질문하고 증명하려는 경향이 있다. 교사들은 이 분류법을 학습함으로써 학생들이 성장하기 위한 틀을 가지고 있음을 확신하게 된다.

PARNES의 창의적 문제해결 모형

많은 영재교육 프로그램의 목표는 영재의 창의적 능력을 배양하는 데 있다. 많은 사람들이 창의성의 중요성을 인식하고 있지만 현대처럼 변화의 속도가 빠르고 역동적인 패러다임 속에서는 창의성의 중요성이 더 강조된다. 따라서 영재교육 프로그램뿐만 아니라 교육 프로그램들은 학생들의 창의적 사고 능력을 향상시키록 개발되어야 한다.

Parnes의 창의적 문제해결 모형은(Parnes, 1977) 학생들이 새로운 아이디어를 발상하고 문제해결 과정을 배울 수 있는 틀을 제공한다. 이 모형의 특징은 많은 아이디어를 유발하고 대안을 개발하는 동시에 판단을 유보시키고 기준을 세워 대안을 평가하는 방식에 있다. 학생들에게 이러한 모형을 사용하도록 가르침으로써 스스로 문제를 해결하는 능력을 개발시킬 수 있다.

모 형

창의적 문제해결 모형은 문제를 발견하고 문제를 해결하는 과정을 5단계로 나눈다. Parnes는 시작부터 문제를 찾는 것은 해결방법을 찾는 것과 마찬가지로 창의적 능력이 필요하다는 것을 지적한다. 창의적 문제해결 모형은 사실 발견, 문제 발견, 아이디어 발견, 해결 발견, 수용성 발견 단계로 구성된다.

사실 발견 단계는 정돈되지 않은 문제로부터 문제와 관련된 모든 자료를 정리하는 단계이다. 예를 들면, 이 문제에서 지금 내가 알고 있는 것은 무엇이고 알고자 하는 것은 무엇인지를 파악한다.

문제 발견 단계는 사실 발견 단계에서 정리된 사실을 바탕으로 문제를 새로이 규명하고 정리해서 문제해결 가능한 형태로 재진술하는 단계이다. 이 수준에서 학생들은 '나라면 어떻게....' 를 수시로 생각해보는 학습이 필요하다.

아이디어 발견 단계는 문제해결을 위하여 가능한 많은 아이디어를 발산적으로 산출하는 단계로 브레인스토밍 기법이 많이 사용된다. 하지만 많은 아이디어에 대한 최종 판단은 보류된 단계이다.

해결 발견 단계는 전 단계에서 산출된 아이디어를 평가하기 위한 준거를 설정하고 각 해결안마다 준거를 적용하여 최적의 해결안을 찾는 단계이다. 아이디어 발견 단계가 확산적 사고를 요구한다면 이 단계에서는 수렴적 사고가 필요하다.

수용 단계는 최종적으로 해결안의 실현가능성을 결정하기 위해 검증을 받는 단계이다. 즉, 문제해결법을 발견한 후 학생들이 선택한 해결법에 대한 타인들의 수용성을 발견하는 단계이다. 이 단계에서 학생들은 자신의 아이디어가 받아들여질 수 있도록 계획서를 만들고, 다른 사람들의 반응에 대해 조사해야 한다. 이러한 방식으로 학생들은 문제해결을 계획하고 실천하며 평가하는 단계를 학습하게 된다.

교육과정 변형과 창의적 문제해결 모형의 관계

창의적 문제해결 모형은 학습 과정을 변경함으로써 주로 영재들에게 영향을 주는 전략이다. 그러나 내용, 결과, 환경과도 연관되어 있다. 이 모형은 학생들의 독창성을 이용하고 더 많은 아이디어를 유발할 목적으로 그들의 결정에 의구심을 나타내고, 의사 결정을 위한 기준을 개발하거나 사용하여 학생들로 하여금 더욱 유연하고 융통성 있는 사고 기능을 개발토록 하는 과정이 사용된다. 이러한 과정은 이 모형을 뛰어넘어 다른 문제해결법이나 독립적인 학습 상황에도 일반화될 수 있다.

영재들을 위한 내용 변경은 모형 자체의 형태로 나타난다. 영재는 천부적인 문제해결사다. 그들은 난해한 질문에 답하고, 수수께끼를 풀고, 퍼즐을 완성하는 일을 사랑한다. 이 모형으로 내용을 가르칠 때, 학생들에게 일상적인 문제를 해결하는 데 사용할 부수적인 계획을 줄 수 있다.

영재를 위한 교육과정 변형은 결과와 환경 분야에서도 명백하다. 학생들은 전통적인 방식보다 훨씬 더 다양한 산출물을 만들 가능성이 있다. 이 모형이 성공적으로 사용되기 위해서는 일탈과 '뒤죽박죽' 그리고 기발한 사고가 받아들여지는 환경이 학생들에게 부수적으로 주어져야 한다. 환경이 더욱 실험적이고 자유로이 질문할 수 있게 열려져야 학습이 활기를 갖는다.

창의적 문제해결 모형의 적절한 사용

영재의 학습을 촉진시키기 위해 이 모형을 사용하는 방법에는 여러 가지가 있다. 위에서 언급한 바와 같이 이 모형은 학생들의 문제발견 능력과 문제해결 능력을 길러준다. 따라서 학생들이 문제를 공략하고, 구성 요소를 찾아내고, 가능한 해결법 목록을 만들고, 가장 효과 있어 보이는 것들을 선택하고, 그런 다음 다른 사람들의 이해와 협조를 구할 수 있는 틀 안에서 문제해결을 할 수 있는 전략을 개발하는 데 도움이 될 수 있다. 또한 영재들은 향후 직업을 갖게 되었을 때 혁신과 문제해결이 필요한 상황에 놓이기 쉽다. 그러한 과정에 일찌감치 노출시킴으로써 자신을 도와줄 수 있는 평생 기능을 개발할 기회를 얻게 되는 것이다.

창의적 문제해결 모형은 FPS 경쟁 대회에서 사용되는 미래 문제해결 모형과 유사하다. 이 대회는 학생들에게 그들이 발휘할 수 있는 최대의 창의적 능력을 사용하도록 한다. 그러한 프로그램에 포함되면 많은 영재들은 영감을 받게 되고, 팀 상황에서 함께 학습할 기회를 얻게 된다.

창의적 문제해결 모형은 거의 모든 학년 내용에 적용될 수 있으며, 과학 문제, 도덕적 딜레마, 해결되지 않은 사회 연구 질문들, 식당에서의 문제 등 모든 것을 다룰 수 있다. 교사는 교육과정의 일부분만 아니라 교육과정 전반에 이 모형을 사용함으로써 학생들에게 많은 분야에 이 기능을 일반화시키는 법에 대해 가르칠 수 있다.

RENZULLI의 심화 학습 3요소 모형

심화 학습 3요소 모형(Renzulli, 1977)은 영재교육 프로그램에서 자주 사용되는 프로그램과 교육과정 개발 방식이다. 이 모형은([그림 9-2]) 상당히 단순해 보이지만, 다양한 기능 형성 기회를 포함하고 있으며, 교사들이 학습 문제의 양과 깊이 그리고 영재들이 나타내는 흥미 정도를 조절하는 방법에 대해 다루며 그렇지 않으면 학생들이 놓칠 수도 있는 경험을 학생들에게 노출시키도록 만들어졌다. 그러므로 단지 이 모형 하나만 기초로 한 영재 프로그램이 존재하고 있으며 상당히 많은 다른 프로그램들이 최소한 일부분이라도 이 모형을 사용하고 있다.

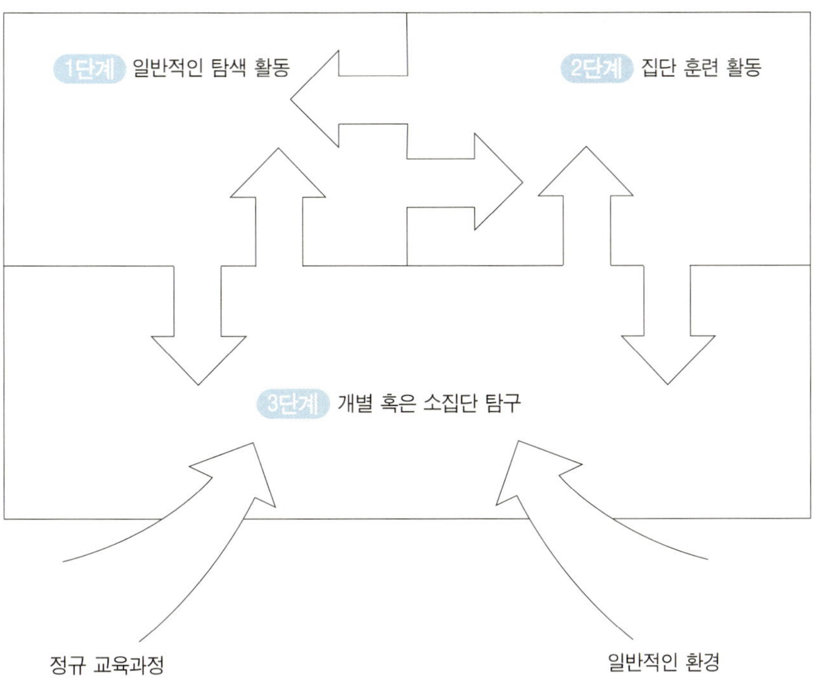

[그림 9-2] Renzulli의 심화 학습 3요소 모형

모 형

심화 학습 3요소 모형은 심화 학습을 목적으로 고안된 것이다. Renzulli(1977)에 의하며 심화란 일반적인 교육과정이라 불리는 것 이상의 활동이나 경험을 의미한다. 심화 학습 모형은 다소 연속적이지만 질적으로는 다른 3단계로 이루어지는데, 1단계는 일반적인 탐색 활동 단계로 학생들이 다양한 주제와 관심 영역을 접할 수 있도록 기회를 부여하는 데 초점을 둔다. 예를 들어 현장 체험, 외부 강사 초청 강연, 인터뷰, 출판, 학습 센터, 영화 등으로부터 정보를 수집한다. 2단계는 집단 훈련 단계로 연구를 위한 기능들이나 창의성과 같은 인지적 · 정의적 과정의 발달을 다루고 있다. 연구를 위한 기능으로는 다양한 창의적 사고 기법 예를 들어, 브레인스토밍법과 같은 것을 비롯해 가설하는 능력, 분류하고 종합하는 능력 등 비교적 고차원적 사고 기능을 필요로 한다. 3단계는 특정 분야에서 진짜 연구자나 예술가처럼 과제를 수행하는 탐구 활동이 이루어진다. 식물에 관심이 있는 학생은 원예가나 식물학자의 역할을 맡게 될 것이고, 별에 대한 조사는 천문학자와 같은 기능과 책임 그리고 결과를 사용할 것이다. 이러한 임무의 복잡성과 그러한 조사를 설계하고 수행하는 데 필요한 인내력은 특히 영재들이 이러한 유형의 활동에 적합한 이유이기도 하다.

교육과정 변형과 심화 학습 3요소 모형의 관계

심화 학습 3요소는 학습 과정과 산출물을 통해 교육과정을 수정하기에 가장 적합하다. 학생들은 1, 2단계 활동을 통해 교실에서 정서적 인지 능력을 만들고 학습하는 법에 대해 배울 기회를 얻게 된다. 또한 3단계 활동을 할 경우 다양한 범위와 측면에서 이 모형을 취하게 되므로 학습 산출물도 그것의 영향을 받는다. 산출물에 대한 책임감과 공적인 성격은 학생들로 하여금 최대한 자신의 능력을 개발하도록 만들며, 실생활에서 평가받게 한다. 책임과 정밀 조사 단계는 보고서나 전통적인 독립 학습 산출물 대신 영재에게 적합한 활동을 제시할 수도 있다.

Renzulli의 심화 학습 3요소 모형의 적절한 사용

심화 학습 3요소 모형은 영재교육 프로그램뿐 아니라 일반학급에서도 사용할 수 있다. 그동안 일반적인 기능 범위와 순서를 넘어 교육과정을 확장시키는 수단으로써 이것을 사용해 성공을 거두어 왔다. 1, 2단계 심화 학습 활동은 모든 학생들에게 매우 유익하기 때문에 일반학급에 있는 학생들에게 적용할 수 있다. 실제로 1, 2단계 심화 학습을 경험한 학생들의 학습 태도에 긍정적인 변화가 있는 것으로 나타났다. 반면에 3단계 심화 학습은 영재성이 있는 학생들의 고차원적 사고 기술과 창의성, 인성 등을 전제로 하기 때문에 차별화된 교육과정을 개발할 필요가 있다.

SuCHMAN의 질문 모형

영재 교육과정의 기본이 되는 주요 목적 중 하나는 독립적인 학습 기능 개발이다. 학생들에게 정형화된 방법으로 질문하는 법을 가르치는 것도 이 기능 개발에 사용할 수 있는 한 가지 접근법이다. 질문 기능을 훈련시키는 데 사용할 수 있는 모형은 많이 있다. Suchman의 질문 개발 모형은 이해가 쉽고 적용방법이 용이하다.

질문 접근법을 학습에 사용할 경우 학생들은 분리된 현상을 관찰하고, 유사점과 차이점을 관찰하고, 관찰에서 무엇이 중요한지 결정하고, 그것들을 하나로 묶어주는 기본 원리나 법칙을 발견하는 과정을 훈련받게 된다. 학생들은 이러한 학습을 통해 좀더 자연스러운 상황에서 귀납적 사고와 탐구를 하는 데 필요한 기능을 습득할 수 있다.

모 형

질문 개발 모형([그림 9-3])은 4단계 과정으로 이루어졌다. 4단계는 자료 수집, 자료 조직, 가설 설정, 가설 검증이다. 1단계를 시작하기에 교사는 학생들에게 '모순되거나' '부조화' 된 상황을 제시한다. 학생들은 결과에 대한 선입견을 깨고 그들이 관찰하게 되는 자연에 대해 호기심을 갖게 된다. 학생들은 '예' '아니오' 로만 답할 수 있는 질문을 교사에게 하거나 책, 인터뷰, 추가적인 관찰을 통해 정보를 수집한다. 자료의 상호 관련성과 추가 정보를 결정하는 자료 조직 단계에서 보고를 하는 과정을 통해 자료를 검토하고 분석한다. 만약 더 많은 정보가 필요한 경우 학생들은 자료 수집으로 되돌아갈 수 있다. 그렇지 않다면 가설 설정 단계로 넘어간다. 이 시점에서 학생들은 그들이 관찰한 것의 성격을 설명할 이론을 만든다. 그런 다음, 모형의 마지막 단계인 가설 검증하기에서 자신들이 만든 가설을 검사한다. 만약 가설이 사실로 증명되지 않으면 학생들은 검사를 위한 새로운 이론을 만들기 위해 전 단계로 돌아가야 한다. 이러한 마지막 두 단계에서는 교사가 학생들의 질문에 '예' 나 '아니오' 로 대답하지 않는다. 그렇게 하면 학생들이 성급한 결론을 내리고 진정한 이해력이 결여될 수 있기 때문이다. Clark(1983)은 다음과 같이 질문 법칙을 만들었다.

1. 학생들은 '예' 나 '아니오' 로 답할 수 있는 질문만 해야 된다.
2. 도우미가 발언 허가를 할 경우 학생들은 그들이 포기하고 싶어질 때까지 질문을 한다. '통과' 라고 선언하면 질문을 포기하는 것이다.
3. 도우미는 이론에 대한 찬성을 얻기 위해 이론이나 질문에 관해 답하지 않는다(도우미가 이론을 승인하거나 하지 않거나 하는 두 경우이다).
4. 어느 학생이라도 언제든지 이론을 검토할 수 있다.
5. 질문하는 동안 회의를 요청하지 않는 한 학생들끼리 함께 토론할 수 없다.
6. 질문은 언제든지 교실에 있는 자료를 참고할 수 있다.

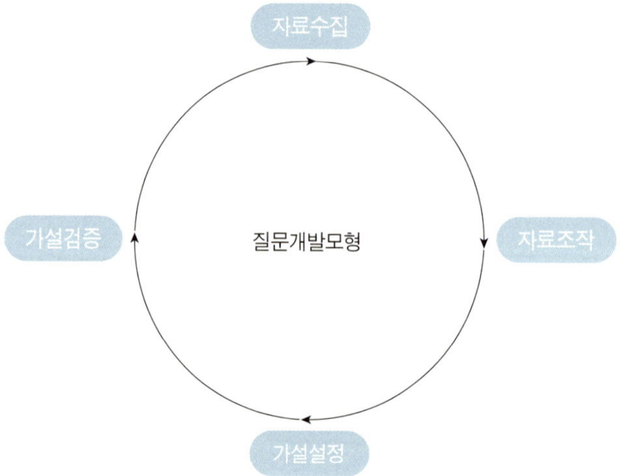

[그림 9-3] Suchman의 질문 개발 모형

전형적으로 투명한 물이 반 정도 채워진 두 개의 컵을 교사가 학생들에게 보여주고, 교사가 첫 번째 컵에 얼음 조각을 넣은 다음 두 번째 컵에도 그 과정을 반복한다. 첫 번째 컵의 얼음 조각은 물 위로 떠오른 반면 두 번째 컵의 얼음 조각은 가라앉는다. 학생들은 왜 2개의 컵 속의 얼음이 같은 방식으로 반응하지 않는지 알아내야 한다.

교육과정 변형과 질문 개발 모형의 관계

질문 개발 모형은 교수–학습 과정과 환경 변형에 사용하면 효과적이다. 학생들은 비판적으로 관찰하고, 질문을 하고, 자신들의 판단을 보류하고, 자료를 평가하고, 가설을 설정하는 방법을 배운다. 그런 다음 내용 전달 과정은 독립적인 학습을 통해 가능하도록 교육과정을 변형한다.

또한 질문은 자유롭게 탐구가 이루어지는 환경을 필요로 한다. 학생들이 질문하고, 다양한 자료를 찾고, 자료가 풍부한 사고가로서 자신을 돌아보는 데 있어 자유로움을 느껴야만 한다. 철저하게 교사 지시적이고 공포나 협박을 통해 융통성 없이 통제되는 환경은 자력이 풍부한 마인드를 성공적으로 배양시킬 수 없다. 이러한 유형을 발견할 수 있는 환경의 학생들은 가설을 세우고 검증하는 자신의 능력에 대해 자신감을 갖고 기능을 활기 있게 사용할 것이다.

Suchman의 질문 개발 모형의 적절한 사용

질문 개발 모형은 교육과정의 모든 내용 분야에 사용할 수 있다. 이것은 과학이나 과학적 문제와 관련된 주제에 특히 쉽게 적용시킬 수 있지만 언어 예술이나 사회 연구, 예술 분야에도 사용할 수 있다. 이러한 식으로 모형을 사용함으로써 학생들은 모든 분야에서 새로운 정보를 얻을 수 있게 된다.

영재들은 이 모형을 사용해 정보를 수집하고 질문에 대답하는 여러 방법을 개발할 수 있다. 영재들은 문제해결과 지식 생산 수단을 더욱 다양하게 사용할 수 있는 능력을 가지고 있으며, 질문법을 사용함으로써 이 능력을 더욱 촉진시킬 수 있다. 질문 학습은 도전적이기 때문에 영재들에게 즐거움을 주고, 알지 못하는 난해한 탐구를 혁신적이고 창의적인 방법으로 풀 수 있도록 하는 기초가 된다.

TREFFINGER의 창의성 향상 모형

창의성은 영재를 대상으로 한 대부분의 프로그램에서 강화하고자 하는 능력 중 하나다. 그러기 위해서는 창의성 훈련 이상의 것이 필요하다. 학교생활의 모든 측면, 모든 시간 동안 창의성이 인정되고 교육되도록 하여야 한다. 하루에 30분을 '창의 시간'으로 떼어놓는 것만으로 학생들의 창의성을 개발하지는 못한다. 학생들의 창의성을 개발하도록 돕기 위해서는 더 많은 이해력과 깊이 있는 접근이 필요하다. Treffinger의 창의성 향상 모형은([그림 9-4]) 학생의 창의성 학습을 향상시킬 수 있도록 구성되었다.

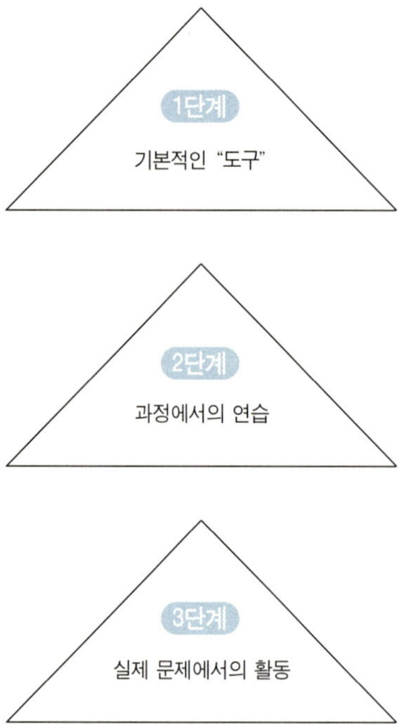

현존하는 과정 내용에 사고하는 기능을 접목하는 방법 찾기
브레인 스토밍, attributing listing, 아이디어 체크 목록, 형태학적 분석, "만약 ~라면" 또는 "~라고 가정해보자"라는 식의 질문법, 집중된 관계, 유추, 관련된 자료 판단하기, 참조 만들기, 비교하기/대조하기, 주장/결론 평가하기

학생들에게 문제해결 방법을 연습할 기회를 제공
케이스 스터디, 시뮬레이션/게임, 롤 플레이/꾸며낸 문제들/미래 학습—시나리오/문제를 해결하기, 학급에서 샘플 문제에 대해 집단으로 연구하기(문학에서 가져온 문제들)

실제 문제에 대해 연구할 기회들
개인, 학교, 지역사회 관련 문제들, 바깥 고객들을 위한 자료, 서비스 클럽 활동 또는 프로젝트, 지역 시민/친목 단체와 학습하기, CPS 방법을 사용한 독립적인 학습, 학기말 고사, "senior honor" 시험, 출판, 모임이나 회의에서의 프리젠테이션 하기

[그림 9-4] Treffinger의 창의적 학습을 독려하는 모형

모 형

Treffinger의 창의적 학습 향상 모형(1986)은 기본적인 요소로 시작해 점점 복잡한 창의적 사고 기능으로 발전하는 3단계로 구성된다. 학습 심화 3요소(Renzulli, 1977)와 마찬가지로, 첫 번째 두 단계에서는 학생이 최근에 갖고 있는 실생활에서의 문제에 관한 기능 형성 활동이 이루어진다. 1단계인 기본 도구는 Guilford(1967) 연구에서 가져온 수렴적 사고 기능을 포함한다. 수렴적 사고 기능을 신장시킴으로써 학생들은 탄력 있고 융통성 있는 사고를 할 수 있음은 물론 다른 사람에게도 기꺼이 자신의 혁신적

사고를 표현하게 된다. 2단계는 연습 단계이다. 1단계에서 배운 기능을 실제 상황에서 적용할 기회를 제공한다. 역할놀이나 시뮬레이션, 사례 연구와 같은 전략들이 사용된다. 학생들이 창의적 사고에 숙달하기 위해서는 학교에서 할당된 이상의 분석과 평가, 상상, 공상 등의 기능을 사용해야 한다. 3단계는 실전 단계로 앞의 두 단계에서 배운 능력을 가지고 심화 학습 3요소 모형의 3단계와 마찬가지로 학생들은 실생활 속에서 의미 있는 방식으로 그들의 능력을 사용한다. 이러한 과정을 통해 학생들은 창의적인 사고와 관련된 기능을 배울 뿐 아니라 정보를 실생활에 어떻게 적용하는지 배우게 된다. 불행하게도, 이 적용 단계는 많은 교육과정에서 빠져 있으며, 그 결과 학생들은 일상생활에서 기능을 어떻게 사용해야 하는지 모른 채로 있게 된다.

교육과정 변형과 창의성 향상 모형의 관계

창의성 학습을 향상시키는 모형은 교육과정 전체에 걸쳐 사용할 때 가장 효과적이다. 그러므로 이것은 학급에서 영재들을 위한 네 가지 변형 유형에 모두 사용할 수 있는 도구다. 그러나 특히 과정과 결과 변형 분야에 가장 강점을 갖고 있다. 1, 2단계에서 빠르게 배우는 학생들은 그들이 생활에서 새롭게 알게 된 것이나 다양한 문제나 상황에 대해 적용해보는 3단계 활동으로 진행할 수 있다. 이러한 연습은 학생들이 다양한 범위의 기능을 배우고 필요하면 언제든지 사용할 수 있어야 한다.

3단계 활동을 통한 학습 산출물은 문제해결 방법 과정을 배우는 것뿐만 아니라 해결된 문제 자체가 되기도 한다. 학생들은 자신의 창의적 능력을 사용하고, 자신들의 삶에서 창의성을 표현하는 방법을 찾는 기능을 연마하게 된다.

창의적 학습 향상 모형의 적절한 사용

창의적 학습 향상 모형이 영재 교육과정 개발에 공헌한 가장 큰 점은 기본을 뛰어넘는 기능 과정을 보여준 것이다. 1, 2단계 기능을 마스터한 학생 중 특히 창의적인 경향이 강한 영재들은 다른 학생에 비해 더욱 빠르게 목표에 도달할 것이다. 이러한 학생들은 낮은 수준에서의 시간과 에너지 비율을 적게 책정한다. 학급의 모든 학생들을 이 모형에 포함시킬 수 있지만 그 중 몇 명은 적용 단계로 넘어갈 능력을 가지고 있다.

이 모형은 학급 교육과정 전체에 사용되어야 한다. 창의적 사고는 학교에서 가르치는 모든 교육의 일부이다. 학생들은 실생활 속에서 창의력이 사용되는 능력을 보게 될 것이며, 그러한 능력 사용을 격려하고 허락하는 환경 속에서 능력을 더욱 발전시키게 된다.

WILLIAMS의 인지적 · 정의적 상호작용 모형

Williams의 사고와 감정 처리를 위한 인지적 · 정의적 상호작용 모형(1978)은 학생들의 정의적 행동을 충족시키기 위해 제시되었다. 이 모형 또한 교육과정 전반에 걸쳐 창의력이 독려되어야 하며 학생들은 모든 행동에서 창의적으로 사고하는 능력을 개발해야 한다는 전제에 기초하고 있다. 모형 자체가 영재를 위해 특별히 고안된 것이 아니지만 학생들의 창의성을 개발하기 위해서는 인지적 능력과 정의적 능력의 상호작용이 중요하다는 것을 강조하기 때문에 인지적으로나 정의적으로 독특한 특성을 가지고 있는 영재교육에도 유용한 것으로 나타났다.

모 형

학급에서 정의적 행동을 충족시키기 위한 Williams의 모형은([그림9-5]) 교육과정 내용, 교수-학습 전략, 학생 행동의 세 차원으로 구성되어 있다.

교육과정 내용은 미술, 음악, 과학, 사회, 수학, 언어 등 6과목으로 이루어졌고, 2차원인 교수-학습 전략은 6개의 교과를 가르칠 때 교사가 사용하는 전략이나 방법을 포함한다. 모형에서 제시한 열여덟 가지 행동은 예에 불과하다. 교사는 그 이상의 전략을 사용할 수도 있다. 3차원은 학생 활동 영역으로 여덟 가지 기능으로 구성되어 있다. 인지적 · 정의적 영역에서 각각 네 가지씩 포함한다. 유창성, 융통성, 독창성, 정교성, 호기심, 위험 감수, 복잡성, 상상력을 활용하면서 학생들은 자신의 능력을 배양해간다. 예를 들어 하나의 수업을 할 때 언어 영역(1면), 독창성(2면), 위험 감수(3면)와 관련시켜 만들 수 있다. "당신은 파선된 배에 남아 있는 외로운 생존자입니다. 바다 위의 구명 뗏목에서 이틀 동안 식량을 가지고 혼자 떠 있는 것을 발견하게 됩니다. 당신이라면 어떻게 할까요?" 학생들은 활동하기로 선택한 1, 2면의 측면에서 결정된 상황에서 3면에서 선택한 기능을 사용한다.

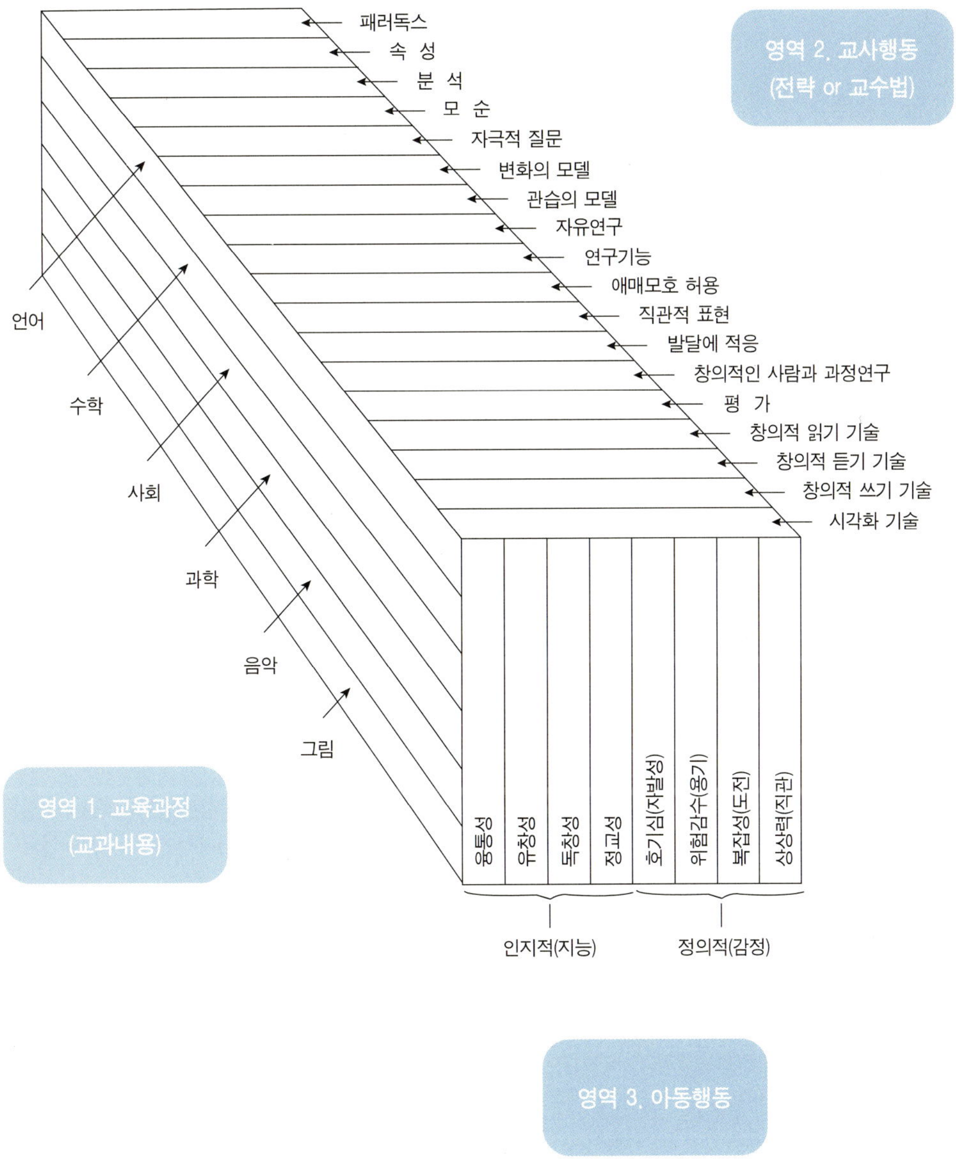

[그림 9-5] Williams의 교실에서 인지적 · 정서적 행동을 시키기 위한 모형

교육과정 변형과의 관계

Williams 학급에서의 인지적 · 정의적 행동 충족 모형은 주로 과정에서 다루지고 있다. 과정 개발은 창의적인 사고 능력 개발에서 언급된 바와 같이 강조하고 있다. 3차원에 있는 학생 행동 목록은 창의적 사고 개발을 논의할 때 자주 언급되는 기능들이다.

교육과정과의 관계는 창의적인 사고 기능이 앞으로 삶의 일부분이 될 수 있도록 기능 개발에 주력해야 하고, 내용이나 산출물과의 관계는 심화 학습 3요소 모형, 내용 수정을 위한 모형, 통합된 교육 모형, 창의적 학습을 독려하는 모형 등과 같은 여러 모형을 결합해야 영재에게 더욱 종합적인 교육과정 패키지를 제공할 수 있다. 환경과의 관계는 학생의 욕구를 바탕으로 학생 중심의 환경을 만든다.

인지적 · 정의적 상호작용 모형의 적절한 사용

학급에서의 인지적 · 정의적 행동을 충족시키기 위한 모형은 영재교육을 위한 지침이나 방향을 제시하고 있지는 않다. 하지만 교수—학습 전략 차원에서 교육과정을 개발하기 위한 퍼즐 조각을 제공한다. 이 모형을 다른 모형과 결합해 사용할 경우, 교육과정 시작부터 끝까지 시종일관 창의적인 사고를 불어넣는 데 중요한 역할을 한다.

이 모형은 또한 창의적 사고 능력에서 개별화된 프로그램을 개발하는 데 유용하게 사용될 수 있다. 3차원의 구성은 학생들이 이러한 능력을 사용할 수 있는 범위를 평가하는 데 사용될 수 있다. 평가 정보는 학생 능력 프로필에 입력된다.

Williams에 의해 제시된 교육과정 개발 계획은 광범위한 능력을 가진 학생과 함께 학급에서 사용할 수 있다. 이것은 영재만을 위한 것은 아니다. 그러므로 교사는 영재들을 분리하거나 다른 학생들의 참여 기회를 박탈할 필요가 없다. 영재들은 더 복잡한 활동을 하게 하거나 다른 많은 기능을 연계해 사용할 수 있다. 결합할 수 있는 것은 무궁무진하며 매우 다양한 경험을 하도록 이끌 수 있다.

마지막으로, 이 모형은 창의적 사고에 균형 잡힌 접근을 하고 싶어 하는 교사들에게 기준이 될 수 있다. 자신이 사용하는 활동 시간표와 질문 일람표로 만듦으로써 교사는 학급 학생들이 창의적 사고 능력을 충분히 개발할 수 있는 기회를 줄 범위를 결정할 수 있다.

영재 교육과정에 모형 적용하기

대부분의 교사들은 교육과정 계획 시 학교위원회에서 채택한 목록과 기본적인 교재 범위를 따르고 있다. 이러한 방법은 학생들에게 적절한 경험을 부여하는 시도를 방해하지만 아예 불가능하게 하진 않는다. 새로운 접근법과 함께 필요한 요소를 통합함으로써 학생들에게 더 많은 기회를 제공할 수 있다.

교사들은 앞에서 소개한 많은 교육과정 모형 중에서 일부를 선택해서 학교 실정에 맞는 교육과정을 개발해야 한다. 교육과정 모형을 선택하기 전에 교사는 다음과 같은 몇 가지 질문을 스스로에게 할 필요가 있다.

- 여러 모형 중에서 최근 교육과정에는 어떤 부분이 필요한가?
- 교육과정의 일부로서 가치가 있는 것은 어떤 것인가?
- 교육과정 계획을 통해 나와 학생들을 발달시키기 위해 무엇을 노력하고 있는가?

일단 이러한 질문에 답을 했으면 학생들에게 맞는 교육과정을 가져올 구상을 본격적으로 시작한다.

처음부터 한 주제에 초점을 맞추는 것도 유용한 한 방법이다. 경험을 통해 또는 교사용 지침서에 수업의 핵심이나 주제를 적어나가기 시작한다. 이러한 것이 명확하게 된 후에는 학생들을 어떻게 가르칠 것인가 알아보기 시작한다. 개념을 이미 마스터 한 학생은 없는가? 학생들의 수준 차이에 따라 수업을 차별화할 필요성은 없는가? 그런 후 학생들의 개인적 차이를 받아들인 수업 방법을 결정하고 학생들이 의미 있는 학습을 할 수 있게 한다.

수업을 위한 다양한 종류의 주제도 대안적인 접근이 될 수 있다. 언제 어떤 모형을 사용해야 하는지 어떤 것과 어떤 것을 연결시켜 사용해야 하는지를 아는 것은 좋은 교육을 위해 필수적이다. 학급에 의미 있는 교육과정 활동을 가져오는 것이 모든 오래된 관행들을 버리라는 것을 의미하지 않는다. 그러나 교육과정이 학생 개개인과 교사의 요구에 부합되는 방식으로 교육과정을 맞춰야 하는 것은 필수적이다. 이와 함께 모형을 사용할 경우에는 다양한 환경과 교사, 학생에 따라 다양하게 변화시켜야 한다.

요 약Summary

일반학급에 배치된 영재들에게 유익한 교육과정 개발에 관한 모형은 많다. 본 장에서 언급된 것들은 영재교육에 도움이 되는 것들이다. 그러나 이것만이 그렇게 할 수 있는 유일한 모형은 아니다. Guilford(1967), Taba(1962), Bruner(1960), Kohlberg(1966)와 같은 유명한 이론가들의 연구 또한 교육과정 패키지를 만들 때 눈여겨볼 여지가 있다. 이러한 모형들을 영재에게 적용하였을 경우 서로 다른 장 · 단점을 가지고 있다. 통합적인 교육과정을 제공하기 위해 모형을 연결하거나 특별한 목적만을 위해 사용할 필요가 있다. 어떤 모형을 사용해야 하고 언제 그것을 사용하는 것이 가장 성공적인 지도를 할 수 있는지 아는 것이다.

이렇게 실천하세요Action Steps

1. 일반학급에서 만들어진 자신의 수정 목록을 재검토한다. 어떤 분야가 약한가?(과정 수정, 결과 수정, 강의 과목을 강하게 만들기 시작하는 수정된 교육과정의 한 분야를 선택한다)
2. 시작할 곳을 결정했으면 그 분야를 강조할 하나 또는 2개의 모형을 선택한다. 교육과정 변화를 위한 기초로서 그것들을 사용한다.
3. 다른 분야의 지도에도 변화를 확대할 계획을 만든다. 그러한 변화는 빨리 만들어지지 않는다는 것을 깨닫고 실천한다.
4. 자신의 교육과정을 평가하는 잣대를 만든다. 위에서부터 자신의 이상적인 교육과정의 특성 타입을 적는다. 옆에는 사용하는 방법과 자료의 목록을 쓴다. 이러한 교차가 이루어지는 곳을 체크함으로써 자신의 교육과정이 균형을 보이는지 그래픽으로 나타낸다.

이런 참고자료 활용하세요References Yon Can Use

Clark, B. (1986). *Optimizing learning : The integrative education model in the classroom.* Columbus, OH: Merrill Publishing Co.

Davis, G., Rimm, S. (1985). *Education of the gifted and talented.* Englewood Cliffs, NJ: Prentice Hall.

Maker, J. (1982). *Teaching models in education of the gifted.* Rockville, MD: Aspen Systems Corporation.

Renzulli, J. (ed.). (1986). *Systems and models for developing programs for the gifted and talented.* Mansfield Center, CN: Creative Learning Press.

Williams, F. (1970). *Classroom ideas for encouraging thinking and feeling (2nd ed.).* Buffalo, New York: D.O.K. Publishers.

사례 연구

10

일반학급에서 영재교육을 실시하기 위한 교육과정을 개발할 때 교사가 고려해야 할 요소는 매우 많다. 또 이러한 상황에서 영재교육에 접근할 수 있는 방법도 다양하다. 교사는 이러한 사실을 명심하고 학생의 능력과 요구, 흥미에 기초한 학습 경험을 만들어냄으로써 학생이 흥미를 느끼는 적절한 프로그램을 만들 수 있다. 본 장에서는 일반학급에 배치된 영재교육의 사례를 소개하고자 한다.

사례 1. 수학 교육과정 운영

배 경

Anold 선생님은 도시 근교의 한 학교에서 분리된 4/5학년을 가르치고 있으며, 읽기와 수학 두 과목에서 우수한 교육과정을 가지고 있는 것을 자랑으로 삼고 있다. 초등학교에는(K-5) 각 학년에 65명의 학생들을 수준에 따라 두 반으로 나누고 한 반을 분리시켜 놓았다. 4/5 분리 학급을 만든 이유는 다른 두 학급의 과밀도를 낮추고 속진을 허용하기 위해서다.

문 제

Anold 선생님의 학급에서 사용하는 교육과정이 학생들을 지속적으로 발전시키는 것이라고는 하지만 수학적으로 매우 뛰어난 몇몇 학생들에게 사용할 자료가 부족했다. 그러므로 그들에게는 주로 출판사에서 나온 5학년 보조 자료를 줄 수밖에 없었다. 학생과 학부모 모두 이 상황에 불만이었고 이를 개선해달라고 요구했다.

이러한 문제는 뛰어난 능력을 지닌 학생들이 접하게 되는 가장 절실한 문제이다. 학급 동료들에 비해 개념 이해가 빠르고 정보를 받아들이는 능력 또한 빠른 영재의 경우, 그들의 능력에 맞는 실제적인 자료를 통해 더욱 빠르게 발전할 수 있다. 그러나 학교 정책이 평균적인 학년 수준의 자료를 할당하고 학교에서 지정한 자료와 과정으로 제한한다면 이들의 문제는 더욱 악화될 수밖에 없다. 학생들에게 지정된 학년보다 일 년만 올라갈 수 있게 한다든지 교사들에게 한 학년에 국한된 기본적인 교과서만 사용해 가르치도록 제한한다면 학생들은 발전을 이룰 수 있다.

지속적인 교육과정 개발의 최대 장애는 제한적인 교육 정책이다. 이 경우 "초등학교 수준에서 최대한 자료에 접근하게 하라"는 것이 문제가 된다. 이러한 지침은 대부분의 일반 학생들에게는 효과적이지만 영재들에게는 적합하지 않다. 수학 영재들은 3, 4학년만 돼도 초등학교 자료만으로 만족할 수 없게 된다. 그렇다면 이러한 상황에서 높은 기능 수준을 가지고 있는 학생에게 적합한 수학 프로그램을 만들기 위해서는 어떻게 해야 하는지 고려해야 할 것이다.

가능한 해결법

사례처럼 수학 영재를 위한 프로그램을 개발하는 과정에서 많은 문제가 발생하지만 문제가 있으면 해결 방법도 있는 법이다. 다음은 앞에 제시한 사례의 문제를 해결하는 방법이다.

첫째, 학생의 수준에 따라 사용할 수 있는 자료를 개발한다. 즉, 초등학교 수준을 뛰어넘은 학습 자료를 준비함으로써 수학 영재들이 언제나 심화 자료를 사용할 수 있도록 허용하여야 한다. 교사 혼자서 학습 자료를 개발하는 데 한계가 있으면 동료 교사나 중학교 교사들과 협력할 수도 있다.

둘째, 초등학교 수준의 자료를 모두 사용한 학생들은 중학교에서 수학 수업을 들을 수 있게 허용한다. 이러한 방법은 스케줄을 비교하고 다른 곳으로 자리 이동을 해야 하는 번거로움이 있지만 학생이 자기 능력 수준에 맞는 수학 학습을 할 수 있도록 한다.

셋째, 수학 영재들의 수학 이해 능력을 높이기 위해 선택할 수 있는 대안 수업을 개발한다. 논리, 컴퓨터 설계 또는 음악에서의 수학 과정은 기본적인 교육과정을 강화시키는 세 가지 대안이다. 그러나 이러한 강화 프로그램을 실시하기 위해서는 이에 필요한 비용과 시간을 합리화시킬 수 있을 만큼의 적합한 학생을 다수 찾아내야 한다는 약점이 있다.

Anold 선생님의 해결법

Anold 선생님은 자신의 학급에서 발생한 문제를 빠르게 인식하였다. 그러나 자신이 근무하는 학교의 정책은 이러한 문제에 많은 관심을 갖고 있지 않았다. 그래서 Anold 선생님은 자신의 학급에서 일어나고 있는 문제와 학부모의 불만에 대해 학교장과 상담을 하였다. 이후 학교는 교육과정위원회와 교육청의 지도 담당 장학사들과 함께 협의한 결과 해당 학생에게 적절한 수학 프로그램 변형을 고안하기로 결정하였다.

지도위원들은 교육과정 변형에 있어 두 가지 원칙을 세웠다. 첫째는 학생들이 자신의 능력에 맞는 자료에 접근하도록 허용하는 것이고, 둘째는 홈 스쿨도 고려 대상에 포함시켰다. 학교는 초등학교 5학년 수학 영재가 중학교에 가서 교육받는 것은 허용하지 않는 대신에 초등학교 5학년 수준보다 높은 수준의 자료를 제공할 수 있도록 투자를 하였다. 이 해결법은 수학 영재에게 수업 속도를 빠르게 나가는 것만이 수학 능력을 촉진시키는 유일한 방법이 아니라는 것을 이해시키는 데 목적이 있지만 위원회는 영재들의 욕구를 충분히 고려하여 학생들의 경험을 풍부히 하기 위해 일주일에 한 번 단기 수학 과정을 개설함으로써 수학의 다양한 측면을 학습하도록 하였다.

Anold 선생님을 포함한 교육과정 변형위원회에서 사용한 전략은 Gallagher의 내용 수정 모형(1985)이다. 교사들이 영재를 위한 교육과정을 계획할 때 내용 속진과 심화, 내용 정교함, 내용 고급화 등에 대해 사고하도록 하였다. 자기 주도적 학습이 이 모형의 중요한 부분이긴 하지만 소집단 지도와 계약 또한 새로운 기능을 지도하고 학생 발전을 모니터 하고, 학생 성과를 평가하는 방법으로 제시되었다.

Anold 선생님은 일년 동안 이 프로그램을 계획하고 4~5학년 교사들과 함께 협조 체제를 유지했다. 예를 들어 수학 영재를 소집단으로 편성하고 한 교사는 컴퓨터를 지도하는 동안 다른 교사는 미터법에 관해 수업을 진행하였다. 교내 교사들로 한계가 있는 과정은 다른 학교 교사의 도움을 받기도 하였으며 외부 강사를 초정하기도 하였다.

답을 구하는 수학 수업 사례

답을 구하는 수학 수업에서는 미로, 단어 퍼즐, 플로차트, 틱택토(tic-tac-toe) 게임, 주사위 퍼즐 등을 통해 문제를 해결하도록 한다. 이 방법들은 영재의 높은 도전 의식을 자극함으로써 성취의 느낌을 느낄 수 있도록 한다.

미 로

미로 게임은 점점 난이도가 높아지는 미로 시리즈를 학생들에게 보여준다. 학생들이 그들의 능력을 나타내고 성공적으로 미로를 완성하면 스스로 미로를 만들도록 시킨 후 그것을 잘라 수업 시간에 활용하게 한다.

단어 퍼즐

영희, 철수, 순희, 미라는 각각 다른 유형의 책을 좋아한다. 예를 들어 영희의 급우 중 한 명은 미스터리를 가장 좋아한다. 순희와 미나는 모험 책을 좋아하지 않는다. 철수가 가장 좋아하는 책은 스포츠다. 미라는 유머 책을 좋아했지만 가장 좋아하는 타입이 바뀌었다. 미라가 가장 좋아하는 책은 무엇일까? 이 문제를 풀기 위해서 문제에 제시된 자료([그림 10-1])가 적힌 차트를 사용하고 주어진 정보와 차트를 확장시킨 논리적 근거를 사용할 수 있다.

유 형 \ 이 름	영 희	철 수	순 희	미 라
유 머				아니오
미스터리	아니오			
스포츠		예		
모 험			아니오	아니오

[그림 10-1] 단어 퍼즐

순서도

플로차트의 목적과 차트 과정에서 사용되는 여러 가지 모양의 중요성을 학생들에게 각인시키면서 [그림 10-2]의 플로차트를 완성하도록 한다. 그들이 성공적으로 하고 난 후에는 학생들이 풀 수 있는 다른 플로차트를 고안해내도록 한다.

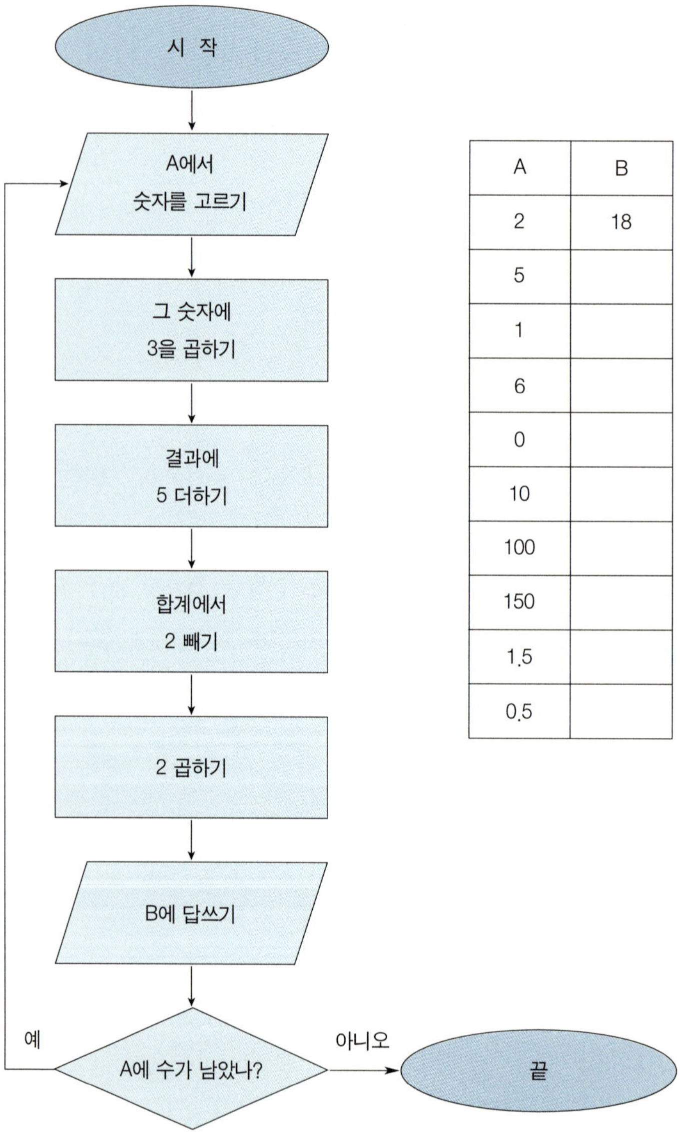

A	B
2	18
5	
1	
6	
0	
10	
100	
150	
1.5	
0.5	

[그림 10-2] 순서도

틱택토 게임

오랫동안 사랑을 받아온 틱택토(Tic-Tac-Toe) 게임의 변형은 Krulic과 Rudnick(1980)에 의해 처음 만들어졌다. 틱택토 게임은 수업 시간에 특별한 준비없이 교실에서 쉽게 할 수 있는 게임으로 시행착오를 통하여 틱택토(Tic-Tac-Toe) 게임의 최선의 전략이 무엇인가를 생각해보도록 하고 각 경우의 수를 모두 살펴봄으로써 논리적 사고를 할 수 있게 유도한다. 더 나아가 최선의 전략을 통하여 마방진을 만들 수 있다. 1부터 9까지의 자연수가 하나씩 쓰여 있는 아홉 장의 카드를 가지고, 두 사람은 서로 카드의 숫자를 볼 수 있도록 펼친 상태에서 다음과 같은 규칙에 따라 게임을 한다.

규칙 1

카드를 서로 번갈아가며 한 장씩 가져와 [그림 10-3]의 틱택토(Tic-Tac-Toe) 사각형에 숫자를 놓는다.

규칙 2

자신이 가져와 놓은 카드에서 가로, 세로, 대각선 중 어느 세 장의 합이 먼저 15가 되면 이긴다.

규칙 3

아홉 장의 카드가 모두 없어질 때까지 승부가 나지 않으면 순서에 따라 상대방 카드 중에서 필요한 카드 한 장을 자신의 카드로 한다.

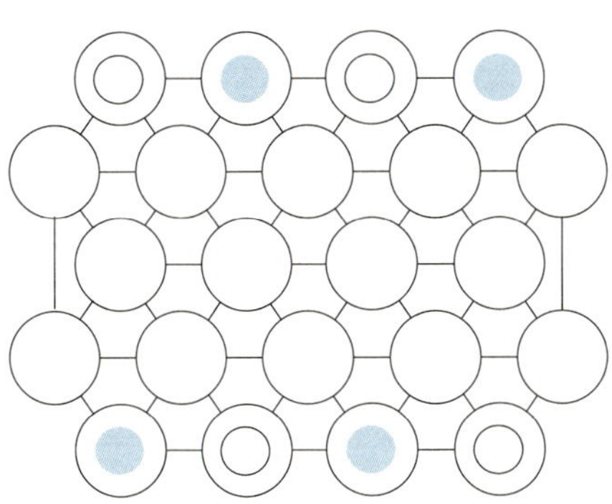

[그림 10-3(a)] 중국판 틱택토의 출발 위치

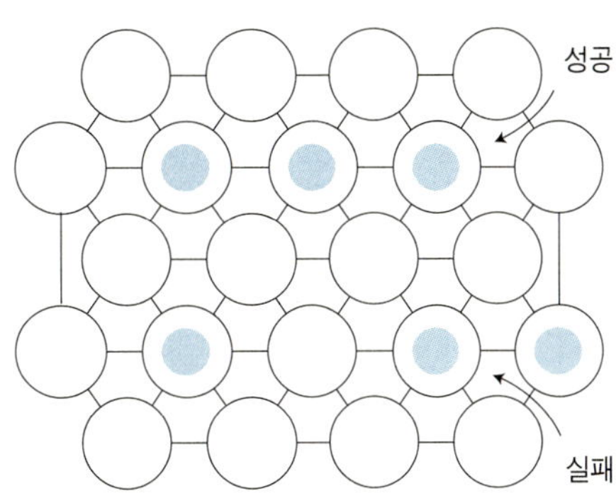

[그림 10-3(b)] 틱택토의 승리 예

주사위 퍼즐

주사위 게임은 [그림 10-4]와 같은 그림을 보여주고 다음과 같은 질문을 한다.

- B의 반대편에 있는 글자는 무엇입니까?
- C의 반대편에 있는 글자는 무엇입니까?
- E의 반대편에 있는 글자는 무엇입니까?
- D의 반대편에 있는 글자는 무엇입니까?
- F의 반대편에 있는 글자는 무엇입니까?
- A의 반대편에 있는 글자는 무엇입니까?
- 퍼즐을 완성하는 데 걸린 시간은 얼마입니까?

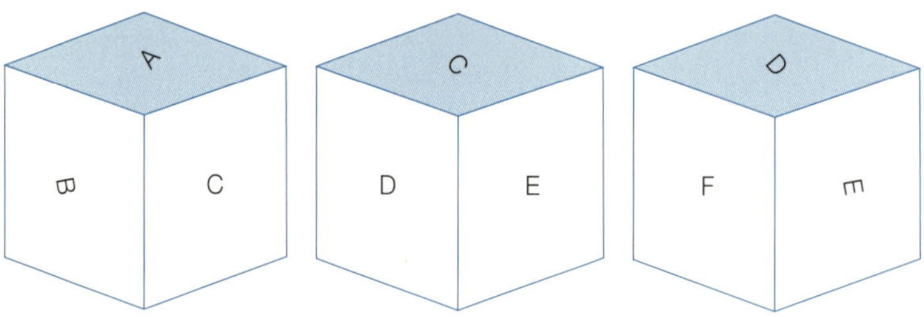

[그림 10-4] 주사위 퍼즐

사례 2. 언어 예술 운영

배 경

Kline 선생님은 지방 학교의 시설이 완비된 교실에서 3학년 학생들을 가르친다. 취학 아동이 적어 한 학년에 한 학급밖에 없으며 가장 가까운 다른 초등학교는 10마일이나 떨어져 있다. 학교는 자율적이고 자급적으로 운영되고 있다. 지나치게 자율성과 독립성을 강조하는 학교 운영 정책은 직원들이 서로 협조를 거의 하지 않고 아이디어나 자료를 공유하지도 않게 만들었다. 게다가 위원회에서 지원되는 영재 프로그램도 없고 월반도 허용되지 않는다.

문 제

Kline 선생님은 학급에 있는 30명의 학생 중 언어 예술에 영재성을 보이는 4명의 학생을 발견했다. 3학년 학생이 4, 5학년 수준의 책을 읽고, 탁월하게 글쓰기를 잘하고, 철자와 문법 기능이 뛰어나다. 또한 또래들이 읽는 것보다 훨씬 어려운 책을 도서관에 가서 읽고 있음에도 불구하고 학급에서는 이들의 높은 언어 예술 능력을 사용할 수 있는 어떤 교육적 경험도 제공하지 못하고 있다.

Kline 선생님은 이러한 자신의 학급 문제를 인식하고 4, 5학년 선생님들과 함께 협조하려고 시도했지만 실패했다. 언어 예술 분야의 영재를 상급 학년반에 이동시켜 그들의 수준에 적절한 학습 활동을 하도록 하는 수준별 교육과정을 운영하고 싶었지만 4, 5학년 담임 교사들의 반대로 실시할 수 없었다. 또한 현재의 단일 학년제 시스템을 1, 2학년 반과 2, 3학년 반과 5, 6학년 반으로 재편성해서 2명의 교사가 팀 지도를 하고자 하였으나 이것 역시 동료 교사들의 비협조로 무산되었다.

그래서 Kline 선생님은 학급 내 수준별 교육을 위해 학생들을 언어 예술 능력별로 재편성해서 각 집단에 적절한 자료를 제공하기로 했다. 하지만 교사 혼자서 여러 집단에 사용할 다양한 자료를 제작하는 것과 각각의 집단에 맞는 교육과정을 운영하는 것은 이론적으로 구상하는 것보다 훨씬 어려운 일이었다. 그렇다면 Kline 선생님이 교실에서 언어 예술 영재를 위한 프로그램을 제공할 수 있는 방법은 무엇일까? 어떻게 하면 4, 5, 6학년에 지정된 자료들을 사용하지 않고도 심화 교육과정을 제공할 수 있을까?

Kline 선생님의 문제를 지방이라는 지역적 틀에 제한해 사고한다면 방법이 없다. 자신이 맡고 있는 학생들에게 제대로 된 교육을 제공하기 위해서 다른 동료들과 소원해지는 위험을 감수해야 할 상황은 어디든 많다. 주변의 협조가 있다면 학생들의 다양한 능력에 부응하는 교육을 시키고자 하는 목표를 쉽게 이룰 수 있지만 실제로 항상 가능한 일은 아니다. 그렇다면 이 시점에서 어떤 선택이 가능할까?

가능한 해결법

Kline 선생님이 이 상황에 대처할 수 있는 방법은 여러 가지다. 여기서는 네 가지 방법을 소개하고자 한다.

첫째, 심화 보충 활동을 활용한다. 이 방법은 내용이나 과정의 변형이 어려울 경우 환경을 변형하는 접근법이다. 학생들이 참여할 수 있는 주니어 그레이트 북이나 어린이를 위한 철학 등과 같이 특별 프로그램 개발이 포함될 수 있다. 학급 도서에 상급 학년 책을 배치하거나 철자 게임을 하거나 외국어를 지도하는 활동은 다른 교직원과의 협조 없이도 학생들의 학습을 촉진시키는 방안들이다.

둘째, 지역사회의 인적 자원을 활용한다. 예비 교사 모임, 퇴임 교사 모임, 학부모 도우미, 지역 인사 등을 소집단의 도우미로 활용할 수 있다. 도우미들은 때로는 집단의 리더 역할을 해줄 수도 있고 발표 자료 제작을 도와줄 수도 있다.

셋째, 방과 후 프로그램을 활용한다. 미래 문제해결, 마음 오딧세이, 젊은 작가들의 클럽 등과 같은 방과 후 학교 프로그램은 Kline 선생님이 갖고 있는 문제를 해결해줄 수 있는 좋은 방법이다. 학생들은 이러한 활동에 참여함으로써 심도 있는 학습을 경험할 수 있다. Kline 선생님이 재직하는 학교는 지방이므로 통학 버스 시간과 연계한 프로그램도 운영할 수 있다.

넷째, 교직원들의 인식 변화를 바라며 다른 학년에 할당된 자료를 활용하는 방법이다. 이 방법은 위험을 감수하고 출발하지만 무엇보다도 학교장의 승인이 중요한 요인이다. 무엇보다도 Kline 선생님은 동료 교사들이 영재교육의 필요성을 인식하고 긍정적인 협조 체제를 구축하는 데 동참할 수 있도록 각별한 노력이 필요하다.

Kline 선생님 해결법

많은 숙고 끝에 Kline 선생님은 동료들과의 관계보다는 학생들의 욕구를 받아들이기로 결심했고 자신의 학급에 있는 학생들이 그들의 능력에 맞는 교육을 받을 수 있는 프로그램과 교육과정을 개발하기로 했다. 이런 결정을 내린 후 그는 자신의 수업 방식을 바꾸고 다른 교사의 도움 없이 자신이 결정한 것을 실행하기로 했다. 그러나 학생들이 자기 반에 있는 동안만큼은 그들에게 적절한 교육 경험을 쌓을 수 있도록 하고 한 해 동안 그들이 곤란을 겪지 않도록 최선을 다할 것을 결심했다.

Kline 선생님은 Clark의 '통합적 교육 모형'을 교육과정으로 선택했다. 특히 그는 정서적 · 인지적 · 직관적 기능 통합에 초점을 맞췄으며 그동안 자신이 실시했던 이전의 기능들이 얼마나 그러한 분야와 균형을 이루었는지 재빠르게 분석했다. 그 다음에는 모형의 일곱 가지 주요 구성 중 세 가지에 주목하고 다음과 같은 변형을 시작했다(책임 있는 학습 환경, 학생들이 선택하고 이해하는 선에서의 통제, 도전적인(실험적인) 인지 활동). 그의 궁극적인 목표는 일곱 가지 구성 요소 모두를 개발하는 것이었으므로 그는 언어 예술 분야에서 그러한 세 가지부터 시작하기로 결정했다.

환경 변형은 수업 전에 개발했는데 시간이 걸린 것이었다. 계약 체제를 만들어 학급의 모든 학생들이 최소한 언어 예술 시간만이라도 계약을 하도록 했다. 이러한 접근을 지원하기 위해 Kline 선생님은 자신이 사용하기로 선택한 각각의 교재에 대해 운영 일지([그림10-5])를 준비하였다.

이 름 :			읽기를 위한 운영 일지			
어휘페이지	수	점 수	읽 기	워크북페이지	수	점 수
1	5		페이지 6~11	2	8	
				3	10	
				4	6	
				5	10	
6	6		페이지 12~25	7	20	
				8	11	
				9	12	
				10	6	
11	6		페이지 28~33	12	8	
				13	12	

[그림 10-5] 읽기 책을 위한 운영 일지의 예

독서 토론 시간표도 작성하여 매주 같은 날짜에 학생당 10분에서 15분간 토론을 가졌다. 교사는 토론을 통해 학생들의 학습 과정을 공식적으로 모니터 할 수 있고, 학생들은 토론을 통해 언어 예술 프로그램에 대한 정보를 얻을 수 있는 기회가 제공되었다. 이 기간 동안에는 워크북을 체크하고, 학생들이 주중에 읽은 책의 내용을 이해했는지 알아보는 질문을 하고, 몇 가지의 읽기 검사를 시행했다. 그 시간에는 학생들이 해야 할 철자 학습과 스스로 하고 싶어 하는 쓰기, 읽고 싶어 하는 도서관 책 등을 결정하는 데에도 시간을 할애했다. 이것은 학생들과 Kline 선생님 모두가 열의를 가지는 시간이었다.

읽기 수업은 읽기를 위한 운영 일지와 연계하고 토론은 기능 집단 편성과 결합하여 운영하였다. 학생들은 기능 집단 편성에 속해 있을 때와 Kline 선생님이나 학생 중 한 명이 도서관 책을 다른 학급의 학생들에게 크게 읽어줄 때만 서로 만났다. 읽기에 영재성을 지닌 학생들에게는 일주일에 최소 두 권 이상 책을 읽도록 권장하였으며 그들의 기능 수준에 따라 책을 권해 주었다. 일주일에 한 번은 언어 예술 시간 동안 주니어 그레이트 북 세미나에 자원봉사자와 함께 참석했다.

철자 수업의 경우 학생들은 일주일에 최소한 한 개의 워크북 지도를 받았다. 학생들은 단어를 종이에 쓰고 그것을 폴더에 넣었으며 Kline 선생님은 그것을 모아 두었다. 그런 다음 그들은 수업에 맞춰진 워크북을 완성하였다. 학생들은 듣기 센터에 가서 철자를 검사받았다. 검사는 Kline 선생님이 하고 결과에 따라 학생이 다음 단계로 넘어가도 되는지 단어를 완전히 마스터 하도록 보충해야 하는지를 알려주었다. 대부분의 학생들은 일주일에 한 단원을 마쳤으나 철자에 뛰어난 학생들은 2, 3단원을 완성하고 학기 중 철자 워크북을 한 개 이상 마치는 경우도 종종 있었다.

글쓰기는 대부분 전체 집단 활동으로 이루어졌다. Kline 선생님은 동시에 모든 학생들에게 의미 있는 수업이 될 수 있는 지도안과 활동을 개발해야 했다. 쓰기는 정규 쓰기 수업과 병행해 학생들의 사고나 느낌, 하루 동안의 성과를 담은 일기를 쓰는 것으로 일상의 일부가 되었다. 대부분의 학생들은 언어(영어) 기능 수준이 비슷하므로 전체 집단 활동을 실시했다. 숙제는 학생들이 자신의 아이디어를 최대한 발휘할 수 있도록 부과하였다. 하루 종일 변화를 주었으며 학급 벽 표지판에는 회화체 프랑스 단어와 문구를 붙여놓았다. 학생들은 하루 종일 일상적인 영어 대화와 함께 프랑스 대화에도 자신감을 얻게 되었다.

Kline 선생님이 자신의 학급에서 시행한 변화들은 학생들에게 이익이 되었을 뿐 아니라 점차 학교 전체로 확산되기 시작하였다. 교장은 학생들이 보호받을 수 있도록 동의하였으며 다른 학년도 변화시키려는 의지를 보였다. Kline 선생님은 학습이 최고의 관심사이며 학생들이 의사결정을 내리고, 독립적인 학습 기능과 강한 자의식을 개발하며, 도전적인 활동을 보장하는 학생 중심의 학급을 이끌었다는 것에 안도감을 느꼈다.

언어 예술 수업에 사용할 수 있는 사례

언어 예술 영재들이 가장 두드러지게 나타내는 언어적 특징은 표현 양식을 사용하는 능력과 자기표현 능력이다. 이러한 능력은 조기에 글을 읽을 수 있거나 말을 많이 하며, 끊임없이 독창적인 방법으로 자기표현 활동을 즐긴다. 하지만 이러한 언어 예술 능력은 논리적인 사고와 창의성 없이는 더 이상 발전하지 못하고 지체할 수 있다. 따라서 학생들은 이러한 능력을 개발하는 데 요구되는 기능을 개발할 수 있는 교육을 받아야 한다.

요리책 쓰기

학생들은 집에서 자신들이 가장 좋아하는 요리를 설명하는 글을 쓴다. 교사는 학생들이 쓴 요리 자료를 모아 책으로 만든다. 다음은 토론토에 있는 Gateway Nursery 학교에서 학생들이 만든 요리법들이다.

바꾸어 말하기

학습지에 2개의 운율이 맞는 단어를 사용해 다르게 말할 수 있는 것을 기술한다. 다른 학생들의 학습지에 추가적으로 답을 써본다.

추리 소설 완성하기

추리 소설 완성하기는 미스터리를 해결할 수 있는 단서와 설명이 포함된 지문을 제시하면 학생들이 뒷부분에 문제의 해결 방법을 기술함으로써 추리 소설을 완성하도록 하는 방법이다. 학생들은 어떠한 해결 방법이 추리 소설의 미스터리를 해결하는 데 도움이 될지를 다양한 방법으로 검증해보고 독창적인 방법으로 문제를 해결하는 과정을 글로 나타낸다. 교사는 학생들의 추리 소설을 모아 토론 자료로 활용할 수 있다.

최고의 피자(4살 된 Aimee가 제공한 레시피)

재　　료 : 얼린 피자 도우 12ft, 고기, 피망, 치즈 1팩, 소스 2팩

만드는법

❶ 냉동실에서 얼린 피자 도우를 꺼낸다

❷ 청피망을 올린다. 치즈를 올린다. 고기를 올린다.

❸ 소스를 붓는다.

❹ 60도에서 한 시간 동안 굽는다.

❺ "랄프, 피자가 다 되었어요. 에미, 피자 먹을래?" 라고 말하며 피자를 꺼낸다.

5세 된 Darnelle이 제공한 최고의 핫도그와 마카로니 치즈 요리법

재　　료 : 핫도그 9개, 우유 10잔, 치즈 1박스, 마카로니와 치즈 1박스

만드는법

❶ 핫도그를 6도에서 10시간 굽는다.

❷ 재료를 한데 섞어 젓고 한 시간 동안 뜨거운 불에서 굽는다.

❸ 테이블을 차리고 음식을 서빙한다.

❹ 엄마는 다이어트 중이라 아무것도 못 먹는다.

실수는 위대하다

창의성 교육에서 발간하는 일련의 책 중에 『실수는 위대하다(Zadra와 Moawad, 1986)』 작품이 있다. 학생들의 감정을 이끌어내고 편안함을 주기 위해 설계된 책이다. 이 책은 실수하는 것과 모든 사람들은 실수를 한다는 사실에 대해 이야기한다. 영재들은 완벽주의 성향을 가지고 있기 때문에 실패를 두려워할 가능성이 더 많다. 하지만 실패는 성공의 어머니라는 말처럼 역사 속의 위인들도 아주 재미있는 실수를 많이 했음이 나타나 있다. 교사는 학생들에게 이 책을 큰소리로 읽도록 권유하면서 영재들이 스스로 유머 감각을 즐기도록 한다. 자신이 읽은 실수담을 가지고 역할놀이를 하거나 토론을 하도록 유도함으로써 실수를 했을 때 자신의 느낌이나 생각을 정리할 수 있는 기회를 제공한다. 특히 소극적이라 자신의 실수에 민감한 학생들에게 유익할 수 있다.

관용어 살펴보기

관용어란 단어 자체의 의미와는 다르게 문장 속에서 다른 의미로 받아들여지는 말이다. 예를 들어 "It is raining cats and dogs"라는 말이 있는데, 논리적으로 하늘에서 개와 고양이들이 내린다는 것이다. 그러나 하늘에서 개와 고양이가 내릴 수는 없다. 또 어떤 사람도 이 문장을 원문 그대로 의미를 받아들이는 사람은 없다. 이 표현을 들은 사람들은 '비가 억수같이 쏟아진다'는 문학적 의미로 받아들인다. "Mom says she has a frog in her throat"라는 문장이 쓰여진 책에는 목에서 개구리가 뛰어나오는 개구리를 거울로 확인하는 한 부인의 모습을 풍자적으로 표현하고 있다. 과연 이 글을 읽는 대다수의 사람들이 이 문장을 그림처럼 이해할까? 사람들은 '엄마는 목이 쉬었다'는 의미로 이해한다. "Daddy says he plays piano by ear"라는 문장 옆에는 피아노 건반 위를 머리로 누르고 있는 남자를 그려놓았다. 하지만 이 문장의 의미는 '아버지는 악보 없이 피아노를 연주한다'는 것이다. 우리는 주변에서 이러한 관용적 표현을 많이 찾아볼 수 있다. 특히 아이들은 이러한 표현을 매우 좋아하고 관용어 속에 들어 있는 유머를 빠르게 알아차린다.

교사는 이러한 관용어 모음집을 읽도록 권한 후 학생들이 직접 관용어를 만들어보도록 하고, 그 옆에 풍자적인 그림을 그려넣도록 할 수도 있다. 이러한 활동은 학생들의 언어 이해 능력과 조어 능력을 향상시키는 데 기여할 것이다.

함정 있는 이야기들

'어떤 한 사람은 집에 가길 무서워한다. 왜냐하면 거기에는 마스크를 쓴 사람이 있기 때문이다' 라는 이야기를 학생들에게 읽어준 후 "예" "아니오" 라는 대답만 할 수 있는 질문을 스무 고개 형식으로 한다. 예를 들어 "마스크를 쓴 사람은 어떤 사람일까요?" 라는 질문에 답을 찾기 위해 "마스크를 쓴 사람은 야구 경기의 포수입니까? 마스크를 쓴 사람은 베이스에 나가 있는 주자입니까?" 라는 식의 질문을 통해 답을 찾는다.

사례 3. 과학 운영

배 경

과학을 제공한 Howard 선생님은 대도시에 있는 중학교 6학년 과학 프로그램을 담당하고 있다. 학생들은 상담 교사에 의해 수준별로 5개의 집단에 배치되었다. 두 집단은 과목에 대한 재교육이 필요한 학생들로 구성된 '기초 과학' 집단이고, 두 집단은 '지구 과학' 에서는 좀더 세분화된 과학 교육과정을 배울 능력이 되는 학생들이다. 마지막 한 집단은 과학에 뛰어난 수준을 보이는 '심화 과학' 반이다.

문 제

심화 과학반은 6학년 중 과학에 뛰어난 25명의 학생으로 구성되었다. 그들은 이전의 과학 점수와 성취도 검사, 과학 프로젝트, 인터뷰 등 프로그램이 설명한 평가 방식을 통해 선발되었다. 그러나 Howard 선생님은 집단 내에서도 과학 능력이 동일하지 않고 학생들 사이에 실력 차이가 난다는 것을 발견하게 되었다.

특히 Howard 선생님의 관심은 바로 벤자민이라는 학생에게 모아졌다. 그는 지역 경시대회에서 오랫동안 일등을 차지하였으며 심지어 지방 대학에 그의 작품이 초대되어 전시되었을 정도였다. 대학 경시대회 기간 중 대학 입학 관련자로부터 과학 영재 토요 프로그램에 초청받기도 했다.

Howard 선생님은 6학년 과학 심화반을 위해 만들어진 교육과정 전체를 포기하지 않으면서도 벤자민과 같은 우수한 학생에게 능력을 마음껏 발휘할 수 있는 환경을 제공할 수 있는 방법이 없을까 하는 고민이 생겼다.

가능한 해결법

Howard 선생님이 고민하는 문제처럼 일반적인 운영 법칙으로 해결되지 않는 탁월한 영재교육 문제는 많은 시간과 에너지를 요구하며 획기적인 방법이 연구되어야 한다. 여기서는 Howard 선생님이 벤자민을 위해 할 수 있는 방법을 제시하고자 한다.

첫째, 과학을 제외한 모든 교과는 현재처럼 중학교에서 배우고 과학만 지역의 고등학교에 가서 배우는 것이다. 이렇게 하면 벤자민은 중학교 재학 동안 최소한 2개의 고등학교 과학 과정을 이수할 수 있다. 예를 들어 1, 2학년 때는 화학과 물리 심화 과정을 이수하고 3, 4학년에는 대학 수준의 과학 과정을 이수할 수 있다.

둘째, 고등학교에서 실시하는 인턴십 프로그램에 참가하는 것이다. 이 프로그램은 과학에 뛰어난 능력이 있는 학생에게 잘 맞고 최소한 한 학기 동안 전문가와 학습할 수 있는 이점이 있다. 이러한 인턴십은 시간적으로도 융통성이 있으므로 방과 후나 주말, 과학 시간 또는 점심시간에 갈 수도 있다.

셋째, 멘토십 방법이다. 벤자민이 인턴십 프로그램을 위해 이동하는 것이 용이하지 않을 경우에 생각해볼 수 있다. 이 방법에서는 자원봉사 교사나 지역 인사와 벤이 팀이 되어 함께 과학 학습을 하게 된다. 벤은 좀더 강력한 열정으로 앞으로의 조사에 대한 흥미를 보였으며 Howard 선생님은 멘토와 함께 협력해 이 문제를 해결할 수 있다.

넷째, 교실에서 다른 심화반 학생들과 함께 학습하면서 대안적인 과제를 주는 것이다. 벤자민은 동료 학생의 멘토가 될 수도 있고 실험실 보조가 되거나 독립적인 프로젝트 하기, 심화 학습 3요소(Renzulli, 1977) 활동 등이 여기에 포함된다. 그러나 Howard 선생님은 이러한 접근법은 벤에게 별로 자극이 되지 않는다고 생각했다.

Howard 선생님의 해결법

Howard 선생님이 택한 첫 번째 해결법은 벤에게 한 학기 동안에 어느 수준의 어떤 내용을 배우고 싶은지 상담을 한 것이다. 상담 결과 Howard 선생님은 '질문 모형(Suchman, 1975)' 을 선택했다. 이 모형에 따라 정보와 직관을 결합할 단기 계획을 세웠다. 그리고는 학기 말에 이러한 접근이 충분히 그에게 자극이 되었는지를 알아보기 위한 평가를 하기로 했다. 이 계획에서 벤은 일주일에 사흘은 일반학급 활동에 참여하고 5일째에는 인턴십에 참여하기로 했다.

학급에 있는 동안 그는 독립적인 조사를 할 기회를 부여받고 교사의 실험실 보조를 하게 됨으로써 과학 실험에 사용되는 기구들과 더욱 친숙하게 되었다. 또한 심지어는 조사에 근거한 수업을 개발하게 되었으며 그것을 학급에서 발표하였다. 인턴십은 지역 조사 연구 기업의 화학자와 함께 했다. 이 회사에서 일하는 동안 그는 화학자가 일하는 모습을 관찰하고 화학 물질을 다루는 기본 수칙을 배우고, 여러 가지 화학 물질과 친숙해지고, 책임자의 안내 하에 관리자 경험을 할 수 있었다. 그는 자신의 일을 일기로 적어 보관했으며 Howard 선생님과 학급 친구들에게 자신이 배운 것을 정기적으로 보고했다.

과학 수업의 사례

과학에 관심을 가지고 있는 영재들에게 자극적인 과학 수업처럼 흥미로운 것은 없다. 여기서는 과학 영재들과 함께 할 수 있는 과학 수업의 예를 소개하고자 한다.

동물에 관한 진실과 거짓 게임

과학 영재들의 상당수는 살아 있는 동물이나 자연을 통해 과학에 관심을 갖게 된다. Simon(1979)은 이러한 학생들의 호기심을 만족시킬 만한 『동물에 관한 진실과 거짓』이라는 책을 출간하였다. 책의 내용은 "박쥐는 장님이라는 사실은 거짓일까 아닐까"라고 질문을 함으로써 학생들의 호기심을 자극하는 것이다. 일종의 진실과 거짓 게임이라고 할 수 있다.

이러한 방법은 주제를 동물뿐만 아니라 독서 내용이나 역사적 사실과 식물 등으로 확대해서 적용할 수 있다.

우주복 디자이너

이 방법은 꼭 과학 시간이 아닌 특별 활동이나 재량 시간에 실시할 수도 있다. 우주에 관한 정보를 수집하고 그 중에서 우주인 복장을 디자인 해보는 것이다. 우주복의 소재, 기능, 제작 방법 등을 논리적으로 설명할 수 있어야 한다. 최종적으로 우주복 패션쇼를 개최할 수도 있다.

다이어트와 영양

다이어트는 많은 학생들의 관심 대상이다. 이로 인한 거식증이나 폭식증 등도 중요한 사회적 문제로 쟁점화되고 있다. 이렇듯 자신의 신체와 관련된 부분에 관심이 증대하면서 학생들은 다이어트와 영양에 대해 더 많은 관심을 보인다.

학생들로 하여금 적절한 식습관에 대한 정보와 조사와 분석에 익숙해지는 기능을 쌓게 한다. 학생들은 다섯 가지 필수 영양소에 대해 이해하고 미국 식품의약품국이나 미국 심장협회에서 만든 각 영양소에 대한 지침을 비교해본다. 이러한 비교를 어떻게 할까? 까다로운 다이어트에서 무엇을 개선할 수 있을까? 학급 학생들 중 건강한 식습관을 유지하는 학생은 실제로 얼마나 될까? 이러한 조사는 다른 학생들에게 보여줄 수 있는 슬라이드 필름 프리젠테이션의 기초가 될 수 있다.

조사 결과 신문 제작하기

영재들처럼 심화 학습을 선호하는 학생들에게 조사 기능은 매우 중요하다. 자신이 흥미를 가지고 있는 주제에 대해 다양한 방법으로 조사를 하고 그것을 보고서로 작성해서 다른 사람들에게 검증받는 일련의 과정이 요구되기 때문이다.

조사 결과 신문 만들기는 이러한 과정에서 수집된 조사 결과를 종합해서 하나의 신문으로 제작하는 것이다. 그것은 주제별로 계속될 수 있고 개인별로 제작할 수도 있다.

사례 4. 사회 학습 운영

배 경

Robert 선생님은 2학년 담임을 맡고 있다. 이 학급은 교사와 학생의 비율이 1 : 32 정도 되고 소수의 전문직 보조 교사나 도우미가 있는 독립 학급이다. 2학년 사회 학습은 일주일에 최소한 90분 이상을 수업하도록 정해져 있다. Robert 선생님은 매주 목요일마다 학교위원회에서 채택한 사회학습 시리즈를 교육과정으로 사용하고 있다.

문 제

Robert 선생님은 2학년 담임이면서 2학년 영재반 지도 교사이기도 하다. Robert 선생님 반 학생 중에 상위 5명이 영재반에 포함되었다. 나머지 학생들은 무작위로 반 배치가 되었으며 그들의 실력 차도 광범위하다. 읽기, 국어, 수학은 특별한 준비를 하였지만 과학과 사회는 전체 집단 활동으로 하기로 결정했다. 이러한 방식으로 영재집단 학생들이 전체 학생들과 분리되는 것을 최소화시키고 학급의 일부로 흡수시킬 수 있었다.

Robert 선생님의 의도는 좋았지만 끊임없이 그와 영재들을 괴롭히는 것이 있었다. 수업이 끝날 즈음 그는 영재들로부터 '더 알고 싶은 게 있어요' 라는 소리를 듣게 되었다. 그의 사회 수업에는 현장 견학이나 강사 초빙, 조사, 시뮬레이션 등과 같은 심화 활동이 포함되었지만 더 심도 있는 학습을 하고 싶어 하는 학생들의 요구를 만족시키지는 못했다.

Robert 선생님이 해야 할 일은 영재들이 주제에 대해 심도 있는 조사를 할 기회를 제공함으로써 사회 학습에 흥미를 느끼도록 만드는 것이다. 그러나 일주일에 90분은 시간이 충분치 않았다. Robert 선생님은 어떻게 하면 기본적인 사회 학습을 지도하면서 동시에 학생들에게 그들이 하고 싶어 하는 프로젝트를 할 수 있는 시간을 제공할 수 있을까 고민이었다.

가능한 해결법

다른 사례 연구에서 본 것처럼 일반학급에 속한 영재에게 서비스를 제공할 수 있는 문제해결 방법은 여러 가지이다. 이 문제 또한 그러한 법칙에서 예외는 아니다. 여기에 이 문제를 해결할 수 있는 몇 가지 방법을 소개하고자 한다.

첫째, Renzulli의 심화 학습 3요소 모형(1977)과 관련한 사회 학습 구조를 조직한다. 이 모형을 선택할 경우에 교육과정을 바꿀 필요 없이 학생들에게 그것을 전달하는 방법만 약간 수정하면 된다. 채택된 교과서에 따라 특성화된 내용은 그대로 유지하되 학급이 편성되는 방법과 제시되는 활동은 3유형에 기초를 둔다. 학생들은 1유형인 일반적인 탐구를 위한 활동(현장 학습, 연사, 책, 슬라이드), 2유형인 집단 훈련 활동(질문 기능, 고급 수준의 사고 기능, 독립적인 연구), 3유형인 실제 문제에 대한 개인과 소집단 조사에 포함된다. 이러한 모형을 통해 학생들은 내용을 배우고 그것을 어떻게 나머지 세상과 연관시킬지 배우게 된다.

둘째, 학생이 사회 학습 교육과정의 일환으로 조사하고 싶어 하는 내용에 대해 제안서를 제출하도록 하여 학급 독립 조사 프로그램을 만든다. 제안서에는 조사 주제는 주제에 대한 정보 수집 방법, 소요 기간, 기대되는 산출물 유형 등에 대해 자세히 적도록 한다. 그런 다음, Robert 선생님은 혼자 또는 학급 학생들로 구성된 검토 패널과 함께 제안서를 검토하고 완성도 높고 조사 가치가 있는 제안서에 대해서는 자료와 도움을 승낙한다. 학생들은 Robert 선생님에게 허락을 받거나 방과 후 여가 시간이 있으면 언제든 자유롭게 자신들의 조사를 진행할 수 있다.

셋째, 교육과정 압축은 학생들이 심화 학습을 할 수 있는 시간을 확보하는 방법이다. Robert 선생님은 영재들이 자신의 시간을 확보할 수 있도록 교육과정에 융통성을 두고자 노력한다. 이미 교육과정의 내용을 이해하고 있는 학생에게는 발전된 다음 수준의 학습을 할 수 있도록 기회를 개방함으로써 제한된 교육과정의 운영 시간 문제를 해결하는 것이다.

Robert 선생님의 해결법

Robert 선생님이 가장 적합하다고 판단한 해결법은 교육과정 압축과 심화 학습 3요소를 접목한 교육과정을 개발하는 것이다. Robert 선생님은 사회 과목 한 단원을 가르치기 위해 그 단원에서 학생들이 배우게 될 주요 지식과 기능 목록을 만들었다. 목록은 교육 경험을 바탕으로 비교적 쉽게 만들 수 있었다. 다음은 학생 평가를 준비하고 실시했으며 그 단원에서 얻게 된 기능과 지식을 파일로 만들었다. 나머지 시간은 개인 조사와 소집단 조사 그리고 독립 연구에 할애했다.

심화 학습의 1유형과 2유형 활동은 모든 학생들에게 긍정적인 효과를 가져왔다. 학생들은 사회 과목 단원을 배우는 동안 새로운 아이디어와 활동을 접할 수 있었으며 독립적인 조사 기능, 문제해결 기술, 고도의 사고 기능, 유연한 사고 등과 같은 기능이 향상되었다. Robert 선생님은 그동안 대부분의 학생들이 이러한 기초 기능을 충분히 습득하지 않았기 때문에 수업에 참여는 하지만 주도적인 학습이 이루어지지 않았다는 결론을 내렸다. 심화 학습 3유형 활동에 참가한 소수 학생의 집단은 자기의 관심 영역에 대한 쟁점을 중심으로 조사 활동을 심도 있게 실시하였으며 매우 흥미로워하였다. 대부분의 일반 학생들도 3유형에 참여한 학생들의 활동에 긍정적인 반응을 보였다.

그 결과 Robert 선생님의 문제해결은 가능했고 대부분의 학생들은 학기 초에 수립한 교육과정 내용과 기능을 학습했으며 독립적인 조사 기능도 처음보다 많이 향상되었다. 영재 집단 학생들은 학급에서 편안한 기분으로 자신들의 심도 있는 조사 내용을 보고하였으며 스스로의 활동 결과에 매우 흡족해 하였다. 그들은 자신의 조사 결과를 학급 친구들과 충분히 나누고 싶어 했다. 그래서 Robert 선생님은 그들의 업무가 좀더 확산될 수 있는 방법을 찾기 위해 그 다음해 암기 노트를 만들었다. Robert 선생님은 한 해 동안 사회 연구에 너무 몰두한 나머지 자신의 에너지와 자료를 모두 소진한 사실을 발견했다. 그는 이 방법을 계속하되 운영에 도움을 구하기로 결심했다. 방송 전문가, 학부모 도우미, 고학년 학생들은 도움을 줄 수 있는 인적 자원이다.

사회 수업 지도 사례

영재를 자극하는 활동은 주로 새로운 내용을 가르치고 창의적이고 효과적으로 정보를 이용하는 법을 가르치는 것이다.

마음과 만나기

'마음과 만나기'는 몇 년 동안이나 PBS(Public Broading Station)에서 방송된 바 있는 Steve Allen에 의해 개발된 텔레비전 쇼다. 그 쇼에서는 시사 문제와 관련된 이슈에 대해 보여주면서 역사적 인물이 했음직한 대화를 묘사한다. 학생들에게 두 명의 역사적 인물과 한 명의 현재 인물 또는 각기 다른 시대의 세 명의 역사적 인물을 선택하게 한 후 텔레비전 쇼 각본에 따라 학생들이 쓴 오늘날의 이슈에 대한 역사 인물의 견해를 들어보도록 한다. 그런 다음 학급에서 연극을 하고 학생들로 하여금 각본이 정확하게 등장인물의 견해를 반영하였는지에 대해 토론하게 한다.

캠페인

여론에 영향을 미치기 위해 실시되는 캠페인보다 더 정치적 과정이 분명하게 나타나는 것은 없다. 캠페인은 행정 관청이나 광고 또는 로비를 통해 사고를 바꾸게 하는 데 사용된다. 쟁점이 되는 분야 중 한 가지를 선택해 조사한 후 자기 학급 학생들의 의

견에 영향을 미칠 수 있는 캠페인을 실시한다. 이러한 캠페인에는 학급 임원, 학급 애완동물 또는 가장 맛있는 간식에 관한 것이 포함될 수 있다. 학생들은 이 캠페인에서 자신이 맡게 될 역할(매니저, 홍보 담당, 대변인, 예술가)을 직접 선택할 수도 있고 교사가 역할을 지정해줄 수도 있다. 캠페인이 끝나면 투표를 하고 이어 캠페인에 사용된 기능 등에 대해 토론한다. 보고 기간 동안에는 더욱 성공적인 캠페인이 되기 위해 이루어져야 할 사고 변화 등 다음 캠페인에 대한 윤곽을 잡을 수도 있다.

만약 ~라면

역사적 사건이 다른 방식으로 이루어졌다면 달라지게 될 점에 대해 사고해보는 프로그램이다. 주어진 방식에 답하기 위해 학생들은 역사, 사회학, 심리학, 경제, 인류학 등 사회과학 분야에 대한 자신의 지식을 끄집어내야 한다.

- 연합국이 시민전쟁에서 이겼다면 어떻게 되었을까?
- 지구상에 있는 사람이 모두 같은 인종이라면 어떻게 될까?
- 전기가 발견되지 않았다면?
- 태양이 남쪽에서 뜨고 북쪽으로 진다면?

변 화

변화와 변이는 사회 단원의 중요한 주제로 한 예가 죽음이다. 영재들은 죽음에 대해 매우 흥미를 갖고 그 주제에 대해 이야기하기를 원한다. 『바니의 좋은 점 열 가지 : The Tenth Good Thing About Barney(Viorst, 1971)』는 자신의 죽은 고양이 바니에 대해 한 소년이 이야기하는 것이 주요 내용이다. 그의 부모는 고양이 장례식에 낭송할 바니에 대한 좋은 점 열 가지를 생각해보라고 제안한다. 그렇게 함으로써 소년은 자신의 애완동물 바니의 죽음을 극복한다. 학생들은 자신의 애완동물을 잃은 경험과 그들에 대한 좋은 추억에 대해 토론하는 과정을 거치면서 죽음의 단계에 친숙해질 수 있다.

어제와 오늘

변화에 대한 주제는 오늘과 어제의 일상 사이의 공통점과 차이점에 대해 고찰해봄으로써 조사할 수도 있다. 학생들에게 『어두운 숲속에서 : Caddie Woodlawn(Brink, 1935)』나 『큰 숲속의 작은 집 : Little House in a BIg Wood(Wilder, 1932)』과 같은 책을 읽도록 한 후 가족 중 각기 다른 세대를 인터뷰 하고 다음 질문에 대한 답을 찾을 수 있도록 역사적 기록을 잘 살펴본다. 100년 전과 오늘날이 비슷한 점은 무엇인가? 다른 점은? 미래에는 어떻게 변할 것인가?

사례 5. 예술 교과 운영

배 경

Elizabeth Lake 초등학교의 음악 프로그램은 전통적으로 각 학급마다 일주일에 한 시간씩 가창 수업을 실시하는 것으로 구성되었다. 현악기나 오케스트라, 밴드 프로그램, 공휴일 공연 또는 특별한 코러스나 합창단 등은 없었다. 예산 삭감으로 그나마 학급에서 음악 수업을 진행할 인력을 가지고 있는 것만도 다행으로 여기고 있었다. 그러나 지역구의 경제가 개선됨에 따라 한 교육 지원 감독관은 음악 프로그램을 활성화시킬 적기라고 판단하고 전일제 음악 담당 보조 교사 세 명을 고용했다. 그래서 모든 음악 교사들은 자기 학교에 추가 음악 수업을 제공하기 위한 시간표 조정이 필요했다.

문 제

Margaret Joyce는 15년간 학교 제도권에서 일하고 5년간은 Elizabeth Lake 학교에서 일한 경력을 가진 중견 성악 교사였다. 그녀는 그 학교에 지속적인 도움을 주었기 때문에 그곳의 학생, 시설, 동아리, 관리자 등에 대해 잘 알았다. 이런 이유로 그녀는 그동안 이 학교의 음악 수업이 음악에 재능 있는 영재들에게는 겉 핥기 식의 부적절한 교육을 해온 것 또한 알고 있었다.

Joyce는 음악 프로그램을 확대시키도록 허락을 받은 상태에서 성악에 전문성을 갖고 있는 자신의 능력을 살려 자신이 알고 있는 음악 영재의 재능을 최대한 개발시킬 수 있는 성악 프로그램을 만들기로 했다. 음악 영재는 유치원부터 6학년까지 골고루 분포되어 있기 때문에 물리적인 조건상 주말반을 편성해서 추가적인 가창 지도와 연습을 해야 한다고 생각했다.

Joyce의 문제는 어떻게 하면 학생들이 납득할 만한 의미 있는 방식으로 수업을 진행하는 동시에 정규 수업 이외의 시간을 최소화하여 가르칠 수 있느냐는 것이었다.

가능한 해결법

새로운 프로그램을 수용하기 위해 학급 시간표를 다시 만드는 것은 어렵다. 특히 프로그램이 미술, 음악 또는 체육인 경우 그러한 활동들은 학교생활에 통합적인 과목이 아니라고 사고하는 사람들의 반대에 부딪칠 수 있다. 그러나 그러한 태도를 보이는 소수에 대한 그렇지 않은 다수가 있다. 그러므로 전체 학교와의 조율을 통해 다음에 제시한 모든 사항 또는 일부를 포함하는 새로운 시간표를 적용할 수 있다.

첫째, 음악에 소질 있는 영재의 요구에 부응하는 가장 일반적인 방법은 특별학급이다. 그것들은 종종 특별 합창단, 현악 앙상블, 콘서트 밴드 등의 형태로 구성된다. 음악 영재들을 위해 특별학급을 유지하는 것은 그들의 능력을 앞당겨 발전시키고 음악 분야에 특별한 감정을 갖게 하는 데 도움이 된다. 특별학급은 방과 후나 전 또는 학교 시간 중에 열릴 수 있다. 음악 영재들은 대부분 방과 후 개인 레슨과 같은 다른 많은 활동에 속해 있으므로 학교에 있는 시간을 이용하는 것이 가장 좋다.

둘째, 음악 영재를 지도하는 다른 해결법으로는 멘토십을 들 수 있다. 다른 분야에서처럼 음악 영재들은 음악가나 교사처럼 전적으로 음악을 전공하는 사람들의 영향을 많이 받는다. 학생들은 전문 음악인을 통해 앞선 기능과 음악에 대한 사랑, 헌신 등 또래들과 하는 주말 수업에서는 경험할 수 없는 것들을 배운다. 멘토십 프로그램은 방과 후나 전, 학교 시간 중 이루어질 수 있다. 사실상 대부분의 순수 음악가들이 택하는 길이다.

셋째, 다른 해결법은 음악 공연에 참가시키는 것이다. 영재들은 기초가 튼튼하기 때문에 실제 생활과 관련된 산출물에 포함시키는 것은 시도해볼 만한 좋은 방법이다. 영재들을 공연이나 축제 콘서트, 재능 발표회 등에 참여시킴으로써 스스로 더욱 높은 수준에 오르고 싶은 동기를 찾게 만들 수 있다. 교사들에 의한 평가보다는 관중들에 의한 평가를 통해 사람들이 음악과 관계 맺는 법을 알게 되고 그것을 자신의 관점에서 재해석할 수 있는 능력이 생기도록 한다.

Margaret Joyce의 해결법

Margaret Joyce 선생님은 시간표 조정이 가장 시급한 문제라는 것을 인식하고 먼저 전체 학교에 대한 접근부터 시작했다. 모든 학생에게 자신의 수업을 들을 수 있도록 기회를 주어야 한다는 것은 알고 있지만 현실적으로 어렵기 때문에 Joyce는 교장 선생님, 음악과 부장 교사, 다른 교사들과 협의를 해서 2개의 특별 영재반을 개설하였다.

하나는 매주 목요일에 20명으로 구성된 성악 영재반을 운영하고 금요일에는 자유 등록이 가능한 6주 단기 음악 과정반을 운영하기로 했다. 성악 영재반 학생들에게는 일주일에 세 시간의 연습을 요구했지만, 사실상 그들은 이미 사사를 받고 있기 때문에 결코 적은 시간은 아니라는 것을 알고 있었다. 또 Joyce는 자신의 음악 영재 프로그램을 활성화하기 위해 일 년에 두 번의 콘서트와 뮤지컬 공연을 준비했다.

프로그램은 대성공이었고 학생과 부모들은 초 · 중등학교 연합 오케스트라 프로그램을 시작할 수 있게 해달라고 학교위원회에 요청했다. 다음해에 Margaret Joyce는 뛰어난 학생들을 위한 성악 프로그램을 제공할 계획 중이며 오케스트라와 밴드 프로그램은 이미 시작했다.

시도해볼 만한 수업 사례

영재를 위한 차별화된 교육과정의 기본 원칙은 예술 분야에도 똑같이 적용된다. 미술과 공연 예술 분야의 학생들은 매우 다양한 기능 수준을 보이고 있다. 이러한 분야에서 두각을 나타내는 학생들은 그들의 수준에 맞는 지도와 기회가 주어져야 한다. 다음은 예술 분야에서 학생들의 재능을 더욱 향상시킬 수 있는 몇 가지 프로그램들이다.

역사 벽화

모든 학교나 지역에는 역사가 있다. 학교에 있는 학생들에게 그러한 역사에 관심을 갖게 하는 방법에는 여러 가지가 있다. 그 중 하나는 학생들에게 벽화 형태의 예술로 친숙하게 한 후 그림을 잘 그리는 학생들에게 학교나 지역 역사를 묘사하는 벽화를 스케치 해서 제출하도록 하는 것이다. 가장 잘한 밑그림들은 모았다가 벽화가나 미술 교사의 지도 하에 학생들이 직접 벽화를 그리도록 한다.

소리 흉내 내기

성대 조절은 성악가가 추구하는 목표이다. 학생들에게 목소리만 이용해 악기 소리를 흉내 내도록 하는 것도 재미있는 활동이 될 수 있다. 흉내 내기 연습을 마친 후에는 학급의 다른 학생들에게 흉내 낸 악기 이름을 알아맞히도록 한다. 빨리 맞힐수록 더 잘 흉내 낸 것이다.

비디오 제작하기

작곡하는 학생들은 자신이 작곡한 음악을 영화나 비디오, 동영상에 맞추어보고 싶어 한다. 학생들에게 영화 축제에서 자기가 만든 사운드 트랙을 필름이나 사진에 맞추어 보여주도록 한다. 학생들에게 동일한 길이의 필름을 사용하도록 한 후 그들의 해석이 어떻게 다른지 살펴보면 다양성과 창의성을 더욱 높일 수 있다.

모네 미술

화가 모네의 가장 유명한 작품 중에서 '노트르담 성당'을 각기 다른 시기에 그린 시리즈물이 있다. 그 그림들은 같은 구성과 주제로 그렸지만 각기 다른 시간대에 그렸기 때문에 매우 다르게 보인다. 학생에게 모네가 그린 이 시리즈를 학습하게 한 후 하루 중 특정 시간을 정해 그릴 자신의 주제를 정하도록 하고 어느 부분이 어떻게 다르게 보이는지 논의하게 한다. 시리즈를 함께 전시하면 더욱 좋은 효과를 얻을 수 있다.

요 약Summary

일반학급에 배치된 영재들의 욕구에 부응하기 위해 프로그램과 교육과정을 차별화하는 것은 모든 분야에 해당된다. 학생들 수준에 맞는 내용을 배울 수 있는 기회를 제공하고 깊이와 주제에 활력을 주는 흥미 분야에서 학습할 기회를 주는 것 등 기본적인 지침은 그대로 유지된다. 동시에 교육 환경을 조정함으로써 학생들이 자기의 학습에 책임감을 갖게 하고 독립적인 학습자로서 자신의 지식 기반과 기능을 개발할 수 있도록 하는 것이 프로그램에 통합되어 개발되어야 한다. 이러한 요소들은 교육과정 전반에 걸쳐 시행될 수 있으며 반드시 그렇게 되어야만 한다. 이러한 방식을 통해 학생들은 다양한 원리와 기능을 연관시키는 법에 대해 알게 될 것이다.

프로그램 유지하기

Part four

Maintaining the Programs

일반학급에서 영재교육 프로그램을 개발하는 데는 학교와 교사의 남다른 열정과 헌신이 요구되지만 직접 이러한 프로그램을 개발하고 운영해본 사람이라면 프로그램 개발보다 더 어려운 일은 이미 개발된 프로그램을 유지하는 일이라는 것을 안다. 어렵게 개발해서 1~2년 프로그램이 운영되다가 폐쇄되는 경우가 비일비재하다. 프로그램의 생명을 단축시키는 요인은 복합적이지만 여기서는 몇 가지의 요인을 중심으로 프로그램의 유지 방법에 대해 논의하고자 한다.

제11장은 일반학급에서 이루어지는 영재교육 프로그램을 지속적으로 발전시키기 위한 방안으로 영재교육의 문제점 인식하기, 영재 학부모와의 유대 관계 유지하기, 프로그램에 대한 평가 기능에 대해 고찰하기 등에 대해 살펴보려 한다.

제12장은 영재교육이 일반학급 속에서 조화를 이루며 균형적으로 이루어지는 것이 가장 이상적이지만, 교사와 학생 모두에게 많은 문제점을 보이는 현실을 바탕으로 일반학급 내에 영재교육 프로그램과 조화를 이룰 수 있는 학교 밖 영재교육 프로그램의 필요성과 학생들의 선택 방법을 중심으로 구성하려고 한다.

영재교육을 위한 다양한 방법과 대안이 제시되지만 영재들을 일반 학생들과 분리해서 지도하는 것은 학생들의 전인적인 발달 측면에서도 긍정적이지 못하다. 따라서 중요한 것은 영재교육의 발달을 위해서는 일반학급 내에 포함된 영재교육 프로그램들을 평가하고 지속적인 관리를 통해 교육의 완성도를 높여갈 수 있도록 유지하는 것이다.

11 문제 조정하기

영재교육 프로그램 운영을 확실히 하는 가장 효과적인 방법은 야기될 수 있는 문제를 미리 예견하고 사전 계획을 수립해서 대비하는 것이다. 사전 계획은 문제가 발생했을 때 파장력을 감소시키고 해결 전략도 세울 수 있도록 도와준다. 본 장에서는 영재들 중에서 나타날 수 있는 문제, 영재교육 담당 교사와 부모 상담 문제, 행정적인 지원 문제, 프로그램 평가 문제 등을 논의하고 가능한 몇 가지 해결법을 제안하려고 한다.

문제 영재

영재들이 학교나 자기 자신 또는 주변의 다른 사람들에 대해 부정적인 태도를 갖고 있을 경우 자신은 물론 참여하고 있는 모든 프로그램에서 문제를 일으킬 수 있다. 그러므로 문제의 원인이 무엇이고 해결 방법은 무엇인지를 이해하는 것이 중요하다. 문제 영재의 유형에는 미성취 영재, 오만한 영재, 소극적인 협동심을 가진 영재, 여자 영재 등이 속한다. 각각의 문제가 행동으로 나타나는 사례, 그러한 행동의 이유, 행동에 대한 잠재적인 치료법 등에 대한 내용이 다음에서 논의된다.

미성취 영재

일반적으로 영재와 미성취는 상관이 적은 것으로 인식한다. 이러한 인식의 기저에 영재는 완벽주의 성향을 가지고 있기 때문에 언제나 높은 성취를 경험할 것이라고 생각하기 때문이다. 대체로 영재들은 조기에 높은 성취를 나타내지만 경우에 따라 그렇지 못하고 자신의 능력 이하의 수준을 나타내기도 한다. 즉, 잠재적으로 높은 능력을 가지고 있지만 결과적으로는 낮은 성취 수준을 나타내는 예가 있다. 예를 들어, 문학에 탁월한 영재성을 지닌 학생이 국어의 문법이나 구문 등에서 낮은 성취를 보일 수도 있다.

우리는 종종 교사나 부모로부터 이 아이는 현재 보이고 있는 성취 수준보다 훨씬 잘하지만 아직 자신의 능력을 다 발휘하지 못하고 낮은 성취를 나타낸다고 말하는 것을 들을 수 있다.

영재들의 미성취 문제는 보통 초등학교 초부터 시작되어서 점진적으로 일어나기 때문에 적절한 시기에 알맞은 처치를 실시하는 것이 쉽지 않다. Whitmore(1980)는 영재성 · 갈등 · 미성취에서 미성취 영재의 특성을 다음과 같이 들고 있다.

- 지속적으로 학교 숙제를 완성하지 않음
- 말하기와 쓰기 공부의 수준 차이가 현격함
- 시험 공포증, 형편 없는 시험 결과
- 낮은 자기 존중과 건강하지 못한 자기 개념 산출물, 정서적으로 극복하기 어려움
- 자율적인 정신, 자신감 결여, 열등감
- 집단에서 건설적으로 공부하는 능력 부족
- 끊임없이 목표를 세우고 기준이 너무 높은 경향
- 일상적인 장치에 의해 동기 부여가 되지 않음
- 학술적인 독창력 결여
- 산만함

그렇다면 높은 능력을 가지고 있으면서도 왜 영재들은 낮은 성취를 나타내는 것일까? 이에 대해서는 많은 연구가 이루어졌지만 결정적으로 받아들일 수 있는 결과를 찾

기는 쉽지 않다. 다만 영재들의 미성취 원인으로 지적되고 있는 몇 가지는 다음과 같다(Whitmore, 1985).

1. 환경에서 오는 적절치 못한 긴장과 학습 유형과 지도 유형 사이의 갈등 때문에 동기 결여
2. 학생과 프로그램 사이의 가치 갈등 또는 학생의 문화적 가치와 프로그램 사이의 가치 갈등
3. 학교나 가정에서의 지적 잠재력에 대한 환경적 토양 부족
4. 발육 상태 저조나 만성적으로 나쁜 건강 상태
5. 학습 장애, 뇌의 기능 장애, 신경학적 손상 등과 같은 특별한 장애
6. 읽기, 수학, 높은 수준의 사고 기술과 같은 과목에서 특별하거나 일반적인 학습 기능의 결여

미성취 영재를 위한 해결 전략에 대해 Whitmore(1985)는 다음과 같이 다섯 가지를 제시하고 있다.

1. 교사는 그 학생은 영재이며 기대 이하의 성취나 실패를 원하지 않고, 자기 존중감이 낮으며, 자기 이해심과 긍정적으로 극복하는 기술을 개발할 필요가 있음을 명심해야 한다.
2. 교육과정은 반드시 도전적이며 개인적으로 의미 있고 기대 이하의 성취를 이루는 영재에게 강화가 이루어져야 한다.
3. 지도는 단순한 암기 활동과 반복 연습 활동을 최소화하고 질문, 과학 조사, 창의적 결과물 등을 만들 기회를 최대화해야 한다.
4. 또래 집단에는 가능하면 친구가 될 수 있는 기대 이하의 성취를 보이는 다른 영재가 포함되도록 한다.
5. 치료나 집단 상담, 문제가 있는 학생들에게 특별 서비스를 제공해야만 한다.

오만한 영재

어떤 영재는 또래들에게서 건방지다는 소리를 듣는다. 학생들은 영재들이 자신들보다 자기가 더 낫다고 느끼며 자신의 의지를 다른 사람들에게 강요한다고 불만을 표시한다. 대부분의 영재가 그렇다는 것은 사실이 아닐지 몰라도 그 중 몇은 이러한 경향을 나타내며 그렇게 함으로써 친구를 잃을 수 있다.

영재를 위한 프로그램에 참여함으로써 자기 자신에 대한 생각을 바꿀 수 있다. 때로는 자신들이 학급에 있는 다른 학생들과는 다르고 특별하다고 믿기까지 한다. 그들은 다르긴 해도 교실에 있는 다른 학생들보다 낫지는 않다. 학생들의 관계에서 손해를 최소화하고 학생들로 하여금 자신의 능력에 대해 제대로 된 생각을 갖게 하기 위해서는 처음부터 그러한 행동을 바로잡아야 한다. 다음과 같은 과정을 통해 이룰 수 있다.

1. 학급에 있는 모든 학생들을 평등하게 대하라. 모든 학생은 특별하다. 학생들의 독특한 재능을 지적함으로써 모든 학생들이 재능을 갖고 있다는 것을 알게 될 것이다. 영재는 능력과 재능을 가진 모든 사람은 가치 있다고 알게 될 것이다.
2. 영재를 예로 드는 것을 피하라. 교실에 있는 모든 학생들에게 그들이 이룩한 특별한 성공에 대해 칭찬받게 하라.
3. 영재들이 서로 함께 활동할 기회를 제공하라. 그들이 함께 이야기하거나 공부하다 보면 세상에 자기와 같은 사람들이 있으며 그들 중에는 자기보다 더 뛰어난 능력을 지녔음을 알게 된다. 이러한 활동은 영재가 자신의 능력에 대해 좀더 명확한 이해를 하도록 한다.
4. 영재에게 그들의 능력이나 의미와 책임 등에 대해 정확하게 말하라. 때로는 오만한 모습이 동료들의 거부와 조롱에 대한 방패가 될 수 있다. 학급에 있는 다른 학생들을 다루는 데 필요한 기술을 배우도록 도와야 한다.

소극적인 협동심을 가진 영재

영재들이 학교생활을 즐기고 교사나 동료 학생들과 매우 협조적이긴 하지만 그렇지 못한 학생들 또한 심심찮게 볼 수 있다. "이 일은 너무 유치해" "난 이미 이런 건 할 수 있어, 내가 이걸 왜 다시 해야 해?"와 같은 말을 들은 교사들도 많다.

영재들은 왜 이렇게 고집스러워보이는 것일까? 경우에 따라 그들의 그러한 거부감에는 이유가 있다. 학생들의 능력에 적절한 것이든 아니든 간에 교사가 원하는 모든 것에 무조건 따라야 하는 학급 규칙을 모든 영재가 따르지는 않는다. 자신들은 이미 알고 있는 것을 계속 주입하는 것에 거부감을 보일 수도 있다. 그러나 다른 경우, 충분히 흥미 있는 자극으로 의욕을 높이는 환경임에도 불구하고 교사나 학급의 다른 학생들과 협조를 하지 않는 학생들도 있다. 그런 학생들의 경우 경쟁, 친구 사귀기, 완벽주의와 연관된 문제를 지닌 학생일 확률이 높다. 그들은 자신의 일을 다른 사람들이 만지면 망칠 것이라 생각하고 다른 사람들과 함께 일하는 것보다 혼자 하는 것을 더 선호한다.

극단적인 상황이라면 교사는 상담가나 심리학자 등에게 이러한 학생의 지도 방법에 대한 조언을 들어야 할 것이다. 그러나 예방적인 단계에서 그러한 행동이 심해지는 것을 최소화해야 한다.

1. 학생들의 능력과 성취 수준에 맞는 학습 경험을 제공함으로써 그 일에 의욕을 보이고 자극을 받게 하라.
2. 소집단 활동이나 학생들이 함께 해야 이길 수 있는 협동 게임을 통해 협동심을 강조하거나 경쟁적인 학급 분위기를 최소화하라. 때로는 경쟁이 좋지만 균형을 유지해야만 한다.
3. 가장 극단적인 경우 계약의 부대 조항을 사용하라. 학생들은 특정 임무에 동의해야만 특권을 행사할 수 있다. 예를 들어 어떤 학생은 일주일간 기능 집단 모임에 성공적으로 참여한 대가로 20분간의 자유 시간을 얻을 수 있도록 계약할 수 있다.
4. 비협조적인 행동은 더 큰 문제를 나타낼 수 있다. 적절한 프로그램에도 불구하고 계속적인 비협조를 보이는 학생들을 위해 가능한 상담 서비스를 만들고 직접 중재에 나서라.

영재 소녀들

영재 소녀들은 가정과 학교 또는 친구들 사이에서 일생 동안 문제를 일으킬 만한 독특한 도전에 직면하게 된다. 영재교육 프로그램에서 일하는 교사들은 프로그램 선별이 저학년에서 이루어질 경우 여학생 지원자들이 많지만 중학교나 고등학교로 올라가면 그 수가 점점 감소한다고 말한다. 어떻게 이런 일이 일어날 수 있을까? 영재 소녀들이 사라지는 것일까? 아니면 그들이 선택을 회피하는 행동을 보이는 것일까? 대부분의 경우 답은 후자이다.

환경이 개선되고 있다고는 하지만 몇몇 영재 소녀들에 대한 사회적 기대는 아직도 그들의 발전을 독려하지 않는 상황에 놓여 있다. 어떤 영재 소녀들은 그들이 앞으로 앞선 공부를 하기 위해 준비해야 할 과학과 수학 원리반에 들어가는 것을 거부당한 적이 있다고 보고했다. 부모들 또한 아들과 딸 자녀에 대해 다른 성취 기대 수준을 갖고 있다. 이러한 것은 그들로 하여금 자기 자신에 대한 낮은 기대를 갖도록 만들며 교육 선택 시 영향을 미칠 수 있다.

사춘기와 조숙함 또한 그들의 실행 수준과 행동에 영향을 미치는 요인으로 보인다. 소녀들이 사회적으로 눈을 떠감에 따라 '다른 사람과 비슷하게 되도록' 강요되고 있다는 것을 종종 발견하게 되는데, 이것을 덜 똑똑해지라는 것으로 해석하기도 한다. 그러므로 그들은 자기보다 능력이 떨어지는 친구와 같은 반을 선택하거나 남자 아이들이 생각하는 것보다 성적이나 성취에 대해 관심을 덜 보인다.

이러한 모든 요인들은 ① 심화 수학반과 과학반에 여자 학생이 매우 소수인 것의 원인이 되며 ② 여학생들은 컴퓨터나 과학, 어려운 과학, 수학 등의 분야에 덜 두각을 나타내는 원인이 된다. 과거 얼마 동안 여자 의사와 법률가, MBA들이 점차 늘어나고 있는 추세이긴 하지만 더 많은 발전이 이루어져야 하며 여성 영재에게도 자신의 능력을 개발할 동등한 기회와 접근이 주어져야 한다.

1. 학교 상담사나 교직원들이 영재 소녀 학생의 특별한 욕구에 대해 알게 하고 그들의 성장 과정이나 대학 선택에 대해 좀더 세심한 지도를 하게 하라.
2. 영재 소녀들에게 성공한 영재 여성을 접할 기회를 줌으로써 살아가면서 직면하게 될 도전과 문제 등에 대해 덜 상처받고 성공할 수 있는 전략을 배우도록 한다.
3. 능력을 갖춘 영재 소녀가 중학교와 고등학교 수준의 특별 프로그램을 찾을 수 있도록 노력을 한다. 배치된 후에는 그들이 성공할 수 있도록 상담, 사사 등을 지원한다.

4. 소년들과 경쟁하지 않고서도 소녀들의 능력을 가속화시킬 수 있는 활동을 제공한다.

파트너십을 다루는 문제

일반학급에서 영재 프로그램을 제공할 때 다른 교사와 학부모를 대하는 과정에서 문제가 발생할 수 있다. 영재에게 필요한 적절한 프로그램을 만드는 것은 다른 한편으론 다른 교사들이 자기의 수업을 조정해야 한다는 것을 의미한다. 영재들은 상위 학년에서 배우는 기능 지식을 익히고 있을 것이고, 그러한 학년을 위해 고안된 자료를 이미 알고 있을 가능성이 높다. 교사는 전형적으로 제공되는 기능과 자료를 이미 알고 있는 학생들을 자기 반에 받아들일 것이다. 그러나 교사는 그 학생들과 조정과 타협을 할지, 아니면 동일한 자료를 다시 한번 사용하도록 하는 건설적이지 못한 과정을 택하게 할지를 결정해야 한다. 학생들에게 정신적 충격을 주지 않고 다른 교직원들과의 갈등도 피하기 위해서는 교실에 있는 모든 학생들에게 적합한 교육을 제공하려는 노력의 출발선에서부터 동료, 학부모, 관리자들과의 협조를 구하는 것이 현명하다.

동료 교사와 협조 문제

학교나 교육 지역구가 일반적으로 협조적인 분위기와 역사를 가지고 있는 경우에는 그렇지 않은 경우에 비해 영재를 위한 설비 제공이 훨씬 수월하다. 특히 프로그램 계획, 교육과정 나누기, 직원 고용 등의 문제는 반드시 협조가 이루어져야 한다.

영재를 위한 프로그램 계획은 일반학급 배치에 한정될 경우에도 다른 교직원들의 승인과 협조가 이루어질 때 가장 성공적으로 이루어질 수 있다. 동일 집단 만들기, 다양한 연령 학급, 수업 기간 속진, 지속적인 교육과정과 같이 기능을 포함하는 프로그램을 설치할 경우 다른 교사의 도움 없이는 절대로 성공할 수 없다. 프로그램을 계획하고, 자료를 공유하고, 특정 집단 학생들을 함께 개발하고 가르치고, 프로그램을 지원하는 데 동료 교사들의 도움은 필수적이다. 이러한 유형의 프로그램을 발전시키는 것은 쉽다. 협조와 학생 중심의 의사결정은 프로그램을 성공시키고 오랫동안 지속시키는 데 꼭 필요하다.

학년에 따라 교육과정을 나누고 수준을 정하는 것은 단위 학교와 지역구에서 전체적으로 협조해야 하는 또 다른 분야이다. 전면적으로 납득이 가는 프로그램과 교육과정을 만들고자 하는 노력은 일회성으로 만들어지기보다는 여러 해에 걸쳐 기능 범위와 순서를 정해야 한다. 그렇게 범위와 순서를 만들면 학생들의 프로그램과 기능 개발이 안정적인 방식으로 이뤄질 수 있고 지식과 기능 사이에 괴리감이 발생하지 않는 범위에서 기능과 활동 과정의 윤곽을 잡을 수 있다. 문서를 이행하는 것 또한 각 건물 안에 있는 교사와 관리자가 서로 협조해야 할 부분이다.

직원 또한 프로그램 성공에 중요한 역할을 하는 부분이다. 융통성을 가지는 것과 담당자가 독단으로 일을 진행시키지 않는 것은 서로 협조를 이루기 전 선행되어야 할 사항이다. 학생들의 요구에 부응하는 프로그램을 실행할 때 교사는 학생의 학습을 촉진시킬 수 있는 방안을 기본으로 직원을 선정해야 한다. 이것은 새로운 방식으로 학생 집단과 학습하는 것을 의미할 수도 있고, 다른 교사가 다른 집단 학생들과 자유롭게 학습할 수 있도록 학생수를 추가적으로 늘리는 것이 될 수도 있다. 새로운 집단을 지원하기 위해 서로의 자료를 개방하는 것과 함께 그동안 오래 지속되어온 상호작용 형태를 바꿀 필요가 있다. 일반적으로 나타나는 또 다른 직원 문제는 클러스터 그룹이 만들어질 때이다. 어떤 교사들은 특별 영재를 한 반에 모아 학급을 편성하는 것에 반대한다. 왜냐하면 영재들은 학급에 활력을 주고 주도적인 역할을 하므로 그러한 학생들을 잃고 싶지 않기 때문이다. 그러나 영재들끼리 접촉하고 그러한 환경에 있는 것이 영재에게 더 많은 이익이 된다는 것을 곧 확신하게 될 것이다.

협조 체제 구축하기

협조 체제 구축은 영재교육 프로그램과 직접적인 연관이 있는 관리자로부터 시작한다. 관리자는 개인적인 지원뿐만 아니라 프로그램 성공에 중요한 역할을 하고 교직원 사이의 협조 체제를 구축하는 데도 중요한 협조자가 될 수 있다.

학교 교육과정위원회와의 협조 체제 구축도 매우 중요하다. 대부분의 학교는 교직원과 관리자 대표로 구성된 교육과정위원회가 있는데 이들에게 프로그램 수정을 제안할 수 있다. 이 집단은 계획을 보증하고, 동료에게 홍보하는 것을 돕고, 가능한 한 최선의 방법으로 계획을 실행할 방법을 찾는 위치에 있다.

교육과정위원회가 영재교육 계획에 승인한 후에는 동학년이나 관련 교사들이 모여서 실시하고자 하는 영재교육 프로그램이 수업에 어떤 영향을 미치는가에 대해 논의해야 한다. 이 만남에 참여하는 사람들은 집단 편성 방법이나 자료 공유와 조직, 상위 수준의 교과서 사용하기, 교육과정 나누기와 같은 문제를 논의할 것이다.

협조가 불가능할 경우

협조를 구하는 것에 실패할 경우 대처할 수 있는 두 가지 방법이 있다. 하나는 관리자를 참가하도록 하여 프로그램이 이루어지도록 필요성을 설득하는 것이다. 이러한 식의 중재를 통해 많은 문제를 풀 수 있지만 학생들을 위해 적절한 프로그램과 유사한 것을 사용할 수 있다는 것을 확신시키는 유일한 방법이다. 일반적으로 이러한 유형의 협조 구하기는 최후의 수단이지만, 프로그램 유지를 위한 최고의 수단일 수 있다.

그러한 구제책이 통하지 않거나 관리자가 무능하거나, 그렇게 가길 원하지 않는 경우 학급 담임은 어려움에 처하게 된다. 이런 경우, 교사는 프로그램 계획과 교육과정 변화를 진행해야 할까? 아니면 나머지 교직원의 입맛에 맞추기 위해 그 계획을 어떤 방식으로든 바꾸어야 할까? 이것들은 결론이 유쾌하지 않기 때문에 답하기 어려운 질문들이다. 학생들의 능력과 성취 수준에 따라 프로그램과 교육과정 기회를 제공하고 진행하기로 결정한 교사는 학생들이 의미 있고 의욕적인 학습 경험을 할 수 있다는 것만으로도 위안을 얻게 될 것이다.

학부모 역할 문제

영재 프로그램을 이행하고 유지하려는 노력 중 종종 학부모의 역할에 대해 간과하는 경우가 많다. 그러나 그들이야말로 프로그램을 안정적으로 이끌고 유지시키는 데 막강한 에너지와 영향력을 지닌 장본인들이다. 그들은 학생 최초의 교사이며 동시에 자신과 아이들의 욕구에 대해 대단한 통찰력을 가지고 있다. 또한 그들은 자기 자녀가 가능한 한 최고의 교육 기회를 얻을 수 있도록 많은 투자를 한다. 영재 교사나 프로그램 계획자는 이들 속에서 위대한 동맹자를 찾을 수 있다.

영재 부모가 교육위원회 위원을 뽑는 선거인단에 속해 있다는 사실도 주목할 만한 사실이다. 학부모들은 투표나 로비를 통해 정책에 영향을 미칠 수 있는 힘을 가지고 있다. 이러한 집단 중에서 정보원을 가지고 있는 것은 영재 프로그램 운영에 있어 절대적 자산이 될 것이다.

학생들을 위한 프로그램을 강화시키기 위해 어떻게 학부모와 동맹을 구축할 수 있을까? 가능한 대답은 많지만 대화가 우선이다. 학부모들은 자신의 자녀가 프로그램을 통해 무엇을 하는지 지속적으로 알려주지 않는 것에 대해 가장 많은 불만을 토로한다. 대부분의 학부모들이 사고하는 것처럼 학생들이 학교 활동에 대해 모든 것을 말해주는 정보통은 아니다. 규칙적으로 정확한 학교 소식을 부모에게 전달하는 학생들은 의외로 드물다. 프로그램 전체에 대해 그리고 학생들의 개인적인 학습 과정에 대한 정보를 부모에게 전달할 준비가 되어야 한다. 이것은 다양한 형식을 통해 이루어져야 한다. 가장 광범위하게 사용되는 방법은 통신문, 부모의 밤, 개인별 과정 보고서, 부모 집단 모임, 토론, 프로그램 방문 등이다. 어떻게 부모와 의사소통을 하느냐는 것은 주기적인 통신문과 면담을 기본으로 한 부차적인 문제이다.

부모 집단을 만드는 것은 부모와 프로그램 관련 인사들과의 의사소통을 원활히 할 수 있게 해주는 이점 외에도 프로그램을 강화시키는 목적에도 사용될 수 있다. 집단 모임을 통해 학부모끼리 서로를 알게 되고 공통된 문제와 흥미에 대해 이야기를 나눌 수 있으며 자신의 아이가 다른 아이들과 비슷한 점이 있다는 것을 깨닫게 해준다.

학교장의 역할

학교장은 영재 프로그램을 만들고 유지하는 과정의 중심이다. 그들은 학교의 교풍을 정하고 학생들의 결정과 정책, 희망에 따라 학생 중심의 환경을 만드는 데 도움을 줄 수 있다. 그들은 이러한 유형의 프로그램에서 필요로 하는 설비를 허락하거나 막을 수 있는 위치에 있기 때문에 프로그램 성공의 중추적 역할을 한다.

직원 배치를 결정하는 것과 관련한 문제는 이러한 프로그램에서 교장이 맡은 가장 중요한 역할이다. 어떤 직원이 동일 집단을 맡아 가르칠지, 학년이 나누어진 수업은 어디서 이루어질지, 한 교사가 수학 과목의 특별학급을 가르치도록 하기 위해 어떤 교직원의 시간을 조정해야 하는지, 미술 교사의 시간을 어떻게 조정해야 상급반 미술 수업을 맡아 가르칠 수 있는지 등의 문제를 결정하는 것은 교장의 몫이다. 이러한 수정을 기꺼이 받아들이고 그렇게 함으로써 얻을 수 있는 이점에 대해 이해하는 것은 다른 기능이나 정성으로 대체될 수 없는 부분이다. 비협조적이거나 프로그램 노력에 해를 끼치는 교직원이 있을 경우 그것을 막는 역할을 하는 것도 교장이다. 이런 경우, 그 교직원을 설득해 그들의 태도를 바꾸게 하는 것도 교장이고 교사들이 좀더 적극적인 태도로 수업하도록 조정해야 하는 것도 교장의 역할이다. 이러한 두 가지 행정 분야 특권인 직원 배치와 문제 교사 관리의 책임을 맡고 있기 때문에 교장은 의사결정의 중심 역할을 한다.

영재 프로그램을 지속시키는 데 있어 프로그램에 대한 부모들의 의견을 수렴하는 것도 학교장의 역할이다. 프로그램, 교사, 프로그램과 관련된 다른 요구 사항 등 부모들의 불만은 교장이 참고해야 할 사항이다. 그러면 교장은 그것들에 대해 적절한 조치를 취할 수 있다. 학생과 학부모가 요구하는 교사의 교실로 학생을 배치하는 것과 학생 수준에 맞춰 적합한 읽기 수준의 수업을 진행하도록 교사에게 요구하는 것, 학부모의 반감을 사는 교사의 지도 방식을 조정하는 것 등이 이러한 내용에 속한다. 관리상의 문제점을 알고 그러한 점을 교직원에게 분명하게 말하는 것은 건강한 프로그램 유지를 위해 필수적이다. 교장은 학부모의 말에 귀 기울이고, 그들의 요구를 적절한 범위에서 수용하도록 노력하고, 교사들이 무모한 비난을 받거나 근거 없는 요구를 당할 때 그들을 지켜주는 지위에 있다.

학교의 예산을 세우고 프로그램 노력에 영향을 미치는 것도 교장이다. 예산 과정에서 학생들에게 학년과 관련 없는 교과서 구입을 허락하고 시합에 필요한 팀 입장료 등의 자금을 조달하도록 결정내리는 것도 교장의 역할이다. 영재 프로그램이 많은 예산을 필요로 하는 것은 아니지만, 금전적인 도움이 필요하며, 그렇지 않을 경우 프로그램이 손상될 수도 있다.

학생 학습 전시회에 우선권을 두는 것도 영재 프로그램에서 교장이 맡아야 할 네 번째 역할이다. 과학 전람회, 뮤지컬, 미래 문제해결 대회, 연주회, 재능 발표회, 셰익스피어 페스티벌과 같은 이벤트를 지원하고 스폰서 함으로써 교장은 산출물의 중요성을 강조하고 그러한 재능은 즐겨야 한다는 메시지를 분명히 보낸다. 이벤트에서 강조하고 중요하게 여겨야 할 점은 경쟁적인 측면이 아니라 그와 같은 태도와 참여이다. 학생들은 교장을 대단한 사람으로 본다. 그러한 이벤트를 주최함으로써 학생들이 최선을 다해 최고의 산출물을 만들 수 있는 동기를 줄 수 있다.

지역 교육청의 역할

지역 교육청 장학사 또한 영재 프로그램을 만들거나 없애는 데 역할을 한다. 그들은 교육위원회 정책을 제시하고 실행하게 하는 의사결정에 참여하기 때문이다. 따라서 지역 교육청 장학사의 역할에 대해 이해할 필요가 있다.

영재들 프로그램에서 지역 교육청 장학사의 중요한 역할은 정책 결정에 미치는 그들의 영향력이다. 즉, 지역 교육청 장학사들은 교육위원들이 제안 프로그램을 정책으로 채택할 수 있도록 권고할 수 있다. 조기 입학, 조기 졸업, 동시 등록, 속진 등 영재들이 직면하게 되는 문제를 다루는 정책은 교육청 수준에서 결정되어야 하는 문제이기 때문이다. 위원회의 상임위원, 또는 광역 교사위원회와 함께 이러한 정책을 보강하는 것은 향후 프로그램 계획을 수립하는 데 유리하다.

교직원들에게 전문적인 개발 기회를 제공하는 것도 영재 프로그램에 영향을 미치는 지역 교육청 장학사들의 주요 역할 중 하나다. 전문적인 개발 계획이 만들어질 경우 계획에 참가하는 인원들의 만족도를 최대화하는 방법을 논의하기 위한 모임을 가지는 것도 프로그램에 도움이 된다. 대부분 지역은 각 집단에 필요한 인원을 가지고 있으므로 이러한 회의는 지식, 기능 개발 또는 인지 수준에 대한 것이 될 것이다. 학급 경영, 좋은 질문하기, 학생들을 위한 철학, 무한의 재능, 미성취 분야의 전문가를 불러오는 것은 다른 학생들의 학습에도 도움이 될 만한 정보를 더할 뿐 아니라 영재 프로그램의 질을 향상시키는 데 기여한다.

영재 프로그램을 종합적으로 조정할 사람을 고용하는 것도 지역 교육청 장학사가 할 수 있는 세 번째 역할이다. 프로그램을 조정하고 구축할 책임을 맡을 인력을 갖추고 있으면 분명히 프로그램 개발과 유지에 큰 자산이 된다. 그 역할은 프로그램의 중요성과 신뢰성을 높여주며 프로그램과 관련한 교사들이 외근하거나 스케줄 조정이 필요할 때 자료 수집이 필요할 경우 이러한 문제를 지원한다.

학생들이 잘한 일을 인정해주는 것도 지역 교육청 장학사가 할 수 있는 또 다른 분야이다. 학술적인 책자를 발행하는 것도 대중성을 얻을 수 있는 활동 중 하나다. 운동선수와 마찬가지로 학술 분야에서 뛰어난 학생들로 학교 대표팀을 만들 수 있다. 이러한 인정을 해주는 것은 학생들에게 매우 고무적이다. 즉, 학술적인 우수함도 운동선수의 훌륭한 솜씨 만큼이나 가치 있는 것이다. 이러한 유형의 프로그램은 학생들에게 자긍심을 심어주고 학교 지역구에서 인정받았다는 것을 알게 함으로써 학생들의 성취감을 높일 수 있다.

마지막으로 학생 프로그램에 스폰서 역할을 하는 것도 지역 교육청 장학사가 할 수 있는 역할이다. 조기 입학을 위한 검사 실시, 명예 프로그램 설치하기, 예비 예술 프로그램 스폰서 하기, 전체 지역 합창단 지휘하기 등은 선택이 가능한 몇 가지 사례에 불과하다. 학교 건물 내의 프로그램들은 학생들이 다니는 모교 배치에서만 선택해 활동할 수 있지만 전체 지역 이벤트를 마련하면 높은 능력을 지닌 학생들은 비슷한 능력을 지닌 학생들과 함께 학습하고 일할 수 있는 기회를 얻게 된다. 두 가지 유형의 프로그램을 결합하면 그들에게 가장 유리한 프로그램을 선택할 수 있으므로 학생들에게 최고를 제공할 수 있을 것이다.

프로그램 평가

프로그램 평가는 프로그램 유지 단계에 속해 있지만 종종 간과되곤 한다. 일반적인 기본 범위 내에서 프로그램이 목표를 성취하고 있는지 결정하는 것은 진행 중인 프로그램을 강화시키는 데 매우 중요하다. 평가는 자료에 따라 공식적으로 또는 비공식적으로 이루어진다. 중요한 것은 평가 자료 수집을 확실하게 하는 것이다. 평가를 통해 프로그램이 학생들에게 미치는 효과를 기록할 수 있으며 향후 이루어져야 할 정보 변화를 결정하는 데 이용할 수 있다.

역사적으로 대부분의 영재 프로그램 평가는 학생들이 그 프로그램을 즐기느냐 즐기지 않느냐, 학부모들이 그 프로그램을 성공적이라고 생각하느냐에 초점이 있다. 이러한 정보도 중요하지만 강력한 프로그램을 유지하고 구축하는 목적에 충분치 않다. 프로그램 조직자는 프로그램 성공 여부를 조사하는 범위 속에 학생들의 변화 척도를 포함시켜야 한다. 이러한 학생 변화 자료에는 학생들이 프로그램에 참여한 후 달라진 방식과 범위를 기록한다. 이러한 변화가 긍정적일 경우 프로그램 활동을 지지할 수 있는 효과가 분명히 입증되는 것이다. 반면, 변화가 부정적일 경우에는 학생 욕구에 부응하는 프로그램을 만들도록 수정해나가야 한다.

Callahan(1985)은 프로그램 평가의 여덟 가지 목표를 제시했다.

1. 프로그램 필요성에 대한 문서 자료
2. 특별한 접근을 위한 사례에 대한 증거 자료
3. 프로그램 가능성에 대한 문서 자료
4. 프로그램 보충에 대한 문서 자료
5. 프로그램 강점과 약점에 대한 확인
6. 프로그램의 진행 중 수정을 위한 자료 제공
7. 프로그램 결과 또는 영향에 대한 문서 자료
8. 관심 있어 하고 충분한 정보가 부족한 청중에게 프로그램을 설명하고 묘사하기

평가가 이루어지는 목적에 따라 수집 자료가 결정된다. 납득할 만한 평가 과정을 제시하기 위해서는 연구 과정에서 다음의 아홉 가지 단계를 취해야 할 것이다.

1. 모든 프로그램 계획자들이 동의할 프로그램 설명서를 준비한다.
2. 프로그램 목표와 목적을 명확히 하고 프로그램 설명서의 일환으로 그것들을 적는다.
3. 주요 관심사나 평가의 우선순위를 반영하는 평가 질문서를 적는다.
4. 언제, 누구에게 정보를 모을지 세부적인 평가 계획을 만든다.
5. 수단을 고르고, 설계하고, 관리한다.
6. 자료를 수집한다.
7. 질문에 적합하고, 청중들이 납득할 만한 자료 사용 방법을 분석한다.
8. 필요한 청중들에게 결과를 준비하고 보고한다.
9. 진행 중인 평가를 위한 계획을 준비한다.

자료를 수집하기 위한 수단은 매우 다양하다. 보통 사용되는 도구에는 설문지, 조사, 표준화 검사, 상대평가, 소시오그램, 잡지나 일기, 사례, 인터뷰([그림 11-1, 11-2, 11-3]) 등이 있다. 도구를 선택할 때 각 질문에 한 개 이상의 측정법을 이용하고 한 가지 이상

의 질문을 하는 것이 바람직하다.

한 학급 담임은 동일 집단에 속한 학생들이 학급의 다른 학생들과 충분히 상호작용하지 않는 것에 관심을 가졌다. 이러한 사고가 정확한지 조사하기 위해 그는 "동일 집단에 속한 학생들은 그 집단에 속하지 않은 학생들과 어느 정도 교류하고 있나?"라는 질문에 관한 자료를 모으기로 결심했다. 그 연구에 소시오그램, 학생들의 상호작용 패턴 조사 그리고 학급의 모든 학생들이 자기 자신에 대해 얼마나 좋게 사고하는가 하는 자기 개념 검사 세 가지를 사용했다. 그런 다음 분석을 위해 자료를 학교 교장과 심리학자, 학급 교사로 구성된 패널에게 제출했다. 신중하게 검토한 결과 문제가 나타나고 있지만 심각한 상태는 아니라고 결정했다. 학생들이 두 집단으로 나뉘어지기 시작했지만 자기 자신과 다른 사람들에 대해 아직까지는 긍정적이었다. 학급 교사는 분열이 최소화되는 방식으로 동일 집단이 상호작용 하도록 학습시키기 시작했다.

프로그램 평가는 영재 프로그램에서 문제해결을 통합하는 부분이다. 평가를 통해 진행 중인 문제가 밖으로 노출되기 전에 찾아낼 수 있을 뿐 아니라 프로그램 결정을 내리는 기본 자료로 환류할 수도 있다. 학급 교사가 납득할 만한 평가 보고서를 만드는 것은 쉬운 일이 아니다. 이 과정을 쉽게 하기 위해 교육청이나 지방 대학 인사위원이 도움을 줄 수 있다. 이미 개발된 방법을 적용하면 실용적일 뿐 아니라 시간을 절약할 수 있다.

1. 목적 진술

산출물의 초기 단계에서 목적이 분명하게 나타나는가? 학생들은 재료를 본 후 만들 물건의 성격을 분명히 이해하는 방식으로 주제 또는 문제를 정의했는가?

예를 들어, 초등학교 1학년 학생이 완성한 코네티컷 북부에 사는 스컹크 조사 프로젝트에서 도입문에 결과물의 전체 목적과 범위를 분명하게 진술했는가?

5 — 4 — 3 — 2 — 1 — NA

매우 보통 거의

2. 문제 초점

학생은 주제를 분명히 알고 정의하고 연구의 상당 부분에서 비교적 자세한 문제를 나타냈는가?

예를 들어, "영국 엘리자베스 시대 드라마" 에 대한 연구는 "드라마 연구" 에 좀더 초점이 맞추어 있는가?

5 — 4 — 3 — 2 — 1 — NA

매우 보통 거의

3. 자료 수준

학생이 사용한 자료 또는 장비는 이 연령의(학년의) 학생들이 일반적으로 사용하는 것에 비해 좀더 앞서고, 기술적이거나 복잡한 것을 사용했다는 증거가 있는가?

예를 들어, 6학년 학생이 주요 유럽 국가의 12세기부터 16세기 왕의 역사에 관한 정보를 알아내기 위해 인근 대학 도서관을 활용한다.

5 — 4 — 3 — 2 — 1 — NA

매우 보통 거의

4. 자료의 다양성

결과물을 만드는 데 있어 학생들은 몇 가지 다른 자료를 이용하려는 노력을 보였는가? 학생은 기본적인 백과사전 외에 다음과 같은 정보 자료 중 어떤 것이라도 사용했는가? 교재, 기록/통계, 책/자서전, 설명서, 정기간행물, 필름과 슬라이드, 편지, 전화, 개인적인 인터뷰, 조사나 통계, 카탈로그나 그 외 것들.

예를 들어, 제2차 세계대전에서 사용된 무기와 기구에 관심을 갖고 있는 초등학교 4학년 학생은 주제에 관한 자서전, 전기문, 정기간행물, 기록서 등 성인 수준의 책을 읽었다. 또한 그는 제2차 세계대전에 참가한 지역 참전 용사를 만나 인터뷰도 하였으며, 그 기간에 대한 필름과 슬라이드도 보고, 외국에 사는 자녀들에게 받은 나이 많은 주민들의 편지도 수집했다.

5 — 4 — 3 — 2 — 1 — NA

매우 보통 거의

[그림 11-1] 학생 결과물 평가 양식에 관한 사례

평가 양식이 필요한 파라미드 프로젝트 영재 프로그램

이 조사는 영재나 가능성 있는 학생을 대상으로 한 프로그램의 필요성에 관한 의견을 평가하기 위해 피라마드 프로젝트에 준거해 실시된다.

감독관(교육감) ________________ 보조감독관 ________________

설 명

영재교육과 관련한 두 가지 질문을 하려고 합니다. 첫째, 영재교육의 중요성에 대해 어떻게 생각하십니까? 둘째, 영재교육 프로그램이 얼마나 잘 운영되고 있다고 생각하십니까?

각 조항을 잘 읽어본 후 아래 보기에서 고르시오. 중요성에 관한 내용 아래에 제공된 자리에 숫자 하나를 적고, 현재 실행 수준에 관한 문항 아래에 있는 빈 칸에 자신의 의견을 반영하는 숫자를 적으시오.

중요성	현재의 실행 수준
5 – 절대적으로 중요	5 – 최대한 실행됨/모범적임
4 – 매우 중요	4 – 최대한 실행됨
3 – 중 요	3 – 실행됨/약간의 조정 필요
2 – 다소 중요	2 – 실행됨/보다 많은 조정 필요
1 – 중요치 않음	1 – 실행되지 않음
0 – 의견 없음	0 – 의견 없음

예	중요성	현재의 실행 수준
모든 학생의 능력을 평가하고 결과를 프로그램 결정 시 사용한다.	5	3

응답자들은 평가의 필요성을 절대적으로 중요하다고 느끼지만, 프로그램 결정을 위해 그것을 사용하는 방법은 다소 조정될 필요성이 있다고 느끼고 있음을 나타낸다.

[그림 11-2] 평가 형식에 필요한 피라미드 프로젝트에서 가져온 사례(계속)

영재교육을 위한 권고사항	중요성	현재실행수준
1. 모든 학생들의 능력 수준에 맞는 학습을 하도록 유연성 있는 속도를 채택한다.	______	______
2. 소수와 같이 특별한 그룹에 사려 깊은 주의를 기울인다. 영어 어휘나 이해에 의존하는 평가는 피하고 평가 목적에 맞게 평가된 특성 목록을 사용한다.	______	______
3. 특별 학급에 입학할 자격 조건을 신중하고 시험적으로 유지하면서 더 많은 학생들을 포함시킬 수 있도록 폭을 넓힌다.	______	______
4. 학생 검사 시 감성적 욕구를 살피고, 프로그램 선택을 안내하고, 학생들의 직업과 대학 선택을 상담해줄 카운슬러의 중요성을 인식한다.	______	______
5. 원칙과 학년 수준, 지적 능력 전 분야에서 넘나드는 일반 학교 범주 이상의 프로그램을 제공한다.	______	______
6. 실제 학자에 의해 사용되는 질문 방법을 적용한다.	______	______
7. 모든 수준에서 이 중 등록 프로그램에 대한 특별 계획을 세운다. 초등/중등, 중등/고등, 고등학교/대학교	______	______

[그림 11-2] 평가 형식에 필요한 피라미드 프로젝트에서 가져온 사례(계속)

영재교육을 위한 권고사항	중요성	현재실행수준
8. 어떤 학생들은 대학에 일찍 입학하는 것이 더 이로울 수 있다고 인정한다.	______	______
9. 인턴십과 일대일 경험을 쌓기 위해 지역 자원을 사용한다.	______	______
10. 교육적 선택을 늘리기 위해 박물관, 미술 조직, 시민 집단과 협조한다.	______	______
11. 학생들이 방과 전후 프로그램에 참여하도록 격려한다.	______	______
12. 영재의 학습 유형에 적합한 지도 전략을 개발한다.	______	______
13. 교사들이 예상 밖의 수업 시간을 빼앗기지 않으면서 학생 과정을 모니터 할 수 있도록 기록 보관 체제를 개발하여 교사들을 돕는다.	______	______
14. 정규 학급 교사들에게 적당한 지원 서비스 −자료 교사와 같은− 를 제공함으로써 일반학급에서 학생들에게 강화가 이루어질 수 있게 한다.	______	______
15. 교직원 연수를 위해 인근 대학을 이용한다.	______	______

[그림 11-2] 평가 형식에 필요한 피라미드 프로젝트에서 가져온 사례

A. 계획 활동	예	진행중	아니오	절대아님
1. 기획위원회는 부모, 교사, 지원 인사, ISD 대표, 관리자, 학생, 지역 인사로 구성되며, 목적은 영재를 위한 프로그램을 개발하고 리더십을 제공하기 위한 것이다.	______	______	______	______
2. 프로그램 제작 과정에서 최근의 요구 사항을 결정하기 위한 평가가 학교와 지역 모두에서 이루어지며, 거기에는 다음과 같은 두 가지가 포함된다.				
a. 학생의 요구 사항	______	______	______	______
b. 학교 안팎에 있는 준비 사항	______	______	______	______
3. 기획위원회는 읽기, 초청 강사, 학교 방문, 주와 중학교 지역 자료 등과 같은 다양한 자료를 통해 영재교육과 친숙하다.	______	______	______	______
4. 기획위원회는 기본적인 규칙에 부합한다. 개발된 해에 완성된 활동들은				
a. 영재교육에 관한 지역구 철학 개발하기	______	______	______	______
b. 프로그램, 학생 목표와 목적 만들기	______	______	______	______
c. 장·단기 목표 만들기	______	______	______	______
d. 프로그램 보충, 장기간 운영 계획 결정하기	______	______	______	______
e. 프로그램과 학생 결과에 대한 평가 계획 만들기	______	______	______	______

[그림 11-3] 영재를 위한 프로그램의 자기 평가 기록 사례

요　약 Summary

예상되는 문제점을 예측하고 문제를 중재하기 위한 과정을 만드는 것은 영재 프로그램 유지에 가장 효과적인 방법이다. 영재교육 프로그램을 발전시키기 위해서는 발생할 수 있는 문제들과 사전에 친숙해질 필요가 있다. 잠재적인 학생 태도 문제, 원인, 해결 전략을 인지하는 것은 프로그램 유지의 출발점이다. 교직원과 학부모가 프로그램에 협조하고 승인하도록 하는 것은 프로그램을 구축하기 위한 두 번째 단계이다. 관리자의 협조와 참여를 얻는 것은 세 번째 단계이며, 이것은 모든 부수적인 프로그램 계획의 토대를 제공한다. 마지막으로, 프로그램 평가를 통해 프로그램 계획자가 문제를 예측하게 하고 성공에 대해 감사하도록 한다. 이러한 네 가지 요소들을 프로그램 활동에 연계시킨다면 영재 프로그램의 성공 확률은 높아질 것이다.

이렇게 실천하세요 Action Steps

1. 학교장에게 자신이 준비하고 있는 영재 프로그램 계획에 대해 말한다. 자신의 계획에 대해 교장의 지원을 간청하고 그가 도와줄 수 있는 방법에 대해 알아본다.
2. 영재 학생들을 위한 의사결정을 내리고 그들을 위한 프로그램을 만드는 데 관여하는 지역 교육청의 패널이 될 수 있도록 자원한다.
3. 교육위원회 구성원에게 영재들이 가지고 있는 욕구에 대해 언급함으로써 이 문제를 인식하도록 한다.
4. 지역 프로그램을 위한 코디네이터(조정자)를 기용하도록 관리자에게 권유한다. 코디네이터를 통해 프로그램 개발 계획과 자료 수집을 도움받는다.
5. 능력만큼의 성취를 거두는 데 문제가 있는 학생을 한두 명 선정한다. 학교 상담원에게 이러한 행동이 낳을 수 있는 예상 결과에 대해 말하고 학생이 좀더 긍정적인 태도와 행동을 배울 수 있는 지도 계획을 수립한다.

이런 참고자료 활용하세요 References Yon Can Use

Daniels, P. (1983). *Teaching the gifted learning disabled child.* Rockville, MD: Aspen Systems Corporation.

Kerr, b. (1985). *Smart girls, gifted women.* Columbus, OH: Ohio Psychology Publication Company.

Perino, S. (1981). *Parenting the gifted : Developing the promise.* New York: R.R. Bowker Company.

Whitmore, J. (1980). *Giftedness, conflict, and underachievement.* Boston: Allyn and Bacon.

Whitmore, J., & Maker, J. (1985). *Intellectual giftedness in disabled persons.* Rockville, MD: Aspen Systems Corporation.

일반학급을 넘어서

12

일반학급에 배치된 영재는 자신의 능력만큼 제대로 대우받지 못할 수 있다. 뛰어난 영재성을 지닌 학생의 능력은 끝이 없으므로 일반학급 교사들이 나머지 학생들을 지도하는 동시에 이들이 원하는 수준까지 프로그램 범위를 조절해 제공할 수 없기 때문이다. 그래서 영재성이 낮은 학생이 더 많은 이익을 볼 수 있다. 학생의 능력이 탁월할수록 일반학급 배치는 적절하지 않을 가능성이 높다.

따라서 영재 학생을 위한 프로그램은 학생의 능력에 따라 고려될 필요가 있다. 전일제 영재교육 프로그램이 유익한 학생에게는 전일제 영재교육 프로그램을 제공하고 파트타임제 영재교육 프로그램이 적합한 학생에게는 일과 중 일부분만을 제공할 수 있다. 여기서는 일반학급을 넘어선 영재교육에 대해 논의해보려고 한다.

만족스러운 프로그램 개발하기

영재들을 위한 적절한 교육 경험을 제공하기 위해서는 만족스러운 영재교육 프로그램 개발이 필요하다. 이것은 학생의 능력, 성취, 흥미 수준에 맞춰 각 수준별 프로그램에 영재를 배치하는 것을 의미한다. 이러한 상태에서 영재들은 탄력 있는 속도와 깊이 있는 연구 주제, 학급 동료들의 흥미와는 다른 흥미 추구 등 그들의 욕구에 맞는 프로그램을 선택할 수 있을 것이다. 영재를 위한 만족스러운 프로그램 개발은 다음과 같은 준비가 확실히 되었을 때 가능하다.

1. 납득할 만한 평가 프로그램 진행 : 평가 정보는 프로그램 목적, 프로그램 배치, 프로그램 평가에 맞추어 수집되어야 한다. 학생들의 최근 검사 정보와 산출물 평가, 흥미 목록을 가지고 있으면 프로그램 배치와 프로그램 개발에 꼭 필요한 정보 자료를 제공할 수 있다.
2. 프로그램 추가 구성 요인 : 모든 학술 분야와 예술 분야에서 뛰어난 학생들은 모든 교육과정에서 자신의 능력에 맞는 적절한 과정과 배치를 받아야 한다.
3. K-12 교육과정의 분절 : 학생이 계획된 방법에 따라 상호관계를 맺고 준비할 수 있도록 정해놓은 문서가 필요하다. 이러한 기록에는 어떤 기능이 언제, 어떤 방법으로 개발되어야 하는가 하는 의견을 명시한다. 그렇게 함으로써 프로그램 결정이 무계획적으로 이루어지지 않게 한다.
4. 유연한 속도 조절, 깊이 있는 탐구 주제, 개인적 흥미 추구를 가능케 하는 지도 기능들 : 교사에게만 의존한 수업은 영재들의 욕구와 그들에게 제공하는 프로그램 사이에 괴리감이 생기게 한다. 교사들은 능력이 다른 학생들을 지도할 때 독립적인 학습, 고급 수준의 사고 기능, 문제해결 방법 등과 같은 기능을 훈련받은 후 사용해야만 한다.
5. 프로그램 담당 코디네이터 : 프로그램을 성공하기 위해서는 프로그램 개발과 유지를 책임질 사람이 필요하다. 중앙 사무실 관리나 학교장, 코디네이터 또는 조정위원회가 그 역할을 맡을 수 있다. 그 사람이 누구냐와는 상관없이 영재를 대변하고, 그들의 욕구와 특성을 이해하고, 프로그램과 교육과정 환경 구성에 정통한 인물이어야 한다.

이러한 준비가 없다면 독특한 영재들을 위한 적절한 자료를 갖춘 프로그램이 될 수 없다. 만족스러운 프로그램이 준비되지 못하면 특별 프로그램의 한 부분에 참여하고 있지만 다음 수준의 프로그램을 찾지 못하는 학생들 또는 자신이 특별한 재능을 가진 분야에서 앞선 교육을 받을 수 없어 개인적으로 자료를 찾거나 그러한 자료를 찾을 수 없는 학생들이 많아질 것이다. 분명한 것은 오늘날 대부분의 영재들은 현재의 교육 프로그램을 통해 제대로 대접받지 못하고 있다는 사실이다. 만족스러운 프로그램을 만들기 위한 첫걸음은 시간과 자료를 갖추는 것이다. 그것은 영재들의 욕구에 부응하는 교육 프로그램을 제공하는 유일한 방법이다.

대안 프로그램

일반학급에 배치되어 잘 적응하는 영재들은 대체로 일반학급 밖의 프로그램에도 잘 적응한다. 여기서는 일반학급에 배치하기에는 너무 앞선 영재들을 위해 대안적으로 개발된 프로그램에 대해 소개하고자 한다.

PULL-OUT 프로그램

pull-out 프로그램에 가장 자주 사용되는 방법은 특별학급, 자료실, 회전문 판별(Reis, Smith, 1981) 등을 들 수 있다. 각 프로그램의 목적은 학생들이 개인의 능력을 최대한 개발할 수 있는 기회를 제공하는 것이다. 대부분 일반학급 배치와 유기적으로 운영되지만 일반학급 프로그램을 대신해 제공되지는 않으며 일반학급을 중심으로 한 기본 프로그램의 필요성을 부인하지도 않는다.

특별학급

특별학급은 영재들을 일반학급 학생들과 분리시켜 교육하기 위해 개발된 프로그램이다. 선행 학습이나 대학 중심의 속진 및 심화 학습, 흥미 중심 학급 등이 여기에 해당된다. 정규 학급에 배치된 영재들은 특별학급을 통해 자신들의 재능 분야에 맞는 교육 경험을 할 수 있는 기회를 갖게 된다는 장점이 있다.

선행반

많은 영재들은 학급의 다른 학생들보다 앞서 배우기 때문에 자기 학년 수준 이상의 것을 배울 준비가 되어 있다. 이러한 학생들을 위해 선행반을 준비함으로써 학생들 간의 능력 차이를 조절할 수 있다. 이것은 특히 초등학교 고학년에 잘 맞는다.

대부분의 선행반은 한 가지 내용 분야를 다룬다. 즉, 좀더 빨리 배우고 또래들에 비해 앞선 기능을 가진 학생들에 맞춘 선행 수학, 국어, 음악, 과학, 미술, 사회과학 과정이 있다. 이런 반들은 학생들의 기본 시간표의 한 부분에 속하며 내용 또한 신뢰할 만한 과정이다. 어떤 학생의 경우 전체 시간표가 선행반으로만 구성될 수도 있다. 대부분의 다른 학생들은 한두 과목에 국한되지만 특별한 경우 모든 반에 등록할 수 있다.

주요 과목뿐 아니라 예술 분야도 선행반이 제공되어야 한다는 사실에 주목할 필요가 있다. 컴퓨터 프로그래밍, 대수, 영문학과 같은 선행 과정과 함께 선행 미술 또는 오케스트라, 합창반들도 프로그램의 일부분으로 실시되어야 한다.

대학 중심 과정

몇몇 대학에서는 선행 또는 심화에 홍미를 가진 영재를 위한 과정을 제공하기도 한다. 대부분의 프로그램이 중학교나 고등학교 이상이기는 하지만 몇몇 토요 학급은 유치원과 같이 어린 학생들도 연계시켜 교육한다. 이러한 반에서는 주로 대부분의 학교에서 다루지 않는 범위와 내용을 다룬다. 이러한 방식은 일반 교육과정 이상의 지적 호기심과 관심을 가진 학생들에게 매력적일 수밖에 없다.

때로 대학들은 지역 교육청에서 정한 교육과정에 속하지 않은 분야도 학교 지역구와 협의해 교육하기도 한다. 대학이 스폰서가 되어 앞선 실험 기능, 심리학, 민속학 등의 과목을 초등학교 상급생이나 중학생에게 지원한다.

이러한 특별학급이 대학 캠퍼스나 지역 교육청에서 열릴 경우 그 과정이 항상 대학 또는 지역 교육청에 의해 보장되는 것은 아니라는 점에 유의해야 한다. 어떤 지역교육청은 그러한 과정에 신뢰를 얻기 위해 고등학교 또는 고등학교 졸업생에 국한해 학생을 뽑는다. 다른 경우 그러한 특별학급 과정을 지원하되 다른 과정 연구와 연계하지는 않는다. 이러한 결정은 대체로 교육위원이나 대학의 교무처가 내린다.

홍미 위주의 학급

영재를 위한 선행 과정 중 그들의 홍미에 초점을 맞춘 방법이 있다. 이들 학생들이 관심을 갖는 홍미 분야는 일반 학생들과 다르므로 대부분의 홍미 학급들은 기본 교육과정의 일부로 간주되지 않는다. 그러므로 학점을 주기에 적합하지 않다. 이러한 학급에 등록한 학생들은 선택적으로 하거나 자유 시간에 한다.

자료실

영재 프로그램에서 가장 흔히 볼 수 있는 구성 요소는 정규 학급 프로그램에 덧붙여 자료실 프로그램을 운영하는 것이다(Cox, Daniel, Boston, 1985). 학생들은 학교생활 대부분을 자기 반에서 보내지만 일주일에 2~6시간 정도는 이동 프로그램에서 활동할 수 있도록 배치할 수 있다. 그들은 자료실에 있는 동안 비슷한 능력을 가진 다른 학생들과 소집단으로 학습하거나 개인 프로젝트를 학습한다.

전형적인 자료실은 한 명의 교사가 일주일에 네 집단이나 여덟 집단의 학생들을 담당한다. 프로그램이 다른 학교에 있는 경우 그곳을 찾아가거나 학교에 있는 경우에는 다른 교실로 이동한다. 대부분의 교실 모임은 일주일에 한두 번 2~3시간 정도 소요된다. 경우에 따라서는 학생들이 하루 종일 자료실에 머무는 경우도 있다. 그 시간 동안 대체로 독립적인 학습이나 높은 수준의 사고 과정, 문제해결, 창의적인 표현 등과 같은 기능을 학습한다. 그런 경우 대체로 소집단 프로젝트나 독립적인 연구를 하고 이어 전체 집단 활동을 하기도 한다. 할당된 시간이 짧기 때문에 학생들은 주로 자료실 교사와 함께 있게 되며 프로젝트 중심으로 프로그램을 진행하고 때로는 할당된 시간 외의 학습을 요구하기도 한다.

자료실 교사의 임무는 다양하지만 가장 중요한 것은 학생들이 찾는 자료의 위치를 알려는 것이다. 9개의 다른 독립된 연구가 동시에 벌어질 경우 사용되는 자료는 엄청나게 많다. 학생을 평가하고 수업을 계획하는 것도 그들이 해야 하는 책임 중의 하나다. 자료실 교사의 주요한 임무 중 하나는 학생 담임 교사들과 의사소통하고 조정하는 것인데, 학생들이 자료실에서 한 활동에 대해 담임 교사에게 전달함으로써 일반학급 수업에 융화시킬 수 있다. 결국, 대부분의 자료실 교사들은 일주일 동안 여러 건물을 옮겨 다닌다. 그러므로 그들이 직면하는 어려움은 학생들과의 문제가 아니라 육체적인 문제인 경우도 발생한다.

자료실 프로그램이 안고 있는 가장 큰 문제는 담임 교사들이 자료실 프로그램에 학생을 참가시키는 것만으로도 학생들의 욕구에 부응했다고 믿고 그 다음 준비를 하지 않는 데 있다. 그러나 이것은 절대 그렇지가 않다. 학생들은 일주일 내내 영재이며 그 사실에 준해 다루어져야 한다.

학생들이 교실을 비우고 자료실 프로그램에 참가하는 동안 결손된 학습을 보충해야 하느냐 마느냐를 결정하는 데는 논쟁의 여지가 있다. 대부분 학교의 경우 프로그램 공급은 학급 학습을 대신하는 것으로 출발하는 정책을 가지고 있지만 이것이 교직원 모두의 공통된 의견일 수만은 없는 관계로 불화가 생기기도 한다. 이런 경우 프로그램에 참가한 학생들에게 가혹한 경우가 생길 수 있다. 그들의 임무가 두 배로 되고 추가적인 스트레스를 느끼게 되기 때문이다.

회전문 판별

자료실 모형의 적용은 회전문 판별(RDIM) 모형이란 용어로(Renzulli, Reis, Smith) 불린다. 이 모형은 대부분의 특별 프로그램에 유용하지만 종일반 프로그램에는 바람직하지 않다. 학생들이 자신의 흥미에 따라 자료실에 들어갔다 나왔다 할 수 있는 구조를 제공하고자 하는 것이 이 프로그램의 목적이기 때문에 전일반의 경우는 적용이 어렵다.

학생들은 활동 정보 메시지라는([그림 12-1]) 조사 계획서를 자료실 교사나 프로그램 결정자에게 제출한 후 승인되면 RDIM에 들어갈 자격을 부여받는다. 자격을 부여받은 학생은 프로젝트를 완성할 때까지 프로그램에 속하게 되며 완성 후에는 다른 활동 정보 메시지가 받아들여질 때까지 프로그램에서 나가야 한다.

이 모형은 두 가지 장점이 있다. 우선, 학생의 관심이 최고조에 달할 때 프로그램에 포함시킨다는 점이다. 학생들은 스스로 동기가 발생된 경우 더 임무에 충실한 경향을 보인다. 또 다른 장점은 학생들을 포함시켰다 뺐다 함으로써 더 많은 학생을 프로그램에 참여시킬 수 있어 많은 학생들이 프로그램의 혜택을 받을 수 있다는 점이다. 전체 학생 중 약 20% 정도가 프로그램에 참여할 수 있는데 학생들이 성공할 것 같은 시기에 프로그램에 참가시킨다.

RDIM 프로그램에 속한 학생들은 대부분의 시간을 조사 프로젝트에 할애한다. 이러한 조사가 가지는 장점은 다양한 형식을 취할 수 있다는 것과 무한대의 결과를 얻을 수 있다는 것이다. 이 프로그램의 담당 교사는 자료실 교사가 하는 것과 같은 방식으로 시간을 보내지만 프로그램에 적절한 학생을 선발하고 시간표를 조정하는 책임이 추가된다.

전일제 프로그램

일반학급에 영재를 배치하는 것은 적절하지 않을 수도 있다. 또래에 비해 높은 능력과 기능을 지니고 있기 때문에 그들의 욕구에 부합하는 대안 프로그램인 전일제에 배치할 수 있다. 전일제 프로그램 운영을 위해서는 비슷한 능력을 가진 학생들과 함께 앞선 수준에서 배울 수 있는 독립된 교실이 필요하다. 이러한 배치를 통해 얻을 수 있는 이점은 그 어느 장점보다도 중요한 것이다. 본 장에서는 구성 방법이 다른 마그넷 스쿨, 학교 속의 학교, 컨소시엄 프로그램에 대해 소개하려고 한다.

마그넷 학교(뛰어난 설비와 교육과정을 갖춘 공립학교)

마그넷 학교는 상당한 수준의 시설을 갖추고 있다. 따라서 이러한 프로그램이 각 학교마다 설치되기는 힘들고 지역에 공동 학교로 설치되는 것이 일반적이다. 학생들은 학생 수송 계획에 따라 버스나 자가용을 타고 등교한다. 교육청에 따라서는 학교 버스 시간표와 마그넷 학교 시간표를 조정해서 학생들이 교육청 버스를 이용할 수 있도록 배려하기도 한다.

마그넷 학교는 지역의 크기나 프로그램 자격이 되는 학생수에 따라 규모가 다르나, 대체로 각 학년마다 한 반에서 세 반까지 있으며 빠르면 유치원이나 초등학교 1학년부터 시작된다. 일반적으로 전통적인 학교와 같은 방식으로 반이 정해지고 시간표가 결정된다. 그러나 이 학교 내에서도 학생 능력 차이는 여전히 존재하며 차별화 된 프로그램이 여전히 필요하다.

마그넷 학교는 영재교육 차원에서 학생과 교사 모두에게 이점이 많은 프로그램이다. 학생들이 필요로 하는 양과 깊이에 맞춰 더 많은 기회를 얻을 수 있다. 교육과정이 일반 학교보다 앞서 있기 때문에 자기와 비슷한 수준의 다른 학생들과 학습하고 만날 수 있는 기회를 가지게 되는데, 영재들에게 있어 같은 수준의 동료를 만나는 것은 특히 중요하며 이러한 프로그램이 지속되어야 할 이유 중 하나이기도 하다.

활동 정보 메시지

일반 교육과정 분야 : 과학, 미술
활동 또는 주제 : '곤충' 책 설계하기

아래 공간에 자신이 관심 깊게 관찰한 상황이나 일어난 일,
임무수행, 창의성을 간단하게 설명하시오.
다음에 이어질 활동에 대한 아이디어를 말해보시오.

리차드는 말의 생애에 관한 책을 만드는 데 큰 흥미를 느끼고 있다.
리차드는 Falcott 산의 과학 센터를 여행한 후 이 프로젝트에 관심을 갖기 시작했다.
리차드는 책 제작을 위해 몇 가지 조사를 마쳤으며,
향후 그의 아이디어를 개발하고 추가적인 조사를 완성하기 위해
자료실에서 학습할 시간이 필요하다.
그의 아이디어를 완성하기 위한 일환으로
설계와 미술 학습이 필요하다.

To : S. Reis
From : P. Stanton
날짜 : 3. 20
연락 요망
약속을 정하기 위해 연락하겠음.

[그림 12-1] 활동 정보 메시지

교사들 또한 이 프로그램 구성을 좋아한다. 다른 일반 학교에서 종종 놓치게 되는 학교의 임무와 핵심을 실현시킬 수 있는 여건이 조성되기 때문이다. 동시에 학생의 능력 차이가 있긴 하지만 모든 학생들이 잠재적으로 일정 수준에 도달해 있으므로 그들의 욕구에 좀더 효과적으로 대처할 수 있는 것도 이유 중 하나다. 그러나 마그넷 학교에 배치받은 학생들은 교사에게 바라는 요구 사항도 많고 원하는 자료도 많기 때문에 그 일이 결코 쉽지만은 않다.

대부분의 마그넷 학교가 학문적인 것에 기초를 두지만 지역에 따라 분야를 달리 하는 경우도 있다. 예를 들어, 대도시 지역에서는 현재 예술에 중점을 둔 전일제 프로그램이 활성화되고 있다. 그러한 학교에 속한 학생들은 음악, 미술, 무용 수업과 함께 언어나 수학과 같은 수업도 받는다. 이런 학교들의 경우 대부분 초등학교 저학년에서부터 학과 담당 교사와 전문적인 예술가가 함께 지도를 한다.

학교 속 학교

영재를 위한 전일제 프로그램인 마그넷 학교 프로그램이 학생들을 수용하기 부족한 경우 어떤 지역들은 학교 속 학교 프로그램을 채택한다. 대부분 학생수가 적은 일반 학교들이 선택하는데 학교 건물 안에 영재를 위한 전일제 프로그램을 운영하여 전체 학생수가 늘어난다. 사실상 한 학교 건물에 동시에 두 학교가 있는 것이다. 이곳의 영재 프로그램은 한 가지만 빼고는 대체로 마그넷 학교와 같은 방식으로 이루어진다. 다른 학생들과 같은 건물을 사용하고 아주 근접하게 있기 때문에 영재와 다른 학생들을 통합하려는 노력이 어느 정도 주어진다. 합동 조회나 같은 점심시간 또는 특별 강사나 활동을 공유하는 방식으로 이루어진다.

프로그램 공유는 학교 속 학교 프로그램과 관련된 문제를 줄이는 데 가장 큰 도움이 된다. 이와 유사한 많은 프로그램을 실시할 경우 그 속에 포함되지 못한 일반 학생과 교직원은 무시된다는 느낌을 받기 쉽다. "가지고 있는" 것과 "가지지 못한" 것의 의미는 어느 순간 미처 알기도 전에 갑자기 일어날 수 있으며 결과적으로 큰 해를 입힐 수 있다. 자료, 아이디어, 활동을 함께 공유함으로써 이 차이를 어느 정도 줄일 수 있다.

대부분의 학교 속 학교 프로그램은 소규모로 운영되기 때문에 학생들은 비슷한 능력을 지닌 다른 학생들과 도전적인 환경 속에서 함께 할 수 있다는 장점을 가질 수 있고, 교직원은 팀 플래닝과 팀 티칭이 가능하며 공동 의사결정이 활발해질 수 있다.

컨소시엄 프로그램

어떤 상황에서는 영재에게 전일제 프로그램을 제공하기 위해 학교 체제를 통합할 필요성이 있다. 학생수가 너무 적거나 특별 프로그램을 마음에 두고 있을 경우 컨소시엄 방식을 시도함으로써 프로그램을 운영할 수 있다. 이러한 경우 각 지역 교육청은 학생을 학교에 보내고 프로그램 예산을 지원한다.

영재에게 프로그램을 제공하는 컨소시엄 프로그램은 그동안 파트 타임 원칙으로 사용되어 왔다. 개별 지역 교육청이 특정한 선행 프로그램을 제공하지 못하는 경우 인접한 다른 지역 교육청의 협조를 구할 수도 있다. 이러한 학급들은 주로 비학문 분야나 컴퓨터 과학 분야에 적용된다. 그러나 좀더 전형적인 자료실 프로그램은 지역교육청과의 컨소시엄을 통해 협조를 구할 수 있다.

전일제 컨소시엄 프로그램의 경우 학생을 이동시켜야 하는 것이 프로그램 운영자가 직면하는 가장 큰 문제이다. 파트타임 컨소시엄 프로그램의 경우는 교통수단뿐 아니라 학생이 소속된 학교와 의사결정을 해야 하는 것이 가장 큰 문제이다. 그럼에도 불구하고 컨소시엄 프로그램에 속한 학생들에게 돌아가는 이익은 건물이나 그러한 프로그램을 유지하는 과정에서 직면하는 문제들보다 훨씬 크고 값지다.

고도 영재들

고도 영재는 또래에 비해 매우 앞선 능력을 보이고 정규 학급에 배치되었지만 실제로 수업이 불가능한 학생들이다. 이러한 학생들은 대체로 지능지수에 의존하여 구분되는데, 150에서 180 정도로 천 명 중 한 명에 포함된다. 지능 100 정도인 일반 학생들과 비교해볼 때 정신지체를 보이는 학생수만큼이나 큰 차이를 보이며 교육적 욕구에 있어서도 일반 학생과 큰 차이를 보인다.

이러한 학생을 일반학급에 배치하는 것은 적합하지 않다. 그들의 능력은 학급 동료들에 비해 매우 월등하다. 그래서 한 명의 학급 교사가 나머지 학생들에게 적절한 프로그램을 제공하는 동시에 이들이 요구하는 것을 만족시키기란 사실상 불가능하다. 그러므로 이들의 기능과 능력 수준에 알맞은 대안 조치가 필요하다.

특성 및 욕구

고도 영재성을 지닌 학생들의 가장 분명한 특성은 높은 지능이다. 지능 검사에서 나온 높은 점수 결과와 같은 그들의 높은 능력 수준은 또래들과 다른 행동을 보이게 한다. Powell과 Haden(1984)은 일반 능력 학생과 중간 정도의 영재 그리고 고도 영재가 보이는 차별화된 세 가지 특성을 다음과 같이 나열했다. 세계를 이해하는 구조와 틀을 창조하는 능력, 뛰어난 정보 처리 능력과 문제 발견 해결의 능력, 알고자 하는 높은 욕구 등이 이에 속한다([표 12-1]). 그 결과 고도 영재들은 통합적인 사고를 한다는 것을 알 수 있다. 즉, 그들의 사고 체계는 분석적인 동시에 종합적이다.

[표 12-1] 일반 학생, 보통 영재, 고도 영재 비교

특 성	일반 학생	보통 영재	고도 영재
지적 특성	체계가 필요함 알고자 하는 욕구 있음 비효율적인 정보 처리	자신의 체계 창조함 알고자 하는 욕구 적음 효율적인 정보 처리	최고의 문화 체계를 창조 알고자 하는 욕구 강함 고도의 효율적인 정보 처리
사고 유형	분석적 사고	종합적 사고	통합적 사고
지능지수	90~110	130~149	150 이상
학문 성취도	고졸 수준	대학원 수준	대학원 이상의 수준
직 업	회사원	교수나 조교수	교 수

우리는 고도 영재들의 정서적 · 사회적 특성을 문학 작품이나 연구 조사에서 찾아볼 수 있다. Roedell(1984)은 고도 영재는 일반 학생이나 보통 영재에 비해 문제에 대해 민감하게 반응하고 많은 영향을 받는다고 지적한다. 반면에 뛰어난 인지 능력에 비해 신체적으로 연약하거나 완벽주의 성향, 현실적이지 못한 성인의 기대감, 내적 감정과

외부 환경에 대한 강한 감수성과 내성적 반응, 또는 또래 집단에 의한 격리, 부적절한 교육적 배치, 일상적인 역할에 대한 갈등 등을 나타내기도 한다. 모든 고도 영재가 이런 문제를 경험하지는 않지만 그럴 가능성이 높다는 것이다.

그렇다면 이와 같은 특성을 지닌 고도 영재들을 지도할 때 교사가 고려하여야 할 부분은 무엇인가? 우선, 학생의 지능지수만으로 학생을 평가해서는 안 된다. 그 외의 능력을 가지고 평가하고 배치시켜야 한다. 둘째, 고도 영재들은 학술적 · 사회적으로 발달할 수 있는 적절한 배치를 받아야 할 필요가 있다. 뛰어난 영재들은 자기 나이 또래의 학생들과 있는 것보다 자극받을 수 있는 학문적 위치에 배치되는 것을 더 선호한다. 또한 고도 영재들은 상담을 받아야 한다. 그들의 능력은 매우 특별한 경우에 속하고 자기 나이 또래와 평행 수준이 아니기 때문에 상담사의 자료를 사용해 평범하지 않은 환경과 평생을 통해 직면하게 될 어려움을 극복하는 법을 배울 필요가 있다. 최종적으로 그들은 앞선 교육 상황 속에서 살아남는 기능을 배워야 한다. 뛰어난 영재가 최대한의 속진 과정을 밟을 경우 그들은 노트 정리나 교사와 상담하기, 정기적인 평가 등 학교생활의 기본적인 기능을 배우지 못할 수가 있다.

뛰어난 영재를 위한 프로그램 옵션

영재 프로그램 배치에 대한 내용은 고도 영재들에게도 적용된다. 그러나 고도 영재를 같은 연령 또래들과 배치하는 것은 대부분의 경우 적절치 않다. 심화 프로그램이나 속진 프로그램 모두 적절치 않은 것은 마찬가지인데, 기본적으로 이들 고도 영재는 다른 학생들과 함께 공유할 것이 그리 많지 않다. 그러므로 반드시 배치 조정이 이루어져야 한다.

고도 영재들을 대상으로 한 가장 일반적인 방법 중 하나는 급속도로 속진시키는 것이다. 이런 경우 배정위원회의 판단 하에 일반 학생보다 두 등급이나 그 이상의 등급에 배치시킨다. 종종 초등학교 나이의 학생이 중학교로 월반하고, 그보다 나이가 많은 학생들은 고등학교나 대학에 배치되기도 한다. 이처럼 극단적인 경우는 매우 드물기 때문에 각각의 사례에 따라 개별적인 상태에 주목하고 그에 상응하는 방법을 채택하는 것이 좋다.

Lewis(1984)는 고도 영재를 위한 프로그램을 계획하는 과정에서 발생할 수 있는 문제로 첫째, 소수 고도 영재를 간과할 수 있는 융통성 없고 제한적인 프로그램이 사용될 수 있다는 것 둘째, 교육 속도를 높이는 것만이 좋은 교육이 될 수 없다는 것 셋째, 학생에게 가장 잘 맞는 교사를 찾는 것은 쉬운 일이 아니라는 것 넷째, 급진적인 속진이 학생의 학문적 욕구에 맞을지 몰라도 학생의 정서적인 욕구에도 맞는지 숙고해야 한다는 것 다섯째, 모든 학생, 모든 과목에 속진이 필수적인 해답은 될 수 없다는 것 여섯째, 수학과 같은 과목에서는 속진 방법이 성공적으로 사용될 수 있겠지만 광범위하고 다양한 내용에 흥미를 느끼는 경우를 다룰 경우에는 멘토십이 바람직하다는 것을 지적한다.

이러한 문제점을 해결하고 영재성을 최대한 발휘할 수 있도록 지원하는 프로그램 개발이 이루어져야 한다. 의사결정을 유연하고 학생 중심으로 하는 것과 동시에 학생의 능력과 욕구에 맞는 교육적 경험을 제공하는 것이다. 인턴십, 독립적인 학습, 멘토십, 학자 방문 프로그램 등은 이러한 고도 영재들을 위해 사용할 수 있는 방법이다.

요 약Summary

일반학급 배치가 몇몇 영재들에게는 적절치 않을 수 있다. 학생의 능력에 맞춰 선택적으로 사용할 수 있는 프로그램을 가지고 있으면 학생의 욕구에 맞춰 이용할 수 있다. 고도 영재들은 특히 제대로 배치되지 못할 가능성이 높다. 그러므로 그들의 욕구에 맞는 교육 기회를 주기 위해 특별히 관심을 기울여야 한다. 영재 프로그램 개발 시 학생 중심의 의사결정, 탄력적인 운영 방식, 광범위한 프로그램 옵션이 반드시 전제되어야 한다.

이렇게 실천하세요Action Steps

1. 영재들을 위해 사용할 수 있는 광범위한 프로그램 옵션을 찾는다. 정규 학급 이상의 프로그램을 가지지 못할 경우 관련자가 검토한 프로그램을 취하도록 한다.
2. 여러 학교와 지역 교육청들 사이에 조율이 이루어지면 학생에게 제공할 수 있는 어느 한 지

역의 능력이라도 향상될 수 있음을 기억하면서 자신의 지역 교육청 프로그램 모자이크를 만든다.

3. 고도 영재를 다루는 과정과 프로그램을 재검토하고 학생들의 독특한 욕구에 부응할 수 있는 프로그램을 만든다.

이런 참고자료 활용하세요 References Yon Can Use

American Association for Gifted Children (1980). *Reaching out : Advocacy for the gifted.* New York: Teachers College Press.

Hall, E., & Skinner, N. (1980). *Somewhere to turn : Strategies for parents of the gifted.* New York: Teachers College Press.

Maker, J. (Ed.). (1986). *Defensible programs for the gifted.* Rockville, MD: Aspens Systems Corporation.

Powell, P., & Haden, T. (1984). *The intellectual and psychological nature of extreme giftedness.* Roeper Review, 6(3), 131-133.

References

Albrecht, K. (1979). *Stress and the manager*. Englewood Cliffs, NJ: Prentice Hall.

Anastasi, A. (1976). *Psychological testing* (4th.). New York: Macmillan.

Atwood, B. (1974). *Building independent learning skills* : Palo Alto. CA: Learning Handbooks.

Avallone, M. (1978). *5-minute mysteries*. New York: Scholastic Books.

Baldwin, A. (1977). *Baldwin identification matrix inservice kit for the identification of gifted and talented students*. Buffalo, New York: D.O.K. Publishers.

Baldwin, A. (1981). Effect of process oriented instruction on thought processes in gifted students, *Exceptional Children, 47(5)*, 326-330.

Blackburn, J., and Powell, W. (1976). *One day at a time all at once : The creative teacher's guide to individualized instruction without anarchy*. Santa Monica, CA: Scott, Foresman.

Bloom, B. (Ed.). (1985). *Developing talent in young people*. New York: Ballantine Books.

Bloom, B. (1956). *Taxonomy of educational objectives : The classification of educational goals. Handbook I : Cognitive domain*. New York: Longman, Greens & Co.

Borland, J. (1978). Teacher identificational of the gifted : A new look. *Journal for the Education of the gifted, 2(1)*, 22-32.

Boud, D. (Ed.). (1981). *Developing student autonomy in learning*. New York: Nicholas Publishing Co.

Brink, C. (1935). *Caddie Woodlawn*. New York: Macmillan.

Bruner, J. (1960). *The process of education*. Cambridge, MA: Harvard University Press.

Callahan, C. (1985). *Evaluation of programs for the gifted and talented.* Digest. Reston, VA: ERIC Clearinghouse on Handicapped and Gifted Children.

Canady, R., & McCullen, J. (1985). Elementary scheduling practices designed to support programs for gifted students. *Roeper Review, 7(3)*, 142-145.

Carter, K., & Hamilton, W. (1985). Formative evaluation of gifted programs : A process and model. *Gifted Child Quarterly, 29(1)*, 5-11.

Charles, C. (1976). *Individualizing instruction.* St. Louis, MO: C.V. Mosby Company.

Charles, C. (1983). *Elementary classroom management.* New York: Longman.

Christopherson, S. (1981). Developmental placement in the regular school program, *G/C/T, 19* (September/October), 40-41.

Clark, B. (1983). *Growing up gifted* (2nd ed.). Columbus, OH: Merrill Publishing Co.

Clark, B. (1986). *Optimizing learning : The integrative education model in the classroom.* Columbus, OH: Merrill Publishing Co.

Clenening, C., & Davies, R. (1983). *Challenging the gifted : Curriculum enrichment and acceleration models.* New York: R.R. Bowker Company.

Clifford, G., Heger, R., & Sebree, S. (1974). *The world of the gifted.* Toledo, OH: Toledo Public Schools.

Colon, P., & Treffinger, D. (1980). Providing for the gifted in the regular classroom-Am I Really MAD? *Roeper Review, 3(2)*, 18-21.

Council for Exceptional Children (1978). *The nation's commitment to gifted and talented children and youth : Summary of findings from a 1977 survey of states and territories.* Reston, VA: Author.

Council of State Directors of Programs for the Gifted (1986). *The state of the state's gifted and talented education.* Augusta, ME: Author.

Cox, J. (1982). Continuous progress and nongraded schools. *G/C/T, 25* (November/December), 15-21.

Cox, J., Daniel, N., & Boston, B. (1985). *Educating able learners : Programs and promising practices.* Austin: University of Texas Press.

Cronbach, L. (1970). *Essentials of psychological testing* (3rd ed.). New York: Harper & Row.

Davis, G., Rimm, S. (1985). *Education of the gifted and talented*. Englewood Cliffs, NJ: Prentice Hall.

DeBono, E. (1986). *CoRT thinking teacher's notes*. NY: Pergamon Press.

Dunn, R., Dunn, K. (1972). *Educator's self-teaching guide to individualizing instructional programs*. West Nyack, NY: Parker Publishing Company.

Dunn, R., Dunn, K. (1972). *Practical approaches to individualizing instruction : Contracts and other effective teaching strategies*. West Nyack, NY: Parker Publishing Company.

Dunn, R., Griggs, S. (1985). Teaching and counseling gifted students with their learning styles preferences : Two case studies. *G/C/T, 41* (November/December), 40-43.

Ebmeier, H., Dyche, B., & Taylor, P., & Hall, M. (1985). An empirical comparison of two program models for elementary gifted education. *Gifted Child Quarterly, 29(1)*, 15-19.

Edmonds, R. (1979). Effective schools for the urban poor. *Educational Leadership* (October), 15-24.

Elman, L., Elman, D. (1983). Mainstreaming the gifted : An approach that works. *G/C/T, 26* (January/February). 45-46.

Epstein, C. (1979). *The gifted and talented : Programs that work*. Arlington, VA.: National School Public Relations Association.

Feldhusen, H. (1981). Teaching gifted, creative, and talented students in an individualized classroom. *Gifted Child Quarterly, 25(3)*, 108-111.

Feldhusen, J., Baska, L., & Womble, S. (1981). Using standard scores to synthesize data in identifying the gifted. *Journal for the Education of the Gifted, 4(3)*, 177-186.

Fizzell, R. (1980). Individualizing for the gifted student-And others too. *Roeper Review, 3(1)*, 31-33.

Gagne, F. (1985). Giftedness and talent: Reexamining a reexamination of the definitions. *Gifted Child Quarterly, 29(3)*, 103-112.

Gallagher, J. (1985). *Teaching the gifted child* (3rd ed.). Boston: Allyn and Bacon.

Gardner, H. (1983). *Frames of mind.* New York: Basic Books.

Gear. G. (1978). Effects of training on teachers' accuracy in the identification of gifted children. *Gifted Child Quarterly, 22(1)*, 90-97.

Goertzel, V., & Goertzel, M. (1962). *Cradles of eminence.* Boston: Little Brown.

Guilford, J. (1956). The structure of intellect. *Psychological Bulletin*, 53, 267-293.

Gwynne, F. (1970). *The king who reigned.* New York: Young Readers Press.

Gwynne, F. (1976). *A chocolate moose for dinner.* New York: Windmill Books & E.P. Dutton & Co.

Hatch, T., Gardner, H. (1986). From testing intelligence to assessing competences : A pluralistic view of intellect. *Roeper Review, 8(3)*, 147-150.

Hershey, M. (1980). Individual educational planning for gifted students : A report from Kansaa. *Journal for the Education of the Gifted, 3(1)*, 207-213.

Hershey, M. (1981). The least restrictive environment for gifted and talented students. *Roeper Review, 4(2)*, 27-28.

Immerzeel, G., Thomas, M. (1982). *Ideas from the Arithmetic Teacher.* Reston, VA: The National Council of Teachers of Mathematics.

Jacobs, J. (1971). Effectiveness of teacher and parent identification of gifted children as a function of school level. *Psychology in the Schools, 8*, 140-142.

Kaplan, S. (1974). *Providing programs for the gifted and talented : A handbook.* Ventura, CA: Office of the Ventura County Superintendent of Schools.

Kaplan, S., Kaplan, J., Madsen, S., Taylor, B. (1973). *Change for children.* Pacific Palisades, CA: Goodyear Publishing Company.

Kohlberg, L. (1966). Moral education in the schools : A developmental view. *The School Review, 74*, 1-29.

Krathwohl, D., Bloom, B., & Masia, B. (1964). *Taxonomy of educational objectives : The classification of educational goals. Handbook II : Affective Domain.* New York: David McKay Company.

Krulik, S., & Rudnick, J. (1980). *Problem solving : A handbook for teachers.* Boston: Allyn and Bacon.

Lbrecht, K. (1979). Stress and the manage. Englewood Cliffs, NJ: Prentice Hall.

Levy, P. (1981). The story of Marie, David, Richard, Jane, and John : Teaching gifted children in the regular classroom. *Teaching Exceptional Children, 13(4)*, 136-142.

Lewis, C. & Kanes, L. (1979). Gifted IEPS : Impact of expectations and perspectives. *Journal for the Education of the Gifted, 2(2)*, 61-69.

Lewis, G. (1984). Alternatives to acceleration for the highly gifted child. *Roeper Review, 6(3)*, 133-136.

Lipman, M., Sharp, A., & Oscanyan, F. (1984). *Philosophical inquiry*. New York: University Press of America.

Maddox, C. (1983). Early school entry for the gifted: New evidence and concerns. *Roeper Review, 5(4)*, 15-17.

Maker, J. (1982). *Teaching models in education of the gifted*. Rockville, MD: Aspen Systems Corporation.

Maker, J. (1982). *Curriculum development for the gifted*. Rockville, MD: Aspen Systems Corporation.

Marland, S. (1972). *Education of the gifted and talented*. Report to the Congress of the United States by the U.S. Commissioner of Education. Washington, D.C.: U.S. Government Printing Office.

Mulhern, J. (1978). The gifted child in the regular classroom. *Roeper Review, 1(1)*, 3-6.

Naisbitt, J. (1982). *Megatrends : Ten new directions transforming our lives*. New York: Warner Books.

Ness, B., & Latessa, E. (1979). Gifted children and self-teaching techniques. *Directive Teacher, 2*, 10-12.

O' Daffer, P. (1985). Problem solving tips for teachers. *Arithmetic Teacher, 32(6)*, 62-63.

Parke, B. (1983). Use of self-instructional materials with gifted primaryaged students. *Gifted Child Quarterly, 27(1)*, 29-34.

Parke, B. (1981). Identification of gifted and talented students. *Journal of Career Education,*

7(4), 311-317.

Parke, B. (1985). Methods of developing creativity. In R. Swassing (Ed.), *Teaching gifted children and adolescents.* Columbus, OH: Merrill Publishing Company.

Parke, B., & Buescher, T. (1982). Evaluating programs for the gifted through student self-documentation. *Roeper Review, 5*, 15-17.

Parnes, S. (1977). Guiding creative action. *Gifted Child Quarterly, 21(4)*, 460-472.

Parnes, S., Noller, R., & Biondi, A. (1977). *Guide to creative action.* New York: Charles Scribner' s Sons.

Passow, H. (1981). The four curricula of the gifted and talented : Toward a total learning environment. *G/C/T, 20* (November/December), 2-7.

Paulus, P. (1984). Acceleration : More than grade skipping. *Roeper Review, 7(2)*, 98-100.

Pegnato, C., & Birch, J. (1959). Locating gifted children in junior high schools : A comparison of methods. *Exceptional Children, 25*, 300-304.

Powell, P., Haden, T. (1984). The intellectual and psychosocial anture of extreme giftedness. *Roeper Review, 6(3)*, 131-133.

Renzulli, J. (1977). *The enrichment triad model : A guide for developing defensible programs for the gifted and talented.* Mansfied Center, CN: Creative Learning Press.

Renzulli, J. (1978). What makes giftedness? Reexaming the definition. *Phi Delta Kappan, 60(3)*, 180-184, 261.

Renzulli, J., Reis, S., & Smith, L. (1981). *The revolving door identification model.* Mansfield Center, CN: Creative Learning Press.

Renzulli, J., Smith, L. (1979). *A guidedbook for developing individualized educational programs for gifted and talented students.* Mansfield Center, CT: Creative Learning Press.

Renzulli, J., Smith, L. (1980). A practical model for designing individual educational programs (IEPs) for gifted and talented students. *G/C/T, 11* (January/February), 3-8.

Renzulli, J., Smith, L., White, A., Callahan, C., & Hartman, R. (1976). *Scales of rating the behavioral characteristics of superior students.* Mansfield Center, CT: Creative Learning Press.

Rimm, S. (1976). *GIFT : Group inventory for finding creative talent.* Watertown, WI: Educational Assessment Service.

Rimm, S., Davis, G., & Bien, Y. (1982). Identifying creativity : A characteristics approach. *Gifted Child Quarterly, 26(4)*, 165-171.

Roberson, T. (1984). Curriculum design for the gifted : Determining curriculum content for the gifted. *Roeper Review, 6(3)*, 137-139.

Roedell, W. (1984). Vulnerabilities of highly gifted children. *Roeper Review, 6(3)*, 127-131.

Shore, B. (1981). Gifted children' s feelings about school and themselves in open and open-area classes. *Journal for Education of the Gifted, 4(2)*, 112-121.

Simon, S. (1979). *Animal fact/animal fable.* New York: Crown Publishers.

Singleton, W., Nelson, M. (1980). Alternative forms of objectives for the gifted and talented learner in school. *G/C/T, 15* (November/December), 49-51.

Slotnick, H., Reichelt, C., & Gardner, R. (1985). Gifted students meet the institutionalized elderly : Learning about aging and the aged in a rural nursing home. *Journal for the Education of the Gifted, 9(1)*, 45-58.

Smith, L. (no date). *Are we cheating kids? Continuous progress/individualized education k-6.* Englewood, CO: Educational Consulting Associates.

Stanley, J., Keating, D., & Fox, L. (Eds.). (1974). *Mathematical talent : Discovery, description, and development.* Baltimore, MD: Johns Hopkins University Press.

Sternberg, R. (Ed.). (1981). A Componential theory of intellectual giftedress Gifted Child Quarterly, 25(2), 86-93.

Sternberg, R. (1982). *Handbook of human intelligence.* Cambridge: Cambridge University Press.

Sternberg, R. (1986). Identifying the gifted through IQ : Why a little bit of knowledge is a dangerous thing. *Roeper Review, 8(3)*, 143-147.

Stories, with holes. (1987). Hightstown, NJ: NL Associates.

Suchman, J. (1975). A model for the analysis of inquiry. In W. Barbe and J. Renzulli, (Eds.),

Psychology and education of the gifted (2nd ed.). New York: Irvington Publishers.

Taba, H. (1962). *Curriculum development : Theory and practice.* New York: Harcourt, Brace & World.

Taylor, C. (1968). *The multiple talent approach. Instructor.* CA: Stanford University Press.

Terman, L. (1925). *Genetic studies of genius (Vol. 1).* Stanford, CA: Stanford University Press.

Treffinger, D. (1975). Teaching for self-directed learning : A priority for the gifted and talented. *Gifted Child Quarterly, 19(1)*, 46-59.

Treffinger, D. (1986). *Thinking skills and problem solving.* Honeoye, NY: Center for Creative Learning.

Treffinger, D., Barton, B. (1979). Fostering independent learning. *G/C/T, 7* (March/April), *3*-6, 54.

Tuttle, F., Becker, L. (1980). *Program design and development for gifted and talented students.* Washington, D.C.: National Education Association.

VanTassel-Baska. J., Strykowski, B. (1986). *An identification resource guide on the gifted and talented.* Evanston, IL: Northwestern University Center for talent Development.

Viorst, J. (1971). *The tenth good thing about Barney.* New York: Antheum.

Ward, L. (1973). *The silver pony.* Boston: Houghton Mifflin Company.

Ward, P., Williams, E. (1976). *Learning packets : New approach to individualized instruction.* West Nyack, NY: Parker Publishing Company.

Whitmore, J. (1980). *Giftedness, conflict, and underachievement.* Boston: Allyn and Bacon.

Whitmore, J. (1985). *Underachieving gifted students,* 1985 Digest. Reston, VA: ERIC Clearinghouse on Handicapped and Gifted Children.

Wilder, L. (1932). *Little house in the big woods.* New York: Harper & Row.

Williams, F. (1970). *Classroom ideas for encouraging thinking and feeling* (2nd ed.). Buffalo, New York: D.O.K. Publishers.

Witty, P. (1953). How to identify the gifted. *Childhood Education,* 312-316.

Yamamoto, K. (1965). Effects of restriction of range and test unreliability on correlation between measures of intelligence and creative thinking. *British Journal of Educational Psychology, 35*, 300-305.

Zadra, D., Moawad, B. (1986). *Mistakes are great.* Mankato, MN: Creative Education.

Index

역자_이용애(Ph.D)

성신여자대학교 교육대학원에서 미술교육 전공으로 석사학위를 받고, 한국교원대학교 대학원에서 초등교육 전공으로 석사학위와 박사학위를 받았으며, 충청대학교와 한국교원대학교 겸임교수, 충남대학교와 중앙대학교 대학원에서 아동발달, 영재교육, 창의성교육을 강의하고, 대전대학교 객원교수와 예술영재연구소 소장으로 활동하고 있다.

저자_Parke 박사

Indiana University-Purdue University Fort Wayne 부교수이고, 특수아동위원회(Council for Exceptional Children)의 한 부서인 영재아를 위한 국제분과 회장을 역임하였다. 저서로는 『일반학급에서의 영재교육(Allyn & Bacon, 1989)』과 『재능개발을 위한 프로그램 개발(Corwin Press, 2003)』 등 다수의 논문과 신문 기고가 있다.

일반학급에서 영재교육

초판 1쇄 인쇄 2007년 6월 18일
초판 1쇄 발행 2007년 6월 25일

옮 긴 이 | 이용애
펴 낸 이 | 김기섭
책임편집 | 조영숙
펴 낸 곳 | 창지사 www.changjisa.com
121-809 서울시 마포구 대흥동 161
전화 (02) 719-2211~3
팩스 (02) 701-9386
등 록 | 1977년 4월 28일 · 제1-421호

ISBN 978-89-426-1073-0 93370

값 15,000원